関西フォークとその時代

声の対抗文化と現代詩

瀬崎圭二

青弓社

関西フォークとその時代——声の対抗文化と現代詩

目次

序章

現代詩を超えて

第1章

片桐ユズルとアメリカ

第2章

関西フォークを支えた作家たち　73

カバー写真――朝日新聞社提供
装丁・本文組版――山田信也［ヤマダデザイン室］

序章　現代詩を超えて

1——関西フォークとは

本書の書名は『関西フォークとその時代』である。さて、現在〈関西フォーク〉と聞いて、どれほどの人がその中身をイメージできるだろうか。そもそも関西フォークという語自体にも問題がないわけではないのだが、読者のなかにはその語が示すものにある程度関心があって本書を手に取ってくれた人もいるだろう。ただ、関西フォークが流行していたのは一九七〇年前後のことで、まともに聞いたことがある人はかなりの音楽マニアだろうし、リアルタイムで聞いていたとなれば年配の人にちがいない。となると、おそらくほとんどの読者にとっては、関西で流行していたフォークソングというようなイメージしか湧かないのではないだろうか。多くの事象がそうであるように、関西フォークもその中身が明確なわけではないが、まずはそれが生まれてくる経緯やその基本的な性質について述べておきたい[1]。

もともと、フォークソングはアメリカの民謡を指す。それは、ヨーロッパから持ち込まれた伝承歌、黒人たちの伝承歌、労働歌、国民的な愛唱歌などや、それらの派生歌、あるいは先住民の伝承歌などで、民衆の価値観や生活の実感から生まれたものだった。それらを土台に、一九三〇年代からはウディ・ガスリーが、四〇年代からはピート・シーガーが活躍しはじめる。彼らの業績や活動が第二次世界大戦後のアメリカでのフォークリバイバルを促していくことになるのである。

一九五〇年代後半になると、キングストン・トリオやブラザース・フォアらモダンフォークのグループの曲がアメリカのヒット・チャートをにぎわし、フォークソングは流行歌として広まるようになる。その一方で、ガスリーやシーガーらの反体制的なフォークソングの性質は、五〇年代後半からの公民権運動のなかでジョーン・バエズやピーター・ポール&マリー、ボブ・ディランらによって受け継がれていくことにもなった。これらのシンガーたちが歌うプロテストソングは、アメリカがベトナム戦争への介入を強めていくのに比例して、政治的な意味を強めていった。

日本国内にフォークソングが流入してきたのは、キングストン・トリオやブラザース・フォアらのヒット曲がきっかけだった。彼らを模した日本のグループやシンガーたちが歌うフォーク、すなわちカレッジフォークは、一九六〇年代の日本の若者たちの間に流行歌として広まっていった。そのような状況のなかで六〇年代後半に登場するのが、関西のフォークグループやシンガーたちである。例えば、六五年に関西の学生たちによって結成されたザ・フォーク・クルセダーズの自主制作アルバムのなかの一曲「帰って来たヨッパライ」が、ラジオ番組で人気を博し、六七年十二月に東芝からシングル・リリースされて大ヒットを記録したことはよく知られているだろう。

それとほぼ時を同じくして注目され始めたシンガーが高石友也だった。高石は一九六六年四月に大阪にやってきてその日暮らしをしながらフォークソングを歌い始め、同年十月に開催された「フォーク・フォーク・フォーク」第二回集会に出演したことがきっかけで、プロモーターの秦政明によるマネジメントを受けるようになる。その後の高石は、秦のサポートでビクターからシングルやアルバムをリリースしてヒット曲を生んだ。このとき秦が設立した高石音楽事務所には、高石に影響を受けてフォークを歌い始めた岡林信康をはじめ、関西で生活していた多くのフォークシンガーたちやグループが在籍するようになった。そして秦は、彼らの楽曲をレコード化するために六九年一月にアングラ・レコード・クラブ（URC）を設立するに至る。

高石、岡林らの歌は、ラジオの深夜放送やライブを中心に広まっていった。その特徴はアマチュア性や反体制的な歌詞にあった。特に岡林の曲の歌詞にはかなり過激な社会批判もみられ、大手のレーベルからレコードをリリースしようとすると発売禁止になるケースも生じていた。URCは、その状況を打破するために設立された、現在でいうところのインディーズレーベルである。当初は、自主制作したレコードを会員に配布する目的でスタートしたものの、会員希望者が殺到したため、のちに一般販売もおこなうようになった。関西フォークの広がりを考える際には、まずラジオの深夜放送とURCのレコードというメディアの力が欠かせない。この二つのメディアが、メジャーな音楽シーンとは別の回路を当時の若者たちに用意したのである。

前述したように、一九六〇年代に入ってからのアメリカのフォークソングは、公民権運動やアメリカがベトナム戦争に介入を深めるなかで反体制的な傾向を強めていったが、日本でその傾向が現れ始めるのは六〇年代後半のことである。六五年四月に発足した「ベトナムに平和を!市民文化団体連合」(べ平連。一九六六年に「ベトナムに平和を!市民連合」に改称)ではフォークが積極的に活用され、高石友也ら関西のフォークシンガーたちがこの運動に関わっていくケースもみられた。大学紛争の激化に象徴される反体制的な若者たちの行動は、日米安全保障条約の体制下にあった日米関係に向けられ、その心性は社会風刺と社会批判を繰り広げていた関西のフォークと呼応したのである。六九年二月に東京・新宿駅西口広場でおこなわれたフォークゲリラによる集会では、若者たちが関西フォークやその替え歌を中心としたプロテストソングを大合唱した。

2——なぜいま、関西フォークか

関西フォークが生まれてきた過程とその性質を簡単に説明したが、ここで断っておきたいのは、関西フォークは単なる「昔のフォークソング」ではないということだ。もちろん、関西フォークの曲は当時のラジオなどで放送されていたり、レコードが発売されたりしているので、ほかのフォークソングと同様に流行歌の要素は認められるだろう。だが端的にいえば、関西フォークは〈フォーク〉であることにこだわった音楽表現だった。folkとは辞書的には民衆や民俗という意味をもつ。関西フォークはあくまで〈民の歌〉〈民謡〉であろうとした表現で、それが一つの運動として展開していったところにその最大の特徴があるのだ。本書の目的はその側面に焦点を当てることにある。

では、関西フォークが単なる「昔のフォークソング」ではなく一つの運動の側面があったとして、それでも、なぜいま、関西フォークについて再考する必要があるのか。その問いについて、三つの側面から説明しておきたい。

一つは文化の側面である。前述したように、日本のフォークソングは、アメリカのそれを受容するようにして一九六〇年代に入ってから現れ始め、商業主義に取り込まれながら若者たちの間に広まっていった。むろん関西フォークもそうした動きと無関係ではないが、関西フォークは年長者にサポートされながらも若者たちが主体的に作り上げ、若者たちの間に拡大して共有された、いわゆる対抗文化だった。さらには当時の学生運動や市民運動とも接続されて、きわめて広範で強固な力をもつに至った。関西フォークが衰退してからもしばらくフォークソングは若者向けの消費文化でありつづけるが、関西フォークの動きには商業主義的なシステムとは別のものとして生成していった側面があるといえるだろう。本書は、まずその点に意義を見いだすものである。

もう一つは音楽性の側面である。現在では自分で作詞作曲した曲をネット上で公開したり、その結果リスナーが増大して商業ビジネスにつながっていくのは当たり前のことなのだが、関西フォークが登場した当時のレコード歌謡では、自分で作詞作曲した曲をその本人が歌うようなことはまだ一般的ではなかった[2]。専業的な作詞家や作曲家が楽曲を歌手に提供し、それを専業的な歌手が歌ってレコード化していくというプロセスから逸脱することはきわめてまれだったのである。しかも関西フォークのシンガーたちは、歌い方やギターの演奏法を専門的に学んだわけではなく、見よう見まねでそれを身につけた、いわば素人の〈ミュージシャン〉だった。というより、フォークソングとはそもそもそのような性質のものなのである。そして、フォークを愛するシンガーやグループが集まって行動した結果、運動や現象のようなものになっていったというわけだ。そうしてみると、関西フォークを再考するということは、自分が作詞作曲した楽曲を自ら歌うという、現在のミュージック・シーンでは当たり前になった営みを歴史的にさかのぼることにほかならない。〈オリジナル〉として作詞作曲された曲が自由に歌われることの意義を再確認すべきだと考えるのが、本書のスタンスである。

とはいえ、当時のフォークソングの場合、作曲のオリジナリティーという点についてはやや疑問符が付く。フォークそのものが一定のコード進行によって成り立っているため、シンガーによってはそれを利用したり、既存の曲の詞だけを替えて歌ったりするケースがあるからだ。しかも関西フォークは、そのような方法を意識的におこなっていた。したがって、関西フォークを考える場合、詞、ことばの表現面が重要性を帯びてくる。これが三つ目の側面である。そして、そのなかで浮かび上がってくる存在が、詩人であり英語教師だった片桐ユズルだ。実は関西フォークには現代詩の運動としての側面があり、片桐はその理論的支柱だったのだ。片桐は、詩壇のなかに自閉して難解になってしまった現代詩をより多くの人々に開いていこうとしていた。片桐がフォークソングに接近し、関西のフォークシーンを支え続けていた背景には現代詩に対する危機感があったといえるのである。フォークソングの歌詞を通じて〈詩〉を確保すること。この片桐の試みを考察することは、現在でもさほど変わらない詩の状況を再考し、存在したかもしれない詩の姿を夢想することにつながるだろう。

さらに具体的にいえば、片桐を通じて関西フォークの歌詞と〈詩〉との関係を考えることは、日本でボブ・ディランの音楽や詞、歌い方がどのように受容されていたのかを追跡することでもある。周知のように、ディランは二〇一六年にノーベル文学賞を受賞しているが、すでに一九六〇年代にはアレン・ギンズバーグらによってその詞が〈詩〉として評価されていた。ディランのパフォーマンスは、その歌い方を含めて、単なる歌詞としては消費されえないものを表していて、独自の口誦表現として位置づけることができる。片桐はそれを単なるファッションとしてではなく、詩論を通じて関西のフォークシーンのなかに浸透させていった。

以上の三点が、本書が関西フォークをいま取り上げるべき現象だと考える理由である。

3――難解な現代詩

本書の最大の目的が、関西フォークの歌詞を通じて〈詩〉のありようを考えるところにあるとして、まずは現代詩の何が問題なのか、このことについて考えていきたい。話はフォークソングや関西フォークからいったん離れることになる。

現代詩や詩ということばを聞いて、一体どういうものがイメージされるだろうか。具体的に現代詩人の名前を思い浮かべることもあれば、国語の教科書に掲載されていた詩を思い浮かべることもあるだろう。そのとき、多くの人が口語自由詩を思い浮かべるにちがいない。文学史では、およそ大正期に、萩原朔太郎や高村光太郎、室生犀星らによって口語自由詩が確立したといわれる。

大正末期から昭和初期にかけては、ヨーロッパの新興芸術思潮の影響を受けて、日本でもダダイスムやシュールレアリスムなど前衛的な作風の詩が現れ始めるのだが、例えば、口語自由詩の確立者・萩原朔太郎は、この時期を機に難解になっていった一九三〇年代の詩の状況について、「難解の詩について」というエッセーを残している。朔太郎はこのなかで、詩は「パズル」、つまりその詩人の連想の方式、特有の傾向を見つければいいのであって、わからない詩などというものは世の中にはないと述べたうえで、次のようにいう。

本質的の意味で言へば、世に難解の詩といふものはない。しかし他の別の意味で難解の詩がある。即ち意味だけは解つても、詩情の本質ある面白味（ポエヂイそのもの）が解らない詩である。もし作者が、真の旺盛な詩情によつて書いた詩なら、決してそんな事は無い筈だが、そのポエヂイが無く――もしくは稀薄で――書いた物には、往々さうした場合がある。しかもその稀薄な詩情に代用させて、言語のトリックする修辞の構成を遊戯する時、一層この種の「解らない詩」が出来上つて来る。この類の難解詩は、今日詩壇にゴロゴロたくさん転つて居り、それが皆自分では「流行の尖端を行く新しい詩」だと思つてるのだからやり切れない。最近室生犀星君は、詩に告別することの理由の一つに数へて、今の詩が解らないと言つてるが、その意味する「今の詩」が上述のやうな物だつたら、解らないのが当然であり、室生君の言葉は逆

説的の諷刺になつてる。(3)

朔太郎がいう難解な詩とは、つまり、詩情(ポエジー)が希薄で、レトリックに頼りきっているような詩を指している。朔太郎と同じく口語自由詩を確立した室生犀星は、すでに大正期から小説も書き始めていて、小説の執筆量が徐々に増えていったのも、詩がわからなくなってきたからであるらしい。口語自由詩によって近代詩を確立したこの二人が、すでに昭和初期の「新しい詩」に「面白味」を感じないという意味での難解さを感じていたのである。朔太郎や犀星は日本の代表的な詩人たちだが、彼らをもってしても詩がわからないという状況はすでにこの時期に訪れていたことになる。

その後に勃発したアジア太平洋戦争を挟んで、朔太郎が指摘したような現代詩の難解さは戦後になって詩人たちの間に問題として共有されることになった。比較的早い段階で発表されたものとして、加藤周一の文芸時評「現代詩「第二芸術論」」(河出書房編「文藝」一九四九年九月号、河出書房)があり、これは同じ雑誌「文藝」の一九四九年七月号で特集された現代詩を批評したものだ。例えば、ここに掲載された安西冬衛の詩「西班牙気質」の表現を一つ取り上げて、「何を云ひたいのかこゝの所は、全く意味がわからないが、わかる部分も決しておもしろくはない」と酷評している。

加藤が論題に使っている「第二芸術」とは、桑原武夫「第二芸術——現代俳句について」(「世界」一九四六年十一月号、岩波書店)の考え方によるものであり、桑原は、現代俳句は余技的・遊戯的なもので芸術としては質が落ちると批判していた。この議論はその後短歌にも及んでいくが、そのなかで加藤は、現代詩のつまらなさを現代の日本語の問題として捉え、詩も「第二芸術」になぞらえたわけである。ちなみに現代俳句で「第二芸術」論を唱えた桑原は、後年「現代詩は面白くない」(「新潮」一九五八年四月号、新潮社)という文章で現代詩も批判的に捉えている。

一九五〇年代に入ってくると現代詩の難解さという問題はある程度共有され、そのなかで詩人たちが意見を寄せるようになる。詩人・村野四郎は、詩が難解になった理由を以下のように整理している。

いずれにしても現代詩が前より難解になつたということは事実である。このことのもつとも大きい原因は、今日の詩が旧時代の詩のようにもはや天才的に歌う詩ではなくなつたというところにある。事実、動物的に、霊魂的に、そして自然流露的に歌う抒情詩は、人々にとつてカナリアの歌をきくように、理解するのに容易であるにちがいない。しかし世界的な傾向として現代詩の主体に入りこんできた多量な知性、そのうえ短いその形式の中に極度に圧縮された論理性は、もうカナリヤの歌をきくようには、理解するのに容易というわけにはいかない。それだから新体詩の鑑賞能力の限度を保持している人々や、通俗小説の論理性や、流行歌の抒情性だけしか理解できない人々にとって、現代詩が難解になってきたことは当然なのである。(4)

つまり詩の性質が、感情に直接訴えるようなものから、知性と論理性を極度に重んじるようなものに変化したということ、そして、それに対応できない読者には詩が難しく感じられるということだ。村野は別の論文でも、「単に「感じる」ことによってすまされた詩が、「考える」ことを要求する詩に変ったことが、まず詩を難解にした第一の原因である」（村野四郎「現代詩の難解性について」、至文堂編「国文学――解釈と鑑賞」一九五四年十一月号、至文堂）と述べている。

4――一九五七、八年の座談会

一九五七年から五八年にかけて、詩壇ではこの問題をめぐって多くの議論が交わされた。[5] 例えば、当時おこなわれた座談会だけでも、鮎川信夫・吉田精一・山本健吉・壺井繁治・村野四郎・伊藤信吉（司会）による座談会「現代詩の難解性をめぐって」（「季節」一九五七年五月号、二元社）、嵯峨信之・中村真一郎・安西均・鮎川信夫・山本健吉による座談会「現代詩のわからなさ」（「文學界」一九五八年二月号、文藝春秋新社）、関根弘・鮎川信夫・吉本隆明・小田切秀雄・秋山清・長谷川龍生・大西巨人（司会）による座談会「現代の詩は誰が理解するか」（新日本文学会編「新日本文学」一九五八年七月号、新日本文学会）がある。

これらの座談会を確認すると、やはりダダイスムやシュールレアリスムなどヨーロッパの新興芸術思潮を吸収した一九二〇年代から三〇年代の日本の詩が現代詩を難解にするきっかけを作ったと理解されていたようだ。これは、萩原朔太郎や室生犀星が「流行の尖端を行く新しい詩」がわからないと言ったことや、村野四郎がいう、詩を理解するのに知性や論理性が求められるようになったということにも通じるだろう。とりあえず、これが、詩が難解になっていった第一の要因だと考えよう。

もう一つの要因は、「文學界」の座談会で嵯峨信之が、当時戦後詩をリードしていた鮎川信夫に言ったことに表れている。鮎川らが刊行していた詩誌「荒地」(同人誌、一九四七年)について、「グループだけの共通の言葉が多すぎるとか、観念が多すぎるという意見がだいぶあつた」というのである。要するに、詩の表現が一つの詩誌に集まっている詩人たち同士にしかわからないようになっていて、その外側の人間には理解できないということだ。この指摘は、桑原武夫が「第二芸術」という語で批判した徒弟制度的な現代俳句のあり方とも似ている。作り手と読み手とが同じであり、そのグループのなかですべてが完結しているのである。これは現在の短歌、俳句、詩の状況にもつながっている。

三つめの要因は、「新日本文学」の座談会の終盤でも議論されている、ジャーナリズムとの関係である。例えば、当時の新進作家である大江健三郎や開高健の小説がマスコミでもてはやされるのに対して、詩はマスコミとは相性が悪いという見方だ。確かにこの時期は、週刊誌や中間小説誌など、小説家の執筆の場が増え、その作品が映画化やテレビドラマ化されるケースが多かったのに対し、詩がそのような状況にうまく対応する場面は想像しづらい。大衆相手のマスコミと相性が悪ければ、詩は必然的にわかる人のためだけの難解な表現になるだろう。

この「新日本文学」の座談会には、鮎川信夫に注目すべき発言もある。

僕も現代詩がそんなによくわかるわけじゃない。ごく数人の詩しかわからない。したがって、一般論として現代詩はりっぱなものだともいえないし、ほんのわずかしかわからない。おそらく数にしたならば一％ぐらいでしょう。(6)

鮎川らの「荒地」に対して、仲間内にしか通じない表現が多いという批判があったことを取り上げたが、鮎川自身は「荒地」に集まった詩人たちの詩を理解できていたのだろうか。この時期の詩壇を代表する詩人だった鮎川でさえ、現代詩の一パーセントしかわかっていないとするならば、詩というものは一体誰に向けられたもので、誰が理解できていたのか疑問に思えてくる。

ただ、この現代詩の難解さという問題に対して詩人たちは何も考えていなかったわけではない。「新日本文学」の座談会で、司会の大西巨人が、現代詩が難解になり、詩人たちだけで完結してしまっているなかで、それをどうやったら大衆化できるのか、と問うた際、関根弘はこう答えている。

たとえば詩を歌という形で考えるならば、現状よりは、普及力を増すと思う。そうなれば歌える詩と流行歌とどう違うか、というようなことも起きてくる。歌は全然詩でないという考え方もあるわけだ。（略）集会で読める詩を考えなければならない場合に、今までのような藤村、重治のリズムではだめだろうという予感がある。では、どういうものにするかということ

だが、僕は実際には朗読できるような詩を書いていない。(7)

関根の主張は、マスメディアと現代詩とがもっと手を結ぶこと、その方法として、歌える詩、集会で朗読できるような詩を作るというものだ。そうすると、詩は大衆のなかに開かれていき、その難解さは薄れ、人々に親しまれるようなものになるだろうと考えたのである。

5――シャンソンと現代詩

関根が考えていたようなことは、当時の詩人たちによって実践されてもいた。詩を様々な形態で多くの人に開いていこうとする試みはあったのだ。それを率先してやっていたのが谷川俊太郎である。この時期の谷川は、詩と写真との接合、詩の朗読、詩劇、歌劇、ラジオドラマ制作など、多くのことにチャレンジしている。そのなかの一つに詩とシャンソンとの接続があった。現代詩の難解さが詩人たちに議論されていたころは、日本でシャンソン・ブームが起こっていたのと同時期である。

当時の谷川が傾倒していた人物にフランスの詩人ジャック・プレヴェールがいる。その詩集*Paroles*（Jacques Prevert, du Point du Jour, 1946）は戦後のフランスでベスト・セラーになったといわれ、プレヴェールは映画脚本も執筆していた。谷川はその映画や詩に魅了され、いたるところでプレヴェールへの愛を語っている。岩波文庫の『プレヴェール詩集』(プレヴェール、小笠原豊樹訳、岩波書店、二〇一七年)に再録された谷川の「ほれた弱み——プレヴェールと僕」(「ユリイカ」一九五九年八月号、書肆ユリイカ)はその代表例だ。そのプレヴェールの詩にジョゼフ・コズマが曲をつけたシャンソンをイヴ・モンタンらが歌っていて、それらが当時はやっていたのである。

例えば、詩誌「ユリイカ」誌上ではシャンソンの特集が組まれ、巻頭言として谷川が次のような文章を寄せている。

歌と劇とは、常に詩の遠い母親であった。今日、奇妙に発育しすぎたひよわい子供である詩を、もう一度母の懐に帰してはどうだろうか。彼の生命力はそこでこそ再び燃えあがるのではないだろうか。詩劇の問題も、決して歌と無縁ではない。目読する詩から、誦する詩へ、そこから歌う詩と演ずる詩とへ分れる道は、実は同じ一筋の道なのだ。それらはその形式こそ違え、詩人の同じ内部の問題を負っているのだ。(8)

この特集には、谷川の詩に寺島尚彦が曲をつけた「うそだうそだうそなんだ」の楽譜も掲載されている。一九五七年二月二十三日、「ユリイカ」を出版していた書肆ユリイカは、詩学社とともに東京YWCAホールで「シャンソンと朗読の夕」というイベントを開催し、島幸子がそのイベントでこの曲を歌ったようだ。このイベントのプログラムを「ユリイカ」一九五七年四月号(書肆ユリイカ)誌上で紹介しているが、ほかにも詩を提供した詩人として、岩田宏(小笠原豊樹)、飯島耕

一、保富康午、岸田衿子らの名がみえる。また、谷川や関根弘らの詩が俳優によって朗読され、山本太郎、那珂太郎らは自作を朗読したらしい。

先に取り上げた座談会で、歌える詩によって詩を大衆に開くことを語っていた関根弘は、「アヴァンギャルド詩論Ⅴ　シャンソン」（新日本文学会詩委員会編「現代詩」一九五八年一月号、書肆パトリア）で、谷川に注文をつけながらもこの試みを評価していて、自分も「シャンソン風の詩をつくつてみようとひそかに思うようになつた」「「歌える詩」の可能性をそこにみいだした」と記してい

司会（水橋晋）あいさつ（伊達得夫・木原孝一）

シャンソン		歌手	伴奏
うそだ うそだ うそなんだ	谷川俊太郎・詩 寺島　尚彦・曲	島　幸子	寺島尚彦
日本語のけいこ	同　上	同上	同上
ただそれだけの唄	同　上	宇井あきら	同上
くらくら	山口　洋子・詩 雨宮伊之助・曲	三橋映子	小笠原豊樹
黒い歌	山口　洋子・詩 平岡　精二・曲	島　幸子	寺島尚彦
おいらは荷車をひいていく	山口　洋子・詩 田丸伝兵エ・曲	星合秀朗	藤田　倭
いやな唄	岩田　宏・詩 林　光・曲	林　光	林　光
水夫の朝と夜の歌	飯島　耕一・詩 安田　云計・曲	早川史郎	安田云計
ましまろ娘	保富　康午・詩 保良　徹・曲	富田よしえ	保良徹
奥さんとライオン	岸田　衿子・詩 内藤　孝・曲	岸田今日子	内藤孝
プレヴェール作品より		沢　庸子	寺島尚彦
デスノス作品より		同　上	同上

朗読	出演者
谷川俊太郎＜絵本＞より	水島　弘（劇団四季）
中村稔＜樹＞より	同上
ランボオ作品より	同上
ラシーヌ作品より	同上
山口洋子＜館と馬車＞より	角田良子
黒田三郎＜一人の女へ＞より	山口洋子
岩田宏＜独裁＞より	林　洋子
木島始＜詩集＞より	同上
関根弘＜絵の宿題＞より	同上

自作朗読

山本太郎・那珂太郎・木原孝一・友竹辰

図1　「シャンソンと朗読の夕」プログラム、「ユリイカ」1957年4月号、書肆ユリイカ、53ページ

る。さらに関根は、プレヴェールの詩にコズマが曲をつけたシャンソンの完成度として「プレヴェールがシュールレアリストとして出発していることを見逃せない」ともいう。この見方は小野十三郎の『詩論+続詩論+想像力』(思潮社、一九六二年)にも表れているので、プレヴェールが当時いかに評価されていたかがわかるだろう。

ここで注意しなくてはならないのは、ダダイスムやシュールレアリスムを取り入れたことが日本の現代詩を難解にしていくきっかけになったと考えられていたのに対し、プレヴェールの詩はシュールレアリスムを経過しながらもシャンソンとしてフランスの大衆に親しまれているという逆説があるということだ。つまり、プレヴェールの詩とシャンソンとの関係は、現代詩の難解さを克服する理想像として捉えられていたのである。

関根弘は、前掲の文章「アヴァンギャルド詩論V シャンソン」のなかで、「戦後の詩人たちは、方法的な必然性を踏まえて、詩を書斎的な環境から街頭へともちだそうとしている。放送用の詩劇に関心を集中しているのもそのあらわれであり、進んでシャンソンを書き、発表しているのも、詩の機能を拡大しているからである」として谷川俊太郎の活動に注目していたわけだが、同時に関根自身も自分の活動範囲を広げていた。関根は、一九五七年五月に安部公房、花田清輝、佐々木基一、野間宏らが発起人になって発足した記録芸術の会の会員でもあった。記録芸術の会は、文学、演劇、美術、音楽、映画、放送などの芸術分野を横断して現代芸術の可能性を探ることを目的にしていた組織である。

関根の文章のなかに、「詩を書斎的な環境から街頭へともちだそうとしている」という一節があることに注目してみよう。書斎に閉じこもって一人で詩を書いていれば、詩は必然的にモノローグになり、他者性は失われる。そしてそれは詩が難解になることとも無関係ではない。そのために詩は街頭へ持ち出されるべきなのだ。パリの街中に流れるシャンソンのように。

6――行為としての詩

一九六〇年代以降も、状況としてはあまり変わらないまま詩の難解さをめぐる議論は続いていく。そのなかで寺山修司は、関根と同じようなことを別の観点から述べている。寺山もまたプレヴェールを好んだ詩人だった。「行為とその誇り」という文章から一節を引用する。

私が詩人でありながら、いわゆる現代詩の多くに興味をもてないのはそれが単に行為の結果であり、スタティックな記録にすぎないからなのだ。（略）活字は時間性をもった感動を、一つの空間に定着させてしまうが、しかし定着させ終つたときにはそれはもう詩ではなくなつている、ということにまず気づくべきである。（略）詩は字にする必要などないのだ。ましてや、字にすることの効果から逆算して詩をかくべきではないし、字を過信すべきでないことは自明である。(9)

寺山は活字になった詩を否定しようとする。詩とは紙の上にあるものではなく、一回的な行為としてなるものだという。寺山は、この行為としての詩をアクションペインティングに例えている。寺山が心引かれるのは、アクションペインティングの結果生まれる絵画よりも、画家がアクションペインティングをしているその過程なのである。ここで寺山が言おうとしている詩とは、もはやシャンソンとの結び付きなどというものでもないようだ。

寺山は、詩は巷で開花し、巷に投げ出されているともいう。友人の谷川俊太郎とともに巷に詩を探しにいった際の様子が、次のようにつづられている。

私たちが、そんなに易すく、ことばが詩に成る状況に出会えるかどうかはわからないが、とにかくその日一日、新聞記事から広告、町のあんちゃん達の会話などに気をつけてみよう、というのが眼目である。浅草の埃つぽい裏通り、日ざかりのアスファルト、ころがつているドラム缶……そうして巷の詩、詩、詩。

私たちは少なくとも数篇の詩に出会つた。詩はふいに顔をあげた愚連隊の若い男のことばであつたり、灼けたトタン屋根にはげかかつてあるポスターの文字であつたりした。それはここでは再現が殆んど不可能なくらい一回性のものだつたが、私はそれを書きとめたりカメラに収めてもらつたりして、採集してきた。(10)

「愚連隊の若い男のことば」や「灼けたトタン屋根にはげかかつてあるポスターの文字」に感じら

れる〈詩〉。単に若い男やポスターからではなく、「愚連隊」であることや「灼けたトタン屋根にはげかかってある」ことが〈詩〉を駆り立てるのだろう。これは、うらぶれたものに対するありがちなロマンチシズムだともいえるのだが、それが表れる一瞬、一度のそのときに寺山は〈詩〉をみたのである。

この「行為とその誇り」はその後に加筆・修正されて、寺山が著した『戦後詩——ユリシーズの不在』（紀伊國屋書店、一九六五年）の第一章「戦後詩における行為」になっている。この本は、寺山が戦後詩をアイロニカルに捉えたもので、このなかでも寺山は詩の作り手と読み手が同じである詩誌の構造や、難解詩のことをちゃかしながら語っている。戦後詩と同じレベルで歌謡曲の歌詞が取り上げられているのも、シャンソンと現代詩を接続しようとした谷川俊太郎や関根弘の感性に似ているものがある。

『戦後詩』の第一章でも寺山は、詩が活字化されることで肉声を喪失していると述べる。ここで話しことばふうの詩を書いている詩人としてラングストン・ヒューズの名が、語りかける詩人としてアレン・ギンズバーグの名が挙げられていることに注意したい。また、詩が活字化されることで生み出される拘束については、ローレンス・ファーリンゲティの見方も紹介されている。これらはすべてアメリカの詩人で、ギンズバーグやファーリンゲティはビートジェネレーションを代表する詩人たちだ。

ビートジェネレーションとは、第二次世界大戦後にアメリカのニューヨークやサンフランシスコで生じた反体制的な動きを指す。ビートジェネレーションの作家や詩人たちに影響を受けたビートニクたちは資本主義や科学技術によって作られた文明を否定し、そこから逃避したり、物質ではなく精神のなかに人間性の解放を求めたりした。[11] 一九五六年から六八年にかけて日本に滞在し、京都の禅寺で修行した詩人ゲーリー・スナイダーのように、東洋文化のなかにそれを見いだそうとする者もいる。

日本でビート詩が紹介され始めたのは一九五〇年代末のことで、詩人の諏訪優たちがギンズバーグらを取り上げている。六〇年ごろから白石かずこらがジャズの演奏をバックに詩の朗読をしているのも、ギンズバーグらをまねたものだ。[12] つまりアメリカのビート詩も、従来の日本の詩のあり方を変える力としてはたらいていたのである。これは活字としての詩ではなく、声としての詩を取り戻そうとする動きを日本の詩人たちに与えていくことになった。ただし、その詩の内容がわかりやすいかといえば、必ずしもそうではない。話しことばふうに書かれ、繰り返しが多くリズムがあるために、朗読の声のなかに取り込まれていくような感覚になるというほうが正確だ。

7――〈詩〉を取り戻す

話が関西フォークから大きく外れたが、ここに至って、現代詩の問題がフォークソングとつながってくることに気がついた読者もいるのではないだろうか。関西のフォークシーンが活発になる十年ほど前、詩壇では現代詩の難解さが問題になっていて、その打開策として、詩と流行歌との接続や詩の朗読によってその大衆化を考える詩人たちがいた。シャンソンと現代詩との接続はその一例である。そしてそのほぼ同時期には、アメリカのビートジェネレーションの動向が日本にも紹介され始め、ジャズをバックに詩の朗読をおこなうような詩人も現れた。行為や現象としての詩への関心が生まれ始めたのが一九六〇年前後の日本の現代詩の状況なのである。

後述するように、この状況のなかに詩人・片桐ユズルがいたのである。片桐もまた、当時の難解な現代詩に批判的で、その対抗策としてアメリカ詩を持ち出し、ビート詩を評価した。自らの詩を朗読し、さらにはフォークソングを詩の運動のなかに取り入れた。それがのちに関西フォークと呼ばれるほどの大きな動きになったのだ。このことを前提に、本書の構成について簡単に説明しておこう。

本書の第1章「片桐ユズルとアメリカ」では、まずその片桐の詩論や実践を取り上げる。英語教師でもあった詩人の片桐がアメリカに留学し、そこで出合ったポエトリーリーディングやビート詩を通じて話しことばに重点を置くようになり、その延長線上にフォークソングを見いだすようになった過程を検証していく。

第2章「関西フォークを支えた作家たち」では、片桐とともに関西フォークを支えた作家たちに焦点を当てる。この章では、多くのフォークシンガーたちがその詩に曲をつけた詩人・有馬敲や、運動を支えた英語教師の中山容、児童文学者の今江祥智、上野瞭を取り上げ、関西フォークとつながりがあった大阪文学学校の動向を、校長だった詩人・小野十三郎や小説家・村田拓を通じて捉えていく。

第3章「〝フォークの神様〟岡林信康と農村回帰」で扱うのは、関西フォークを代表するシンガー岡林信康だ。事前に断わっておくが、本章ではその歌詞を検討するというよりも、〝フォークの神様〟と呼ばれるようになった岡林の身体性に注目する。岡林の行動には当時のヒッピー文化のなかで支持された、ある思想が認められるのである。

第4章「高田渡が歌う演歌と現代詩」で扱う高田渡は、詩に最も接近していたフォークシンガーである。渡の父親・高田豊が詩人だったことや、渡がフォークソングを作る際に何を取り入れたのかについて考えていきたい。

第5章「フォークゲリラの登場」では、東京の新宿西口に出現したフォークゲリラの意義を論じていく。関西フォークの歌を替え歌にして歌い、聴衆をも巻き込んでいったフォークゲリラの行動には、片桐の詩論の具現化を見いだすことができる。

第6章「文学青年・松本隆の〝風〟と〝街〟」で松本隆を扱っていることに意外な印象をもつ読者もいるかもしれないが、松本隆がメンバーだったロック・バンドはっぴいえんどは、関西フォークとの関係が深かった。〝風〟と〝街〟によって織り成された松本の世界観は、類いまれな文学青年だった彼の豊富な読書経験から生まれているのである。

第7章「詩人・友部正人の可能性」で扱う友部正人も、片桐に見いだされたフォークシンガーである。友部が関西で暮らしていたときには、すでに関西フォークはかつての活気を失いつつあったが、片桐が考えていたフォークでの〈詩〉の可能性を実現したのは友部だったといえる。

終章「〈関西〉なるもの」では、以上の内容を踏まえ、〈関西〉という地域性について少し考えてみる。なぜこの地域で、のちに関西フォークと呼ばれるほどの現象と運動が生じたのか、それぞれの人物や集団の動向とは異なる要因を探っていきたい。

最後に付録「片桐ユズルさんが語った関西フォーク」として、本書の随所に登場する片桐ユズル氏へのインタビューを収録する。片桐氏が回顧する関西フォークや当時の仲間たち、シンガーたちとの交流についての談話を楽しんでもらえると幸いである。

このように本書では、関西フォークに関わった多くの人物を対象とし、そのなかの〈詞〉と〈詩〉の関係を考察していく。この章立てのなかに、例えば高石友也やザ・フォーク・クルセダーズ、五つの赤い風船などが入っていないことに疑問を感じるかもしれない。ほかにも関西フォークの担い手だったシンガーやグループのなかで、本書が真正面から扱えていない対象は数多くある。それは、本書が関西フォークを〈詞〉と〈詩〉との関係から問い直す内容だからだ。その問題設定から浮かび上がってきたのが、本書で取り上げた対象なのである。

そして、もう一つ念頭に置いていてほしいのは、本書は、扱っている多くの人物をその当時の時空のなかで捉えているということである。例えば、岡林信康や高田渡、友部正人は、いまではプロのミュージシャンとして認識されているだろうし、彼らのことばの表現は歌詞ではあっても詩ではないと考える人も多いにちがいない。しかしそれは、その後の彼らのキャリアやミュージック・シーンそのものの状況がそのような認識を生んだからである。一九七〇年前後に立ち戻って彼らの表現を捉え直したとき、その認識は自明なものではないのだ。少なくとも片桐や有馬敲らは、フォークソングのなかに〈詩〉を実現したいと思っていたし、そこにこそ〈詩〉の広がりを夢見ていたからだ。

そうした詩人たちの発想を踏まえて、関西フォークのメロディーと歌詞にあらためて向き合ってみると、確かにことばの表現は不思議なものだということに思い至る。これまでに何度も経験していることだが、さほど気にとめていなかった一編の詩、あるいはある詩の一つの表現が、ふとしたきっかけで、そのまま突き付けられ、胸に染み入ってくることがある。書かれたもの、活字としては難解にみえていたその表現が、なぜだか腹に落ちるのである。ことばが身体に響き渡り、身体そのものになったかのように感じるのだ。

そのきっかけの一つになっているのが、歌や曲という音楽性なのだろう。そのことに思い至ったとき、わたしたちは日常的に詩にふれているということ、「詩人」と考えられる人の枠は思ったより大きいということに気がつくはずである。〈詩〉はいつもわたしたちの身のまわり、いたるところにあふれているのだ。本書の各章でまわりくどい説明が続くと思うが、本書を通じて伝えたいことはその一点である。

注

(1) フォークソングや関西フォークの概要については、前田祥丈/平原康司編著『60年代フォークの時代』(〔日本のフォーク&ロック・ヒストリー〕第一巻)、シンコー・ミュージック、一九九三年)、馬飼野元宏監修、秋場新太郎編集『日本のフォーク完全読本』(シンコー・ミュージック・エンタテイメント、二〇一四年)、ウェルズ恵子『アメリカを歌で知る』(〔祥伝社新書〕、祥伝社、二〇一六年)、笹川孝司編『URCレコード読本

――アーティストたちの証言で綴る〝日本初のインディ・レーベル〟の軌跡』（シンコーミュージック・エンタテイメント、二〇二〇年）、小川真一『フォークソングが教えてくれた』（〔マイナビ新書〕、マイナビ出版、二〇二〇年）などを参照した。なお、本書校正中に栗谷佳司『表現の文化研究――鶴見俊輔・フォークソング運動・大阪万博』（新曜社、二〇二三年）が刊行された。栗谷の著書は、鶴見俊輔や片桐ユズル、フォークソングをめぐる考察で本書の議論と重複するところがあるが、すでに本書の校正中だったため、この書籍を細かく参照する時間をもてなかった。概して、同じ対象を栗谷は社会学の立場から、本書は文学研究の立場から論じていること、また書籍自体の性格もやや異なっていることを最初にお断りしておきたい。

（2）輪島裕介『創られた「日本の心」神話――「演歌」をめぐる戦後大衆音楽史』（光文社新書）、光文社、二〇一〇年、二〇―四一ページ

（3）萩原朔太郎「難解の詩について」「日本詩」一九三四年十一月号、アキラ書房、六九ページ

（4）村野四郎『今日の詩論』宝文館、一九五二年、三三ページ

（5）この時期に問題になった現代詩の難解さについては、加藤邦彦「新日本文学会から現代詩の会へ――「現代詩」・一九五八年」（仏教大学国語国文学会編「京都語文」第二十九号、仏教大学国語国文学会、二〇二一年）が整理している。

（6）関根弘／鮎川信夫／吉本隆明／小田切秀雄／秋山清／長谷川龍生／大西巨人「現代の詩はだれが理解するか」、新日本文学会編「新日本文学」一九五八年七月号、新日本文学会、一一八ページ

（7）同記事一一五ページ

（8）谷川俊太郎「巻頭言」「ユリイカ」一九五七年一月号、書肆ユリイカ、二ページ

（9）寺山修司「行為とその誇り――巷の現代詩とAction-poemの問題」、現代詩の会編集部編「現代詩」一九六〇年九月号、飯塚書店、一〇〇―一〇一ページ

（10）同記事一〇五ページ

(11) 遠藤朋之「ゲーリー・スナイダー年譜」、思潮社編「現代詩手帖」一九九六年三月号、思潮社

(12) マイク・モラスキー『戦後日本のジャズ文化――映画・文学・アングラ』(岩波現代文庫)、岩波書店、二〇一七年、二九五―三〇六ページ

第1章　片桐ユズルとアメリカ

1――〈アメリカ〉がもたらしたもの

一九三一年、片桐ユズルは英語教師・片桐大一の長男として現在の東京都杉並区に生まれた。幼少期は満州事変に始まる戦争期にそのまま合致していて、片桐も軍国主義的な教育を受けて育ったことになる。敗戦によってそれまでの価値が急速に転倒し、自由と民主主義の象徴として〈アメリカ〉が意味づけられていくなか、片桐は四九年に早稲田大学の英文科に入学した。しかし、その翌年に生じたレッドパージは、片桐が在学していた早稲田大学をも巻き込み、片桐の〈アメリカ〉に対する信頼は揺らぐ。五二年ごろから詩作を始めた片桐は、五五年に大学院を修了、都立高校の英語教師として勤務しはじめ、五月に詩誌「POETRY」を創刊した。(1)

鶴見俊輔が「POETRY」創刊号に詩を寄せているところをみると、片桐が思想の科学研究会に参加し、鶴見を知ったのはこのころのことだったらしい。片桐は鶴見を介してアメリカのプラグマティズムを知り、それが片桐の詩論の土台を形作っていったようだ。片桐が「詩とプラグマチズム」（「現代詩」一九五九年七月号、飯塚書店）のなかで参照している鶴見の『プラグマティズム』（「河出文庫」、河出書房、一九五五年）には、プラグマティズムが「考えは行為の一段階」であることを主張するものであり、「功利主義的傾向」「実証主義的傾向」「自然主義的傾向」という三つの展開を示すと説明されている。同時に、これらはアメリカ人の気質とも結び付いていて、思考が一般人の日常生活にも実利をもたらすべきものであることや、それが自分の手に取って見られるほど確かなものであること、そしてそれが歩く、食う、眠るという人間の自然行動と同じレベルのものであることも説いている。その理論に乗るようにして、片桐はアメリカ詩の特徴が具体的な提示の表現にあると強調した。

　同時に片桐は、I・A・リチャーズらのニュークリティシズム（新批評）にも接近していた。「詩とプラ

POETRY　1

POETRY は，イェイツの研究会から生れたものです．私たちのした研究を，何かの形で発表したい，という気持から創刊のはこびになりました．イェイツの会では，始める前に次のようなことをきめました．（1）参考書（伝記，評伝，批評，解説など）を研究会のためにこれ以上よまないこと，予備知識をふやさない．作者の言おうとしていることを，作品のみを通じてつかむこと．だから，（2）いきなり，いい，わるい，すき，きらい，の発言をしないこと．つまり，作者の意図していることをつかむこと，と，自分のそれに対する態度とを，はっきりわけるようにする．

何故，こういうことをきめたかというと，文学を勉強する，ということが，文学史や，批評をよむこと，になる傾向があるのではないか，と思われるからです．たとえば，学校の卒業論文，誰はこう言っている，彼はああ言った，誰々によればこうである，ああである．といったアプローチの仕方が多すぎるのではないかと思われます．そうして，批評といえば，ほめるとか，けなすとか，ということになり，そういう批評家の態度と，自分の

1

図2　「POETRY」創刊号、ポエトリー編集部、1955年、表紙

グマチズム」のなかでは、「英米では、うたがいぶかい人に、科学にちかい方法で意味を分析してみせて、ほら、いいことがわかるだろう。というわけで新批評といわれる傾向がでてきた」とニュークリティシズムの方法を紹介しながら、「プラグマチズムが、十九世紀になつて科学が実生活に浸透してきたためにおこつてきたいろんな問題に応じるために生れてきたのと、詩に対する意味論的近づき方の間には、平行な関係があるようにおもう」と、プラグマティズムの思考とニュークリティシズムの方法を接続して捉えている。

よく知られているように、ニュークリティシズムの方法は、文学作品を作家の伝記的事実や心理、時代環境から切り離し、作品本文のレトリックや構成に分析の中心を置くものだ。[2] 実際、片桐たち「POETRY」の同人は、当初ニュークリティシズムを共同研究の方法として採用していた。[3] 鶴見を経由した片桐のことばを借りれば、もともとプラグマティズムは「意味をあきらかにする方法」であり、「意味論的近づき方」をするニュークリティシズムとは、ことばと意味、記号が人間を方向づけ、解釈を呼び込むその現場を捉えようとする点で共通する。ただし、片桐はすでにこの外部へと足を踏み出してもいて、「批評の組立」[4] では、ニュークリティシズムが「既成の秩序のワク内での、花火の爆発力程度にしか、詩にみとめない」限界をもっていることを指摘し、同時にプラグマティズムについても、世界に対して善をなすためにその外側から目的意識が付されるべきであるという鶴見の見解[5]を紹介している。

詩人でもある片桐は、現代詩を「意味」に対するこうした問題意識のなかで捉えていた。以下は、片桐の「現代詩とコトバ」の冒頭である。

現代詩は、その難解性から論じはじめるのが習わしみたいになっている。批評家は、伝達性がないことを、詩人が読者を意識しないひとりよがりで、自慰的なメタファー遊戯にふけっているとして非難する。詩人の側は、現代社会の状態が詩人と読者の間を絶ち切っている、そして読者に詩を読む忍耐力が欠けていることを責める。[6]

ニュークリティシズムを経過していた片桐は、この批評のなかで、メタファーに依存しすぎる現代詩の傾向を具体的に作品から抽出してみせている。特に「荒地」や『荒地詩集』(荒地出版社)に集った詩人たちの表現にその批判は向けられ、同年におこなわれた関根弘・嶋岡晨・関口篤・山本太郎・中村稔・伊藤尚志(司会)との座談会「「荒地」の功罪」(『荒地詩集 1958』所収、荒地出版社、一九五八年)でも、『荒地詩集』の難解さと厳粛さを指摘していた。こうした現代詩に対抗する表現として、片桐が位置づけようとしたのがアメリカ詩だった。片桐は「現代詩とコトバ」でカール・サンドバーグらアメリカの詩人たちの表現を紹介したうえで以下のようにまとめている。

アメリカの新しい詩人たちは、ハナシ・コトバを意識して使うことはもちろん、(略)他人の言ったことを平気でかっぱらってきて使う。つまり彼らは、一般に信じられているように詩人自身のコトバを「発明」するのではなくて、自分の外の材料の中から「発見」して詩の中へ移植する。すでに存在している伝統を、利用し、変形し、再創造してるんだ、という意識においてアメリカの詩人たちは一致している。[7]

平易な口語的表現の導入、そして表現の共有と再利用は、のちに片桐が積極的に展開していくフォークソング運動の理論的基盤ともなっていくが、一九五八年の片桐にまだその視点はない。ここで確認しておくべきことは、詩が書かれるものとしてだけ定位されることでメタファーを増殖させ、そこに生じた拘束が、読者とのディスコミュニケーションを生み出していること、そして、それが現代詩の最大の難点として捉えられていたことだ。その一方で、片桐はメタファーの機能そのものを否定しているわけではなかった。人々には本質的にメタファーの能力が備わっていて、日常的な会話のなかでそれは繰り返されているというのである。同時に詩人の役割は、そのようなメタファーの盛衰を定着させ意識化させていくところにあるという。片桐が重視したのは、説明の手段としてのメタファーではなく、発想を生み出すメタファーの機能だった。

こうした片桐の認識は、一九五九年から六〇年のアメリカ留学によってさらに展開していく。フルブライト奨学金で渡米し、サンフランシスコ州立大学で学んだ片桐は、このときポエトリーリーディングとビート詩に出合っている。この時期にはすでに日本国内でも諏訪優らがビート詩を紹介していて、アレン・ギンズバーグらを模倣するように、ジャズ演奏とポエトリーリーディングのコラボレーションが実践され始めた。六〇年五月二十七日に東京の草月会館でおこなわれた谷川俊太郎によるポエトリーリーディングとジャズ、映画のコラボレーションはそのような背景のなかで生まれたもの[8]だろうし、ジャズ・ファンだった白石かずこもジャズと自作朗読とのコラボを頻繁におこなっていた。[9] 帰国後の片桐も「POETRY」の同人たちと一緒にそのような活動を始め、六一年五月二十日には東京・東中野の喫茶店モカで朗読会を、[10] 六三年十二月十二日には草月会館で「ジャズの小冒険」というイベント[11]をおこなっている。

このころの片桐は、アメリカ留学中に知り合った中山容（矢ケ崎庄司）[12]や片桐ヨウコらとビート詩を翻訳、紹介した『ビート詩集』（〔ピポー叢書〕、国文社、一九六二年）を刊行し、一九六〇年代初めにはビートジェネレーションやビート詩について頻繁に記事を書いている。例えば、その一つ「アメリカの詩人たち」（「詩学」一九六〇年七月号、詩学社）をみると、片桐がビート詩に引かれたのは、それが「はなしことば」のリズムを駆使した、声に出して読まれるものだったこと、そしてそれが朗読会などの場に集った聴衆との関係のなかで生まれるものだったことにあるようだ。

また、片桐はビートジェネレーションの作家たちの社会的スタンスにも注目している。例えば、「ビート・ジェネレーションと政治性」（「早稲田大学新聞」一九六〇年十月五日付）では、極端な個人主義者であるビートたちが、全体主義的になっている現在のアメリカを批判し、政府、ビジネス、教会、学校などのあらゆる機構から脱出しようとしていることを紹介している。片桐は、こうしたビートの「不参加」という態度こそが反体制的なスタンスを生んでいると理解していたのだろう。その結果、ビートたちのなかには西欧思想の論理性や合理性を否定し、ゲーリー・スナイダーのように東洋文化に向かったり、原始的なライフスタイルを選択したりする者も現れた。その延長線上にヒッピー文化があることはいうまでもない。

片桐は、以上のような論考を集め、一九六三年一月に思潮社から『詩のことばと日常のことば

――アメリカ詩論』を刊行した。ここまで確認してきたように、片桐の問題意識は、「日常のことば」、つまり「はなしことば」による詩的表現の確保にあるわけだが、さらに重要なのは、この発想を論考として残していく際にも片桐は学術的な文体を採用していないということだ。『詩のことばと日常のことば』の刊行時、大岡信は「この本自体が非常に個性的なハナシ・コトバで書かれていて、文体も相当つよい伝染力をもっているが、全体を通じて、高度に学問的な話題を、これほどざっくばらんな調子で展開した本もめずらしいのではないか」(「詩人の独創とは」「朝日ジャーナル」一九六三年三月三日号、朝日新聞社)と評した。

片桐自身も「文体とはなにか」(思潮社編「現代詩手帖」一九六三年五月号、思潮社)のなかで、「学問は大衆のためにあるべき」であるということを訴え、文学についての学術的な論文とされるものが、「無色透明らしく、客観的らしくみせかけて、そのじつ、ぜんぜん主観的で、なかみは混乱して」いて、「その目的は、自然科学のように、自分の発見した真理をつたえることでもなければ、文学批評のように、すききらいの訂正でもない」としている。この片桐の認識は、プラグマティズムやニュークリティシズムを経過したうえでのアカデミズム批判でもあるだろう。[13]片桐はそのスタンスをパフォーマティブに伝えるべく、この「文体とは何か」という記述自体も、片桐に対する応答者を設定した問答形式で表現している。この形式は片桐の記述にたびたび採用されていて、『意味論入門』(思潮社、一九六五年)では、当時のＮＨＫの人気テレビ番組『こんにゃく問答』(一九五四―五七年)、『こんにゃく談義』(一九五七―六一年)を模した「ご隠居さん」と「八っつぁん」の問答形式が用いられた。

2——鶴見俊輔と替え歌

ちょうど片桐が「POETRY」を創刊したころ、鶴見俊輔らによる「思想の科学」の読者投稿欄「思想のひろば」に岡田東久と岡田十三による共同研究「知られていない抵抗」が掲載されている。当時、東久は二十六歳の事務員、十三は十七歳の学生で、二人は兄弟であるらしく、福岡県八幡市に住んでいた。この記事は、そのタイトルどおり、戦時下で歌われていた軍歌や童謡を子どもたちが替え歌にしていく様子から抵抗や反抗を読み取ろうとする論考である。このなかで紹介されている軍歌「元寇」とその替え歌の例を取り上げてみよう。

《元歌》
四百余州をこぞる 十万余騎の敵
国難ここにみる 弘安四年夏のころ
《替歌》
四百余州のルンペン
茶わんもって門に立つ
おばさんメシやんない

今配給メシたらん

替歌は昭和二十年頃うたわれた。この頃本土決戦が叫ばれはじめ、学校で生徒に元寇の歌をうたわせていた。子供は早速その替歌をつくったと思われる。元歌の四百余州は中国全土をいっているのであるが、替歌は日本国中（六十余州）のルンペンの意味であろう。すでに日本中の人達が戦争でルンペン同様になっていることをいっている。「メシやんない」は北九州で「メシ下さい」という方言である。「今配給メシたらん」はもはや諷刺ではなく、不平をそのまま、さらけだした言葉だ。が、この替歌は元歌の節の明るいせいもあるだろうが、暗さがなくユーモアさえ感じさせる。(14)

岡田らが注目した替え歌は、当時のレコードなどに録音されたものではなく、ラジオなどのメディアで広まったものでもない。この投稿記事で紹介されているのは、岡田らが生活していた範囲のなかで聞こえてきた子どもたちの歌にすぎない。しかし、歌うことを強いられた歌を、自らの生活や心情を表すものに作り変えてひそかに歌っていたこれらの替え歌は、あえて視線や対象をほかのものに移し変えていく民衆の表現だったともいえる。「元寇」の替え歌の場合、本土決戦が敵の大群を目の前にした元寇になぞらえられているわけだが、その大群を食糧の確保に苦しむ国民の群れとして自嘲することで、食糧難とそのような状態を招いている国家を当てこする表現になっている。

後年、鶴見は「投稿をとおしてみる『思想の科学』」（鶴見俊輔編『源流から未来へ――『思想の科学』五十年』所収、思想の科学社、二〇〇五年）のなかでこの投稿を回顧的に取り上げていて、当時の「思想の科学」は「町の銭湯のような時期」にあったと語っている。それほど庶民の生活実感に基づいた投稿記事を多く掲載した時期だったということだ。

「思想の科学」が一九四六年五月に創刊されてから間もなく、誌面には「ひとびとの哲学」という項目が設けられ、大衆小説や映画、落語、浪花節などを論じた論考も並ぶようになった。五〇年には「ひとびとの哲学叢書」というシリーズ本が企画され、その一冊として『夢とおもかげ』が刊行されている。当時の思想の科学研究会会長・川島武宜によるこの叢書の「発刊の辞」に次のような一節がある。

われわれは、哲学を単純に思想的な観念的な存在として、言わば形而上学的に探求するのではなく、哲学を人々の現実の行動としてたえず現象してくるところのものとして、すなわち経験の世界に属する現実的な存在として、言いかえれば、一つの「科学」的研究の対象とする。われわれがわれわれの追求する学問を、「思想の科学」とよぶのはこの故である。(15)

むろん、このスタンスは、前述した鶴見のプラグマティズムと呼応するものだ。同時にこの問題意識には、国家や神など形而上のものを信じ、戦争を支えるに至った民衆に対する問いかけと、それを阻止することができなかった知識人に反省をうながす姿勢が含まれてもいる。

この『夢とおもかげ』で研究対象とされたものの一つに流行歌があり、南博「日本の流行歌」

（一九五〇年）、園部三郎「現代流行歌曲について」（一九五〇年）、乾孝「流行歌の実態調査」（一九五〇年）の三つの論考が寄せられている。それらの論考のなかで、南は流行歌の歌詞、園部はメロディー、乾は受容のあり方について考察している。岡田東久と岡田十三による替え歌の共同研究が「思想の科学」誌上に掲載されたのは、このような問題意識の延長線上のことだ。この替え歌研究は、戦時下に流行していた軍歌を、「思想の科学」の読者が子どもたちによる受容という面から捉え直した試みだった。鶴見がこれを評価し、後年に至るまで記憶にとどめていたのはそのような理由によるものである。

思想の科学研究会からは多くの研究会が派生しているが、大衆芸術研究会もその一つである。その研究成果として刊行された『日本の大衆芸術』で「流行歌」の項目を担当したのが鶴見だった。鶴見はこのなかで、のちに『限界芸術論』（勁草書房、一九六七年）に展開していく認識を用いて歌という表現を捉えている。

> 歌は、人間の肉声のもつ音楽的価値をみがきあげてゆく方向に発達してゆくのと、言語のもつ音楽的価値をみがきあげてゆく方向に発達してゆくのと、二つの道すじをとる。純粋芸術（少数専門家によってつくられ少数専門的鑑賞者によって享受される）の様式としての声楽は、人間の肉声のもつ音楽的価値をひきだす仕事と主(ママ)としてとりくんできた。大衆芸術（少数専門家によってつくられ多数の非専門的鑑賞者によって享受される）の一つの様式としての流行歌は、それぞれの民族がそれぞれの時代に用いた言語の音楽的価値をひきだすことに大きく力をさい

てきた。この意味で、流行歌は、それぞれの時代の社会でぐるぐるまわる「ふし言葉」という限界芸術（非専門家によってつくられ非専門家によって享受される）の様式と密接な関係をもって発展してきたと思われる。(16)

「ふし言葉」とは、子どもが指切りをするような場合に調子をつけて歌うことばのことで、鶴見は、それが大衆芸術のなかに取り入れられるケースがあるという。そして、逆に、レコードやラジオを通じて広まった大衆芸術としての流行歌のメロディーに、新しいことばが用いられて替え歌という限界芸術を生むケースもあるという。この考えに基づいて、流行歌をふし言葉や替え歌との交流関係のなかで捉えたのが鶴見の論考だ。これは、岡田東久と岡田十三による替え歌の共同研究を、鶴見の限界芸術論という理論に基づいて再考したものといっても差し支えない。実際、鶴見のこの論考のなかでも岡田らの共同研究は紹介されている。

鶴見の「流行歌」を収めた『日本の大衆芸術』が刊行されてからおよそ一年後の一九六三年十二月二十一日、大衆芸術研究会は思想の科学研究会とともに、「日本の替歌大会」を開催している。この模様を報告した佃実夫「日本の替歌大会報告」（「思想の科学」一九六四年二月号、思想の科学社）によると、鶴見はこの会で「替歌の思想的意義」という講演をおこなったようだ。佃の報告によれば、鶴見の講演は、「批判精神の旺盛なる抵抗の時代に替歌は流行し、結論的に現在は衰弱状態」であることについて、「ダンテからブレヒトに至る換骨奪胎による名作の発生過程を例に述べ」、替え歌を「創作し流行させる方向に進みたい」と訴えるものだったという。そして、替え歌を、「おごそかなるものを、おごそかなまま方角を変える」政治的風刺、「無邪気なもの。子供らしいものと大人のためのナンセンス」、そして「わいせつなもの」の三種に分類して捉えたそうだ。その後は、鶴見の司会を交えたプロの歌手による替え歌の実演がおこなわれ、参加者による替え歌の大合唱で会は幕を閉じたという。

前述したように鶴見俊輔と片桐ユズルは一九五五年ごろには知り合っていたようだが、鶴見の大衆文化研究や替え歌への関心に、六〇年代前半までの片桐が直接関わっている様子はみえない。この時期の片桐は、「はなしことば」を導入することで現代詩をその難解さと厳粛さから解き放とうとし、ビート詩をはじめとしたアメリカ詩の翻訳と紹介やポエトリーリーディングをおこなっていた時期だった。五九年二月から片桐は「思想の科学」誌上に「実験室」というコラムを断続的に連載しているが、これもそのような立場から記された日常雑感である。

しかし、現代詩の解放という片桐の試みは、一般読者からの投稿を積極的に掲載し、学問を民衆に開いていこうとする鶴見ら「思想の科学」の方針と呼応するだろうし、体制批判をためらわないビート詩と、権力に対する民衆のひそかな抵抗である替え歌の力学は同じものだ。あるいは、ジャズ演奏をバックに詩の朗読をおこなうことと、替え歌大会で参加者が替え歌を大合唱することは、活字とは異なるオーラルな表現への注目という点で重複するものでもある。替え歌大会で、替え歌を「創作し流行させる方向に進みたい」と訴えた鶴見の意向を、片桐がフォークソングとして実践していくのはまだ数年先のことだが、鶴見と片桐の発想は同じ土壌のものなのである。

片桐は、鶴見が戦後紹介していたプラグマティズムに学び、鶴見が薦めた文献を参考にしながら

『詩のことばと日常のことば』を書き進めているので、それは当然のことなのだろうが、鶴見は片桐の学問上のアドバイザーにとどまらない存在だったと考えられる。よく知られているように、鶴見は日米開戦前にハーバード大学に学び、戦争中は海軍で翻訳の業務に携わっていた。一方、片桐の幼少期がそのまま戦時下にあったことは前述のとおりだ。

つまり、この二人の発想の土台には、アメリカに対するアンビバレントな感覚があるのである。ともに、思考の方法や表現技法をアメリカの哲学や詩に学び、それを土台にして日本語や日本文化を再考しながらも、六〇年安保闘争やベトナム戦争のなかで、批判の目をアメリカに向けていく。〈アメリカ〉を吸収しながら〈アメリカ〉を相対化し、批判的に捉えること。むろん、〈アメリカ〉は単一な概念ではないが、そのような逆説が二人の言論活動には認められるのである。また、その逆説のなかで、高度経済成長への対抗表象として捉えられた〈日本〉の土俗性が取り込まれているようにも考えられる。庶民や民衆の文化がこの時期に評価されるのは、そのような認識の枠組みによるものだ。鶴見が評価しようとした替え歌はその一例なのである。そしてこの認識の規範のなかで、片桐はアメリカのフォークソングを読み替えていくことになる。

3――フォークソングへの期待

片桐が松蔭女子学院に着任して神戸に移った一九六五年四月[18]、鶴見俊輔が小田実に代表を依頼して「ベトナムに平和を！市民文化団体連合」（べ平連。のち「ベトナムに平和を！市民連合」）が発足すると、片桐もその運動に加わった。[19] 阿部知二らの呼びかけによって「ベトナム戦侵略反対・国民行動の日」として設定された同年六月九日、全国二百カ所で反戦集会やデモが繰り広げられるなか、片桐も「ベトナム侵略反対の夕べ」で「すべての人間は平等につくられた？」（新日本文学会編「新日本文学」一九六五年八月号、新日本文学会）を朗読している。六六年八月にはべ平連代表としてベトナム戦争反対ニューヨーク五番街パレードに参加し、アレン・ギンズバーグ、ピーター・オーロフスキーとともにデモに加わった。その際に片桐がギンズバーグから耳にしたのが、フォークシンガー、ボブ・ディランとビート詩人たちによるロック・バンド、ファッグスへの賛辞だった。[20]

一九六三年にフォークグループ、ピーター・ポール＆マリーがボブ・ディランの「風に吹かれて」をカバーしてヒットさせていたために、日本国内でもディランの名は一部に知られていて、詩人の野上彰は「私の好きな1枚のレコード」（「朝日新聞」一九六四年一月五日付）のなかでそれを「詩」として大絶賛していた。片桐も、「POETRY」第十六号に掲載した「こんないきかたもある」[21]のなかで、ウディ・ガスリーやピート・シーガー、ボブ・ディランらフォークシンガーの系譜を伝え、ビート詩人のローレンス・ファーリンゲティによるディランの評価や、フォークソングを受容するアメリカの若者たちの「消費者でさえない生き方」の可能性に言及している。六〇年代半ばの片桐は、フォークソングをビート詩の延長線上のものとして位置づけ、ビート詩人たちが模索したライフスタイルを、フォークを送受信する若者たちのそれに重ね合わせていたのだろう。片桐は「ビートにつづくもの」でも、ビート詩人たちのポエトリーリーディングや放浪性の文脈のなかにフォークシンガーを置き、ガスリーやシーガーを取り上げたうえでディランを詩人として位置づけ、ディランら若い世代のプロテストソングの特徴を以下のように整理している。

これらのわかいニュー・レフトの歌が、オールド・レフトとちがうところは、むかしは主語が〝We〟だったが、このごろは〝I〟になった。むかしは解決の答えがあったが、このごろは答えがなくて、疑問をだす。むかしは組織に属していて、ファシスト、反動、資本家などの、きまり文句をつかったが、わかい連中はどの組織にも属さず、みずからの正義感で、見たり聞いたりした不正にプロテストする。デラン（ママ）の「風に吹かれて」はこの点でも代表的である。[22]

確かにディランの「風に吹かれて」には明確な攻撃対象があるわけではなく、世界が抱えている問題を取り上げ、その答えは「風」のなかにあるとされるだけで解決策の提示は先送りされている。このエッセーは、「I」という主体から疑いを突き付けるそうした特徴を「ニュー・レフト」のプロテストソング全体に押し広げていくやや乱暴な整理をしているのだが、注意すべきは、これが書かれた一九六七年ごろのディランは、すでにプロテストソングばかりを歌うフォークシンガーではなくなっているということだ。当時のディランは、スターダムにのしあがったミュージシャンとして位置づけられている一方、前述したように、ギンズバーグらによってその詞が評価されてもいた。ちなみにディランは学生時代にギンズバーグらのビート詩にふれているので、[23]両者の影響関係を認めることもできるだろう。

片桐が注目しているのは、そのような同時代のディランの姿ではなく、プロテストソングを歌っていた一九六〇年代前半のディランである。片桐はこのエッセーのなかで、ディランが「フォーク・ソング、ポピュラー、文学、現代詩のあいだの壁をぶっこわしてしまった」とし、「詩が、感情にうったえる方法で、価値を伝達するものであるならば、ある人数のひとびとがあつまってきけば、ひじょうに共通の感情をもちやすくなり、これこそ連帯である」[24]と述べてもいる。つまり、〈うた〉を介した場での声と価値、そして感情の連帯のなかにこそ、片桐は自らの〈詩〉の可能性を思い描いていたのであり、その代表例が六〇年代前半のディランだったのだ。

日本のフォークソングは一九五〇年代のうたごえ運動にまでさかのぼることができるが、特に六〇年代に入ると、アメリカのフォークグループであるブラザース・フォアやキングストン・トリオらの影響を受けたカレッジフォークが商業主義的な流通を示すようになる。[25]こうしたアメリカのフォークの動きに影響されながら関西に登場したのが尻石友也、のちの高石友也だった。ピート・シーガーやボブ・ディランの影響を受けていた高石は、プロモーターの秦政明が開催したフォーク集会に出演して秦に評価され、六六年十二月にレコード・デビューしている。高石は、その前月に、ベ平連、ワールド・フレンドシップ・センター、広島YMCA主催の集会にも講師として参加して歌を披露するなど、社会的な活動もおこなっていた。[26]

このころ、大阪勤労者音楽協議会（大阪労音）がフォークフェスティバルを開いたりラジオ関西がフォークの番組を放送したりするなど、フォークソングに対する関心が社会的に高まっていて、こうした動きも片桐のフォークソングに対する期待と呼応している。一九六七年七月二十九・三十日には、高石や秦を中心としたフォークキャンプが京都の高雄で開催され、ザ・フォーク・クルセダーズの北山修やジローズ、中川五郎ら百人を超える参加者が集まった。高石が回顧[27]しているように、この場に片桐やフォークを支援していた大阪の新森小路教会の牧師・村田拓、そして音楽評論家やラジオ局の関係者も集まっていたことが重要であり、若者たちをサポートしプロモートするような階層と世代がフォークソングを認知していたことが、「関西フォーク」と呼ばれる大きな動きにつながっていったのである。[28]

このフォークキャンプが開催されたのと同じ一九六七年七月、片桐はフォークソングの動向を紹介するミニコミ誌「かわら版」を創刊した。この「かわら版」や、その後も何度か開催されたフォークキャンプ、六八年一月から新森小路教会で開催され始めたフォークスクール、秦政明の高石音楽事務所が六九年一月に設立したアングラ・レコード・クラブ(URC)、そしてこのURCが著作権管理会社として設立したアート音楽出版社刊行の「うたうたうたフォーク・リポート」(のちの「季刊フォークリポート[29]」)、そしてこの間継続的にフォークソングを取り上げていったラジオ番組などの存在が「関西フォーク」を支えていたといえるだろう。当初は会員制でスタートしたURCの会員募集広告には、監修者として福田一郎、小泉文夫、谷川俊太郎、中村とうよう、三橋一夫、広瀬勝、柴田仁、片桐ユズル、小野十三郎、村田拓、鶴見俊輔の名があった。[30]

様々な媒体に発表されていた片桐のフォークソング論は、『うたとのであい――フォークソング人間性回復論』(〔新報新書〕、社会新報、一九六九年)にまとめられている。片桐がこの本のなかで繰り返すフォークソングの特徴と可能性とは、それが自分たちの思っていることを自分たちのことばで歌にしたものであること、それぞれの楽器の専門家に分業されたオーケストラなどとは異なり、分断され疎外された人間性を回復させるものであること、そして、それが詩でも音楽でもない領域で可能になる〈うた〉であるということだ。むろん、ここには、自閉的な難解さのなかに陥っていった現代詩に対する片桐の批判が見て取れるし、ビート詩に見いだしていたような「はなしことば」による詩的表現の可能性を模索した結果を見いだすこともできるだろう。この片桐のフォークソング論の背景にあったのが、思想の科学研究会への参加以来交流を続けていた鶴見俊輔による

図3 アングラ・レコード・クラブ会員募集広告（出典：篠川孝司編『URCレコード読本――アーティストたちの証言で綴る〝日本初のインディ・レーベル〟の軌跡』シンコーミュージック・エンタテイメント、2020年、23ページ）

限界芸術論と、I・A・リチャーズに師事した英文学者マーシャル・マクルーハンによるメディア論だった。

一九六七年に刊行された鶴見の『限界芸術論』は、前述したように芸術を「純粋芸術」「大衆芸術」「限界芸術」の三つのレベルに区分して捉えたものである。鶴見は、「二十世紀に入ってマス・コミュニケーション時代の成立とともに新しく急激に進んできた純粋芸術・大衆芸術の分裂」が、「限界芸術を、新しい状況の脈絡の中におくことによってこれに新しい役割をおわしているように思える」とし、「限界芸術」の価値を見いだした実践者として柳田国男や柳宗悦らの活動を取り上げた。

片桐は、この『限界芸術論』をフォークソングに引き寄せて理論化しようとした。例えば柳田国男は、人々が口々に伝えてきた民謡を、歌い手と作り手とが同じである表現として捉えていた。それは、民謡は発生の起源がさかのぼれず、その意味や表現が歌い手によって自由に変更されるためである。片桐は、柳田がいうこの民謡の性質をフォークソングに重ねている。フォークソングも、その歌の源泉をたどることができない替え歌のようなもので、そのなかで選択された決まり文句とテーマの反復こそが聴き手に〈うた〉を印象づけていくと考えたのである。柳田の民俗学そのものが多くの民間伝承や習俗への回路をもつ体系的なものであることも、個別の楽器の専門家による演奏で成り立つのではない、フォークソングのイメージとつながっていたようだ。

また、柳宗悦の民芸をめぐる認識もフォークソングに援用し、日用品として反復に耐えうる強度と、そのための単純な様式がフォークにも必要であると説いている。作り手と使い手の上下や、日用性による物の上下などが美の必須条件ではない、柳がいう「美の浄土」[31]のように、才能の有無や楽器の良し悪しにかかわらず、誰が歌ってもすばらしいのがフォークソングであるというのだ。ただし、柳は民芸に対して「浄土」という仏教的概念を適用しているのであり、それをフォークに見いだすのはやや牽強付会と言わざるをえない。鶴見は、柳の思想に「限界芸術」の発想に通じるものを見いだしているのであって、フォークは「限界芸術」ではあっても「美の浄土」を得る表現であるとは言いがたく、片桐の認識は単なる比喩でしかない。

鶴見の『限界芸術論』に掲載されている「芸術の体系」という図によれば、例えば、「かなでる、しゃべる→きく」という行動での「純粋芸術」にあたるものは「交響楽、電子音楽、謡曲」で、「大衆芸術」にあたるものは「流行歌、歌ごえ、講談、浪花節、落語、ラジオ・ドラマ」、「限界芸術」にあたるものは「労働の合の手、エンヤコラの歌、ふしことば、早口言葉、替え歌、鼻唄」などだという。粟谷佳司『限界芸術論と現代文化研究――戦後日本の知識人と大衆文化についての社会学的研究』（ハーベスト社、二〇一八年）、同『表現の文化研究――鶴見俊輔・フォークソング運動・大阪万博』（新曜社、二〇二三年）が細かく検討しているように、片桐はこの「限界芸術」のイメージでフォークソングを捉えていたのであり、それは「流行歌」とは異なる表現だったのだ。つまり片桐は、同時代に流行していたカレッジフォークとは全く異なるフォークソングの文脈を作り出そうとしていたことになる。

また、鶴見の『限界芸術論』の議論とともにしばしば参照されているのが、一九六〇年代後半から日本でも紹介され始めていたマクルーハンのメディア論である。マクルーハンの功績はメディアの役割を可視化したことだといえるだろうが、前述したように、片桐は活字としての詩ではなく、声によって朗読される詩を価値づけようとしていた。それは、マクルーハンの理論があぶり出した活字の物質性や活字メディアを自明なものとして内面化した社会を乗り越えようとする片桐の試みでもあった。

ちなみに、電子メディアによる情報網がグローバルビレッジを作り上げるというマクルーハンの予言さえ、片桐はフォークソングに対する期待へとすり寄せている。例えば、テレビがもたらす豊富な情報によって、専門家と素人の区別がない非専門家の時代が到来したり、亡びかけて顧みられることがない事物や民俗が再生したり、個別に分断された人間の感覚が総合性を取り戻したりする点は、いずれもフォークソングと親和性が高い事象だとした。あるいはマクルーハンは、参与性と補完性が高いメディアを「クール」と捉えているが、クールなことばとクールな音楽で構成されるのがフォークソングだと片桐はいう。

4――片桐が歌う〈死の商人〉たち

関西のフォークソング運動に関わり始めたころ、片桐は自らフォークソングも制作している。以下は、ベトナム戦争でアメリカ軍に軍需物資を輸出する日本の企業を批判した「死の商人」の第一連だ。

死の商人の　工場にならんだ
品物みてごらん
よくみてごらん　かんがえてごらん
（だれかひとり）ナパーム弾
（みんな）　ナパーム弾
　　　　あーあ[32]

この曲のメロディーは、フランス民謡の「Alouette（ひばり）」で、日本ではレクリエーションなどでおこなう「八百屋のお店」という遊戯歌、現在では子ども向けの手遊び歌として知られているものである。「現代詩手帖」掲載時にはギターコードも併記してあり、GとD7という二つの簡単なコードだけで構成されている。「現代詩手帖」掲載時のバージョンでは、この連が繰り返されるたびに「品物」が変わり、「原子爆弾」「エンタープライズ」「豊和産業の機関銃」「日特金のカービン銃」「ホンダのケータイ発電器」「パイナプル爆弾」へと変化している。この詩の付記に、「有刺鉄線とか、ジャングル・シューズとか、ミサイルとか、ヘリコプターだとか、品ぎれになるまでつづける」とあるように、歌われる際にはその場で思いついた品物を付け足して歌が延長されていくイメージだったようだ。片桐は、前述した京都の高雄でのフォークキャンプでこの〈うた〉を披露したという。[33]

ベトナム戦争の最中にあるアメリカ軍に日本から軍需物資が輸出されていることが知られるようになるのは、アメリカ軍が北爆（北ベトナム爆撃）を開始し、首相の佐藤栄作がその支持を表明したあとのことと推測される。例えば、「東京新聞」一九六五年八月三日付の「アンテナ」欄には、「〝ベトナム戦争を利用してまたぞろ死の商人が活躍……〟とのウワサが流れているが通産省の調べによると武器は売っていないが、ジャングルシューズや鉄条網用有刺鉄線、弾丸よけ砂袋などがベトナムに流れていることが確認された。（略）米軍の国内調達には明らかにベトナム戦争用と思われるジャングルシューズが昭和三十八年度百六十七万ドル、三十九年度二百七万ドルと大口の引き渡しを済ましており、今年にはいってから六月には弾丸よけ土のうが二十二万六千ドル、鉄条網用の有刺鉄線が九万六千ドルと新しく顔を出している」とある。

ジャーナリスト梶谷善久の『ベトナム戦争と日本の労働者』（労働旬報社、一九六五年）は、当時の「人民日報」（中国共産党中央委員会の機関紙）やアメリカの新聞「クリスチャン・サイエンス・モニター」が、アメリカ軍がベトナムで使用しているナパーム弾の約九〇パーセントが日本製だと報じていることを紹介していて、当然、この情報はベ平連も共有していた。[34] 片桐は、ナパーム製造会社の一つであるダウ・ケミカル社製品の不買運動がアメリカで始まっていることを取り上げ、ダウ・ケミカルとつながりがある旭ダウ社のサランラップではなく、呉羽化学のクレラップを買うことを「サラン・ラップからクレ・ラップへ」（「ベ平連ニュース」一九六六年十月号、「ベトナムに平和を！」市民連合）という記事で呼びかけている。小銃や追撃砲などを生産していた豊和工業や、機関銃を生産していた日特金属工業（日特金）を槍玉にあげているのもこうした事情からだ。日米地位協定は、アメリカ軍がこれらの企業から軍需品を直接調達し、無検査で戦場に運ぶことも許可[35]していて、当時こうした企業は直接行動で激しく糾弾されることもあった。アナーキスト系の学生たちを中心に構成されたベトナム反戦直接行動委員会は、一九六六年十月十九日に東京都北多摩郡田無町の日特金に、同じく十一月十五日に愛知県西春日井郡新川町の豊和工業に侵入してビラをまくなどして、それぞれ逮捕者を出している[36]。

ベ平連でも軍需工場に抗議のビラを配布するような動きはあったが、構内に侵入したこのベトナム反戦直接行動委員会の活動はやや過剰性を帯びていたようだ。当時の世論でも賛否が分かれ、例えば初期のベ平連の活動に積極的だった開高健は「日本人のたくさんの人が心中ひそかにこの学生たちの行動を応援しているのではないか」と評価する一方、井上光晴は「こんどのようなやり方は宣伝にしても幼稚で、実際の効果もうすい。銃をつくる工場もだが、それをつくらせている体制により問題がある[37]」としている。

片桐の詩「あとは読者がつづける詩」は、この出来事を取り上げたものだ。第一連では、救出しようとしたにもかかわらずそれに手間取って生じた子どもの死、第二連では、踏切でエンストしたトラックを避けるため急ブレーキをかけたにもかかわらず生じてしまった電車の乗客の死を扱っていて、いずれも平明なことばでそれらを表し、子どもや乗客の死が故意によるものではなかったことを強調している。トラックと電車の事故では「わざとしたことではなかったのだが／運転手はタイホされた」ことを言い添えたうえで、以下の第三連が展開されていく。

ナパーム弾はわざとやくためにある
パイナプル爆弾はわざところすためにある
機関銃もライフルもわざところすため　につくられているが
つくるやつはタイホされない
つくるのをやめろとビラまきをしたひとが　タイホされる(38)

片桐のこの詩では、第一連から第二連への展開のなかで、「わざとしたことではなかった」にもかかわらず生じた死と、その死を引き起こした者の責任の度合いが高まり、第三連での「わざところすため」の兵器の製造に抗議した者の逮捕が、その落差との関係のなかで皮肉られていることになる。この詩のタイトルが「あとは読者がつづける詩」であることを踏まえれば、この詩が描くような死や逮捕の不条理に対する問いかけを、「読者」が行為として実践し、そのなかで連帯が強化されていくことを期待しているといえるだろう。

前に挙げた片桐のフォークソング「死の商人」も、こうした日本の軍需産業に対するアイロニーから生まれてきた〈うた〉だったことはいうまでもないが、「原子爆弾」や「エンタープライズ」というように、「品物」がより過剰性を帯びて表されている点にその特徴があるだろう。また、日本ではこの曲は遊戯歌として知られているもので、ベトナム戦争を支える日本の軍需産業をユーモラスにちゃかしていく力学がこの曲全体を覆っていることは自明である。しかも、具体的な企業名を挙げることによって、知らず知らずのうちにベトナム戦争に加担している日常と、その経済構造戦後をおとしめる声があがっている。あたっているところが多い。しかし戦後の日本がどんなにうすっぺらなものであろうとも、そこにはひとりの詩人をやしなうに足る滋養分があった。片桐ユズルの詩集を読んで感じるのは、そのことだ。

彼は戦争中の兵士の姿勢をくずさずに戦後に入ってゆくというふうではなく、戦後の雑然とした話題をたずさえて登場し、りきまず、なだらかに歩きつづけた。よく見ると、その歩きかたは不規則だが、不規則なままに軽々としたリズムをもっている。

鶴見俊輔

片桐ユズル・かたぎりゆずる
1931年・東京都杉並区天沼で生まれる。

1955年・早大大学院文研科MA。東京都立杉並高校教諭となる。Poetry 創刊。

1959年・サンフランシスコ州立大学留学。

1960年・Japanese Poetry in English 創刊。

1963年・詩論集『日常のことばと詩のことば』。英訳児童詩集 Our Big Teacher。

1964年・詩集『専門家は保守的だ』

1965年・『意味論入門』

1966年・松蔭女子学院大学助教授となる。

1967年・「月刊かわら版」創刊。

1969年・評論集『うたとのであい』

1392-101032-3016

図4　片桐ユズル『片桐ユズル詩集』（現代詩文庫）、思潮社、1970年、カバー裏

を「よくみて」「かんがえて」みることの重要性が、このユーモアのなかに訴えられていることになるのである。

　そして、「だれか」が「品物」の名前を口にしたあと、それがその場の「みんな」に合唱されていくことが、このユーモアとアイロニーの共有を促し、さらに、揶揄とも自嘲ともとれる「あーあ」という嘆息と合いの手がそれらを結ぶ。何よりも、朗らかなメロディーと簡単なコード進行であること、そして替え歌であることが、その場に集った者たちによって、ベトナム戦争を遂行するアメリカとそれに協力する日本への批判を気軽に自分のものとしていくのである。「品物」が即興的に思い起こされることで歌が延長されていく構成も、その連帯をなお強化していくことになるだろう。

　ちなみにこの〈うた〉は、一九七〇年四月の現代詩文庫版『片桐ユズル詩集』（思潮社）刊行時には、現在の「八百屋のお店」同様、連が繰り返されるたびに「ナパーム弾」「有刺鉄線」「エンプ

ラ」「さいるい弾」「ジャングル・シューズ」「核ミサイル」などの品物が一つずつ増加し、それまでに取り上げた品物の後ろに追加して歌うような構成になっている。現代詩文庫のバージョンには企業名は記されていないが、それはこの〈うた〉が現代詩文庫に収録されるにあたって、軍需産業に携わっている実在の企業に対する考慮がはたらいたからだろう。しかし、この詩がもともとフォークソングとして制作されたものであり、その場で「品物」が任意に変更され追加されるものだったことを踏まえれば、活字による表記の問題は二次的なものとして考えたほうがいいだろう。片桐がマクルーハンを援用しながら何度も述べていたように、活字としての詩は単なる記録でしかないからだ。

ベトナム戦争への協力体制に対するまなざしは「拝啓磯崎国鉄副総裁殿」という詩にも顕著だ。これは一九六八年十月二十二日付夕刊の「朝日新聞」に掲載された磯崎叡国鉄副総裁の発言を批判したもので[39]、同年十一月に神戸のフォークスクールで発表され[40]、「べ平連ニュース」一九六八年十二月号(「ベトナムに平和を!」市民連合)に掲載後、現代詩文庫版の詩集に収録された詩である。「朝日新聞」紙上の磯崎の発言は、前日に生じた「新宿騒乱」(反代々木系の全学連学生による新宿駅占拠)に対して向けられている。「実に不愉快だ」「これらの損害は結局、運賃そのたで国民がはらうわけですよ。/学生たちはそこまでかんがえていないのだろう。彼らの行動は無責任でデタラメだ」「①諸君はなぜ電車をこわすのか/②大衆が利用する駅が諸君のらんぼうやろうぜきの舞台にならなければならない理由はどこにあるのか/などの点について公開質問状をつきつけたい気持だ」という新聞紙上の磯崎の発言を、片桐の詩はほぼそのまま引用したうえで、片桐は磯崎の発言を以下のように揶揄した。

ほんとに　あんたはしらないのですか
磯崎国鉄副総裁さんよ
一日に一二〇輌のタンク貨車　いわゆる米タンが
一三〇万ガロンの危険物を立川・横田基地にはこんでいるのを
ほんとにあんたはしらないのですか
八月から米タン輸送が五〇％増車され
一〇月一日のダイヤ変更いらい
それまではエンリョがちだったものが
この過密ダイヤのなかを公然とはしっていることを
（略）
あんたが本気でこれらの公開質問状をつきつけたい気持なら
あんたは国鉄の実情をなにもしらない
あんたは無責任だ
あんたはクビだ[41]

片桐の批判は、国鉄（現ＪＲ）によるアメリカ軍の燃料輸送を磯崎が全く省みようとしていないことに向けられている。引用は避けたが、詩のなかでは、この出来事が起こる一年ほど前の一九六七年八月八日に、新宿駅構内でアメリカ軍燃料輸送列車が衝突炎上事故を起こしたことにもふれている。このことによってベトナム戦争に使用される燃料を輸送する「米タン」の存在が広く知られることになり、新宿駅もベトナム戦争に加担する兵站としての役割を果たしているという認識が共有されていた。ベ平連でも、六八年十月八日に新宿駅のホームや線路でデモや座り込みをおこなってこの米タン輸送に抗議している。現代詩文庫に収録された「拝啓磯崎国鉄副総裁殿」には、この

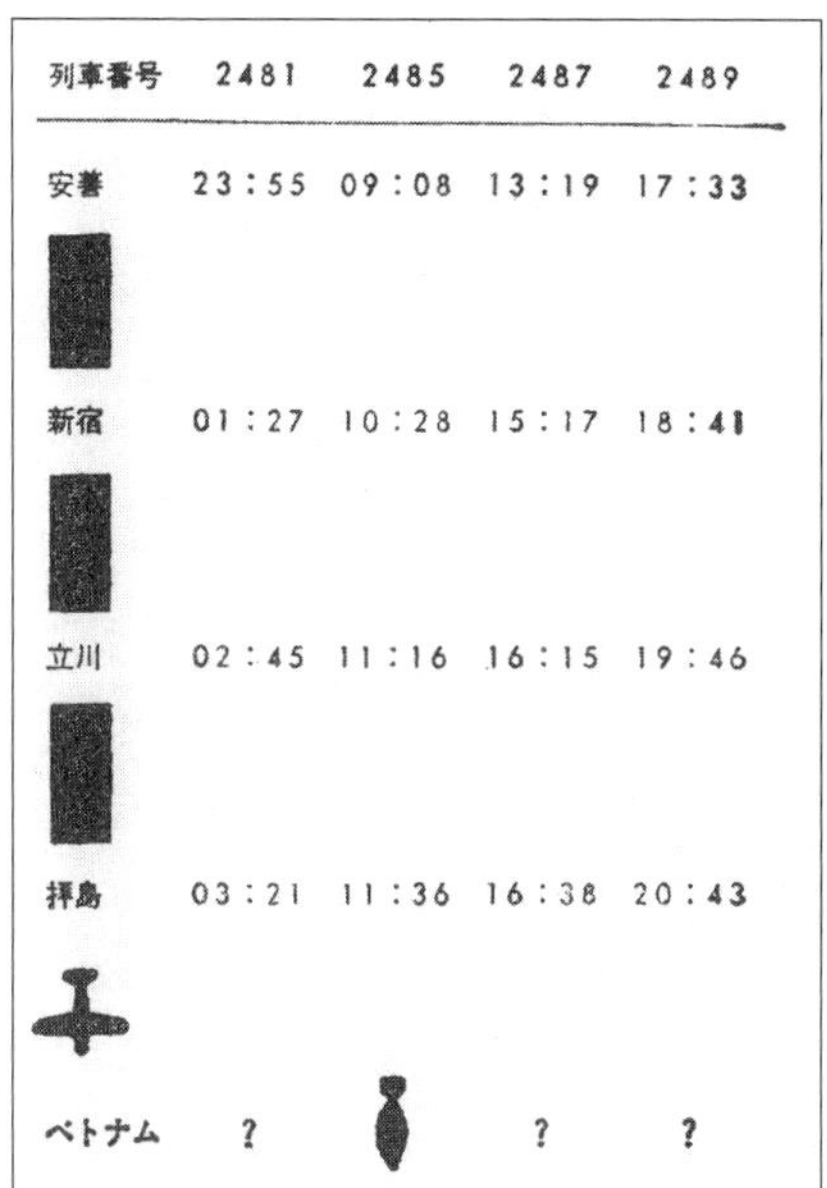

列車番号	2481	2485	2487	2489
安善	23:55	09:08	13:19	17:33
新宿	01:27	10:28	15:17	18:41
立川	02:45	11:16	16:15	19:46
拝島	03:21	11:36	16:38	20:43
ベトナム	?		?	?

図5　1968年10月8日前に新宿でまかれたビラ（出典：「ベトナムに平和を！」市民連合編『資料・「ベ平連」運動』上、河出書房新社、1974年、463ページ）

図6　新宿騒乱
（出典：『バリケードの中の青春——1968年』〔「毎日ムック」、シリーズ20世紀の記憶〕、毎日新聞社、1998年、214ページ）

とき新宿でまかれたビラに記してあった米タンの時刻表も併載されていて、一日に四度、米タンが安善駅から新宿駅、立川駅、拝島駅を経てベトナムへと至るさまが図示されている。

ただし、「新宿騒乱」に対しては、世論は否定的だった。国際反戦デーだった当日は、新宿に群衆が集まることが事前に予想されていて、米タンの運行も中止になっていた。全学連の学生たちやそれに便乗した群衆たちの行動は、米タンの運行阻止ではなく、電車や駅構内の単なる破壊行動になり、これに対して騒擾罪も適用された[42]。ベ平連代表の小田実「ふたたびベトナム反戦を——運動の内部から」（「世界」一九六八年十二月号、岩波書店）も、この行動を批判的に捉えたうえで、ベトナム反戦という動機を再確認するよう訴えている。小田はこの出来事を報じた新聞各紙や識者の談話、各政党の声明のなかに米タンの存在に言及するものがないことも指摘しているが、とするならば、片桐の詩「拝啓磯崎国鉄副総裁殿」は、この出来事をあらためてベトナム反戦という目的へと意味づけしなおそうとするものだったのかもしれない。いずれにせよ、この詩も、例の「日常のことば」「はなしことば」を用いることで、潜在的にベトナム戦争に加担している日本の日常を浮き彫りにしようとするものだったことは確かだ。

注

（1）このパラグラフは、片桐ユズル「わたくしたちのあゆみ」（「POETRY」第三号、ポエトリー編集部、一九五六年）、室謙二「片桐ユズルと「アメリカ」」（『片桐ユズル詩集』〔現代詩文庫〕、思潮社、一九七〇年）、無署名「片桐ユズル年譜」（長谷川龍生／片桐ユズル『長谷川龍生 片桐ユズル』〔「現代詩論」第六巻〕所収、晶文社、一九七二年）、片桐ユズル「文化をこえて」（「思想の科学」一九八〇年十月号、思想の科学社）、同「文化をこえて・下」（「思想の科学」一九八一年三月号、思想の科学社）を参照し、筆者がまとめたものである。

（2）小川和夫『ニュー・クリティシズム――その歴史と本質』（現代芸術論叢書）、弘文堂、一九五九年

（3）片桐ヨウコ「Editorial」「POETRY」第一号、ポエトリー編集部、一九五五年

（4）片桐ユズル「批評の組立」、前掲「POETRY」第三号

（5）鶴見俊輔「折衷主義の哲学としてのプラグマティズムの方法」「思想」一九五六年五月号、岩波書店

（6）片桐ユズル「現代詩とコトバ」「文学」一九五八年六月号、岩波書店、二一ページ

(7) 同論文二九ページ
(8) 無署名「手帳」「読売新聞」一九六〇年五月二十八日付夕刊
(9) 前掲『戦後日本のジャズ文化』二九五―三〇六ページ
(10) 無署名「NOTES」「POETRY」第十一号、ポエトリー編集部、一九六一年
(11) 「POETRY」(第十四号、ポエトリー編集部、一九六四年)に掲載された室謙二の紹介記事による。
(12) 片桐ユズル「中山容さんのこと」、京都精華大学紀要委員会編「京都精華大学紀要」第十五号、京都精華大学、一九九八年
(13) ただし、小久保彰「片桐ユズル。あるいはアメリカとの出合い」(思潮社編「現代詩手帖」一九六四年一月号、思潮社)は、『片桐のエッセイの一見破型に見える文体が意外に迫力をかくのは、日常のコトバを媒体として書き進められていきながら、書かれている内容がアカデミックな既成の論者たちの学識に裏打ちされている部分をひきずっているからだ」(二六ページ)と批判している。
(14) 岡田東久/岡田十三「知られていない抵抗――巷の替歌をめぐって」、思想の科学研究会編「思想の科学」一九五五年四月号、大日本雄弁会講談社、五三―五四ページ
(15) 川島武宜「発刊の辞」、思想の科学研究会編『夢とおもかげ――大衆娯楽の研究』(ひとびとの哲学叢書)所収、中央公論社、一九五〇年、二ページ
(16) 浅井昭治/虫明亜呂無/加太こうじ/邑井操/佐藤忠男/森秀人/鶴見俊輔/柳田邦夫『日本の大衆芸術――民衆の涙と笑い』(現代教養文庫)、社会思想社、一九六二年、二五五―二五六ページ
(17) 片桐ユズル「まえがき」『詩のことばと日常のことば――アメリカ詩論』思潮社、一九六三年、九ページ
(18) 無署名「年表一九六一――一九七八」、片桐ユズル/中村哲/中山容編『ほんやら洞の詩人たち――自前の文化をもとめて』所収、晶文社、一九七九年、二二六ページ
(19) 本章で取り上げたベ平連の活動内容については、「ベトナムに平和を!」市民連合編『資料・「ベ平連」運動』

（上・中・下、河出書房新社、一九七四年）によっている。
(20) 片桐ユズル「アレン・ギンズバーグ「ウィチタ渦巻経」訳者解説」、思潮社編「現代詩手帖」一九六七年一月号、思潮社、八二ページ
(21) 「POETRY」第十六号（ポエトリー編集部）には刊行年月日の記載がないが、片桐の『うたとのであい――フォークソング人間性回復論』（〔新報新書〕、社会新報、一九六九年）の「あとがき」によると、「こんないきかたもある」は一九六五年に執筆、もしくは発表されたものであるらしい。
(22) 片桐ユズル「ビートにつづくもの」、思潮社編「現代詩手帖」一九六七年三月号、思潮社、一五ページ
(23) ハワード・スーンズ『ダウン・ザ・ハイウェイ　ボブ・ディランの生涯』（菅野ヘッケル訳、河出書房新社、二〇一六年）七二ページのほか、原成吉『アメリカ現代詩入門――エズラ・パウンドからボブ・ディランまで』（勉誠出版、二〇二〇年）四三三―四三四ページを参照した。
(24) 前掲「ビートにつづくもの」一六ページ
(25) 小川真一「ジャパニーズ・フォークの源流――カレッジ・フォークの隆盛」、前掲『日本のフォーク完全読本』所収、四六ページ
(26) 高石友也の経歴については、高石友也「歌と民衆――あなたと俺のうた」（フォークキャンプ監修、高石友也／岡林信康／中川五郎『フォークは未来をひらく――民衆がつくる民衆のうた』〔新報新書〕所収、社会新報、一九六九年）などを参照した。
(27) 同論文七九ページ
(28) 広瀬勝「新たな力と方向を――関西フォーク運動の展開」、室謙二編『時代はかわる――フォークとゲリラの思想』（新報新書）所収、社会新報、一九六九年
(29) 篠原章『日本ロック雑誌クロニクル』太田出版、二〇〇五年、一三七ページ
(30) 小倉エージ「URCレコードの歴史」、前掲『URCレコード読本』所収、一二三ページ

(31) 柳宗悦「美の浄土」、柳宗悦、日本民藝館監修『柳宗悦コレクション3 こころ』(ちくま学芸文庫)所収、筑摩書房、二〇一一年

(32) 片桐ユズル「死の商人」、思潮社編「現代詩手帖」一九六七年八月号、思潮社、四三ページ

(33) 矢ケ崎和子「京都のフォークキャンプ」「POETRY」第十九号、ポエトリー編集部、一九六七年、三五ページ

(34) 無署名「ナパーム製造工場は?」「べ平連ニュース」一九六六年六月号、「ベトナムに平和を!」市民連合

(35) 鷲見友好『日本の軍需産業——アジアの兵器廠』汐文社、一九六七年、一九四—一九五ページ

(36) べ反委公判パンフ編集委員会編『死の商人への挑戦——ベトナム反戦直接行動委員会の闘い』ベトナム反戦直接行動委員会、一九六七年

(37) 無署名「なにをねらう? アナキスト・グループ」「朝日新聞」一九六六年十一月二十九日付夕刊

(38) 片桐ユズル「あとは読者がつづける詩」、前掲『片桐ユズル詩集』六八ページ

(39) 片桐の詩「拝啓磯崎国鉄副総裁殿」では、「一〇月二三日朝日新聞朝刊」に磯崎の発言が掲載されたことになっている。片桐が目にした「朝日新聞」では記事が遅れて掲載されていた可能性、あるいは単に片桐が日付を勘違いした可能性が考えられる。

(40) 前掲「年表一九六一——一九七八」二二七ページ

(41) 前掲『片桐ユズル詩集』六九—七〇ページ

(42)「新宿騒乱」をめぐる世論の反応については、小熊英二『1968 下——叛乱の終焉とその遺産』(新曜社、二〇〇九年)八六—九九ページを参照した。

第2章 関西フォークを支えた作家たち

1――有馬敲の転機

片桐ユズルのほかにも、関西フォークの背後には多くの知識人と文化人たちのサポートがあった。ここでは、そのような作家たちについて整理しておきたい。取り上げるのは、有馬敲、中山容、今江祥智、上野瞭、村田拓、小野十三郎だ。

有馬は、一九三一年に京都府南桑田郡吉川村（現・亀岡市吉川町）に生まれている。中学校入学後の有馬は、長兄の本棚から夏目漱石の小説や海外の古典文学作品を取り出して読むようになり、やがて創作を始めるようになった。四八年の同志社大学予科入学後には同人詩誌を創刊、五〇年の同教養学部入学後には同志社大学文学研究会を創設し、それからは京都で活発な文学活動を展開した。この時期の多くの文学青年と同様に、ジャン＝ポール・サルトルの実存主義や花田清輝の前衛芸術論に影響されてもいる。五二年には、文学研究会を通じて、のちの児童文学作家・今江祥智や、のちの作詞家・保富康午を知った。大学卒業後は京都銀行に就職して詩作を続け、五七年十一月にはコスモス社から詩集『変形』を、五九年六月には書肆ユリイカから詩集『薄明の壁』を刊行している。[1]

一九六〇年代後半に、関西のフォークシンガーたちが有馬の詩をフォークソングにしていくケースがあるが、有馬の詩に音楽性やリズムが現れ始め、リフレインが目立つようになるのは、六二年二月に大野新、河野仁昭らと詩誌「ノッポとチビ」を創刊したころからである。その後、有馬は「ノッポとチビ」に掲載した詩の多くを、詩集『贋金つくり'63』（思潮社、一九六三年）に収録した。例えば、詩「掘りかえして」は、「掘りかえして」という語のリフレインを軸にし、地面を掘り返したあとにおこなう作業が次々と並置されていった末に「泥んこの道」という原初的な姿に立ち戻るという構造である。高度経済成長に伴って急速に都市開発が進んでいく当時の風景を、発展ではなく循環として捉えるところにアイロニーが発揮されているといえるだろう。同様に詩「機械」も、あらゆる事物の機械化のなかで「ひと」が抑圧されているさまを「機械」という語の積み重ねのなかで表そうとしている。この詩の最終行「機械の機械の機械の機械」は、「ひと」が存在しなくても自律的に循環している世界を表しているようにみえる。

リフレインのなかにアイロニーを滲ませる有馬の詩は、同時期の谷川俊太郎の詩を思わせるが、この二人が対談した「歌にいたる詩」（「うたうたうた フォーク・リポート」一九七〇年六―七月号、アート音楽出版社）によると、有馬の『贋金つくり'63』の表現は、谷川が「週刊朝日」一九六二年一月十九日号（朝日新聞社）から連載し、のちに『落首九十九』（朝日新聞社、一九六四年）に収められた詩群から刺激を受けたところがあるらしい。一九六〇年代に入ってからの有馬は、戦後詩が自明のものとしていた活字文化を問い直し、音楽性やリズムを詩句のリフレインのなかで表そうとした。また谷川の場合は、ジャック・プレヴェールに強く影響されていたため[2]、五〇年代後半のシャンソン・ブームのなかで現代詩とシャンソンとの接続を試みようとしていたことがあった。詩と歌やメロディーとの関係、ルフラン（リフレイン）の効果[3]については、その際に谷川が直面していた課題だったと考えられる。

しかし一九五〇年代後半での有馬は、詩人たちのシャンソンへの接近に懐疑的だった。五八年一月三十一日や二月十日に記された有馬のメモによると、詩人たちがシャンソンや詩劇、ミュージカルに接近していく状況に対して嫌悪感を寄せているほか、五九年に記されたメモでは、日本の詩人たちがプレヴェールら海外詩の形式や詩句を模倣することも批判している[4]。有馬のメモには批判対象である詩人の名前こそ記されていないが、当時、シャンソンや詩劇に現代詩を開いていこうとしていたのが谷川俊太郎らだった。

とするならば、一九六〇年代に入ってからの有馬の詩にみられる変化は、谷川の『落首九十九』からの刺激によるものだけではなく、この時期に有馬が二人の子どもの父親になり、〈わらべうた〉や替え歌に関心を持ち始めたことも関係しているのだろう。また、当時の観念的で難解な現代詩への対抗意識もあったようだ。有馬はこの替え歌への関心から鶴見俊輔と意気投合し、六三年四月に思想の科学研究会に入会している[5]。

前述したように、鶴見の替え歌に対する関心は、「流行歌」（前掲『日本の大衆芸術』）や『限界芸術論』などにみえる。思想の科学研究会とその会員を中心に組織された大衆芸術研究会が一九六三年十二月二十一日に開催した「日本の替歌大会」にも有馬は資料を提供したという。[6] 六五年一月二十一日には、鶴見が勤務する同志社大学のジャーナリズム講座で替え歌についての研究会が開催され、鶴見と有馬、山本明が講師を務めた。このことを報じた新聞記事「替えうた考現学」（無署名、「京都新聞」一九六五年二月一日付）は、替え歌が社会風刺、エロ・グロ、ナンセンスの三種に分類できるという有馬の考えを紹介したうえで、替え歌には「生活感情と結びついた批判精神」が織り込まれ、「作詞者が不明確であるのも大衆の歌と呼ばれる一因」であるとする有馬の談話を掲載している。有馬の替え歌に対する認識は「替え歌論」に明らかだ。

こんにち、替え歌といえば、形式的には元歌の歌詞へのこじつけに終り、内容的には低俗で非芸術的であるという先入観から、あまり問題にされないようであるが、それらはたぶんナンセンスな滑稽歌とか、わいせつなエロ歌を念頭においているからであろう。しかし、たとえば現在愛唱されているわが国の民謡はほとんどが替え歌であり、それだからといって民謡を無視するわけにはいかないはずである。（略）わが国の民謡は時代の変遷にともなつて曲調も歌詞もたえず変化しており、元歌とみなされるのはある時代にひろくうたわれて代表歌になつた場合である。そのため民謡は一歌詞一曲節で固定化した芸術的歌曲と根本的にことなり、元歌とか替え歌とか区別する歌詞もほとんどが替え歌であるとみなされる。[7]

この時期の有馬には、自らの詩がフォークソングと接続されていく発想はない。引用した「替え歌論」は、日本国内の一部にフォークソングがようやく知られ始めていたころの記述である。にもかかわらず、この有馬の替え歌論は、アメリカのフォークソングの性質そのものを言い表している。もともとフォークソングは民謡とほぼ同義なのだから当然ではあるが、元歌か替え歌かという区別がそもそも存在しないところに生まれているのが、民衆の歌、つまり人々が歌うフォークソングや民謡、替え歌であり、鶴見がいう限界芸術なのだ。

鶴見は早くから敗戦後の状況を民衆の視点から捉えようとしていて、替え歌に対する関心もその延長線上に生じたものだった。一方、有馬の場合は、〈わらべうた〉や替え歌への関心が高まってから民衆の存在が見いだされていったように考えられる。ただ、有馬の〈わらべうた〉や替え歌への関心も、単に有馬の個人的な問題意識や環境の変化によるものだけではなく、やはり戦後民主主義と高度経済成長期のなかで生じた民衆やその土俗性に対する評価が間接的に影響しているのだろう。六〇年安保闘争や一九六〇年代末の学園紛争などにみられる政治と民衆との関係が、社会を風刺し、権力を当てこする替え歌や春歌の評価につながっているのだ。有馬はそれを伝統として価値づけるのではなく、あらゆる民謡が替え歌であることを踏まえ、その発想を創作のなかに取り入れていった。その成果が六三年一月に私家版で刊行した『新編わらべうた』である。

この詩集は古くから伝わるわらべ歌五十編のパロディーで成り立っているが、『贋金つくり '63』に収録された詩編と同時並行でこれらの〈わらべうた〉が書き進められていたことは重要だ。有馬のこの〈わらべうた〉は、いうまでもなく口承による言語表現であると同時に、それをパロディー化したという点で替え歌でもあるからだ。しかしその内容は、『新編わらべうた』というタイトルとは裏腹に、子どもを読者として想定しているとは言いがたい。

例えば、よく知られている歌曲「さくら」は、植物の桜ではなく、故意に商品を称賛することでその購入を間接的に促す意味での「さくら」と重ねられ、「野山も　里も　見わたすかぎり／広告ばかり　お客をさそう」と消費社会を当てこする表現に転化されている。あるいは、「ほうほう蛍こい」では、蛍が近づいていく水が「放射能」や「農薬」に汚染されたものとして皮肉られている。いずれも内容はシンプルなアイロニーなのだが、こうした表現を〈わらべうた〉を借りてそのメロディーを想起させながら展開しているところに批評性があるともいえるのだろう。

こうした『新編わらべうた』や『贋金つくり’63』にみられる社会に対するアイロニカルな批判は、初期のフォークソングのなかでもプロテストソングの表現と結び付きやすい。もともと〈わらべうた〉のメロディーに基づいた「さくら」や「ほうほう蛍こい」のような『新編わらべうた』所収の詩はいうまでもなく、先に挙げた「掘りかえして」や「機械」にみられるようなリフレインも歌詞に転化しやすい。さらには、『新編わらべうた』は、〈わらべうた〉のパロディーであり替え歌でもある。有馬の詩とフォークソングが出合うのはまだ数年先のことだが、ここにもその親和性は認められる。

2――有馬敲とフォークソング

一九六五年に入って有馬が「ノッポとチビ」から遠ざかり始めたころ、かねてから有馬と交流があった片桐ユズルが東京から神戸に移住してきた。これを機に新たな詩誌が企画され、有馬、片桐に加え、秋山基夫、福中都生子、山村信男を同人とする「ゲリラ」が十一月に創刊された。「ゲリラ」の誌面には、例えば、シャンソンやフォークソングの歌詞として想定された福中の詩や、片桐によるビート詩、フォークソングの翻訳、有馬の〈わらべうた〉、例のリフレインが多い詩などが掲載されている。有馬がフォークソングに関心を持ち始めるのは、この「ゲリラ」を刊行しはじめてからのことだった。ここに、有馬の詩に内在していた音楽性が、フォークソングという形式と結び付くことになるので

ゲリラ1　隔月刊1965年11月号　発行所・京都市南区東九条下殿田町15　山村信男方

ねそべっていた　ジャン・ダーク

夜明けはまだ　とおいようだが
とにかく　わたし
出発することにした
だれからの命令でもなく
だれからの依頼でもない
出発するときは　いつもひとりだ
二十年まえから　いつもひとりだ
ねそべるときも　いつもひとりだ
うまれたときから　それがわたしの習慣だから
夜明けまえの街から　夜明けの街へ
とにかく　わたし
出発することにした
さがしているものが　まだみつからないので
さがしている男にも　まだであえないので
のこされた時間にも制限があるので
地球がまだ　身もだえしている　若い日に
とにかく　わたし
女の夢をポケットにいっぱい
チーズみたいにふくらませて
あるきはじめることにした

福中都生子

図7　「ゲリラ」1965年11月号（創刊号）、同人誌、表紙

図8　第3回フォークキャンプの様子
（出典：片桐ユズル「詩とフォークソング」、思潮社編「現代詩手帖」1968年11月号、思潮社、23ページ）

ある。

一九六七年七月に京都の高雄で最初のフォークキャンプが開催されているが、有馬が参加したのは、六八年八月に京都の宝寺で開催された三回目のキャンプだったという。有馬が中山容（矢ケ崎庄司）と顔を合わせたのはこのときが初めてだったようだ。(8) 片桐ユズルは、五九年から六〇年にかけてフルブライト留学生として渡米したときにすでに中山と知り合っていて、その後、中山は片桐らが刊行していた詩誌「POETRY」にビート詩論やビート詩の翻訳を寄稿するようになった。東京で高校の英語教師をしていた中山が平安女学院短期大学に勤務するため京都に移住したのは六九年四月のことで、中山はそれを機に「ゲリラ」の活動にも関わるようになる。中山は、片桐とともにビート詩やフォークソングの翻訳に努め、『ボブ・ディラン全詩集』（片桐ユズル／中山容訳、晶文社、一九七四年）も刊行するに至った。これは、日本で初めてディランの詩を体系的に翻訳したものだった。

「ゲリラ」の同人たちは関西の若いフォークシンガーたちとの交流を深め、一九六九年六月一日に京都の喫茶店・明窓で最初の「詩朗読とフォークソングの会」を、同年十月五日には喫茶店・わびすけで二回目の会を開催した。二回目の会合の様子を伝えた「ゲリラ」一九六九年十一月号のYNによる記事「はなしことばへの挑戦――第2回詩朗読会レポート」には、参加者として中川イサト、金延幸子、高田渡、岩井宏の名もみえる。第三回フォークキャンプで知り合って以来、特に有馬と高田は親しく接していて、六九年五月に岩井と中山を交えてフォークのミニコミ誌「ばとこいあ」も刊行した。「ばとこいあ」の集まりでは、ほかのフォークシンガーも加えて何度かライブもおこなったようだ。[9]

当時の有馬のノートにはしばしば高田の名前が登場していて、一九六九年十一月九日の記述には、有馬が当時好んでいたジャック・プレヴェールの作詞によるシャンソンのレコードを高田が探してきて聴かせる記述もある。[10]同年の有馬のノートには、大阪文学学校でおこなうプレヴェールについての講義計画が記され、[11]高田が同年暮れに自費出版した詩集『個人的理由』にも、高田が好きな詩人の一人としてプレヴェールの名前が挙がっていた。プレヴェールへの関心は、当時の有馬と高田に共有されたもの

図9　「ばとこいあ」の会での有馬敲
（出典：片桐ユズル／中山容、URCレコード編集『関西フォークの歴史についての独断的見解』URCレコード、1975年、38ページ）

だったのである。この点から、五〇年代末のプレヴェールに対する有馬の態度が、この十年の間に大きく変化したことが見て取れる。

一九六〇年代後半の片桐ユズルら詩人たちのフォークソングへの接近は、ビート詩に対する関心にさかのぼることができるが、ビート詩が日本で紹介され始めた五〇年代後半は、前述したように、プレヴェールに影響された一部の詩人たちが現代詩とシャンソンとの接続を試みようとした時期でもあった。ビート詩人のローレンス・ファーリンゲティが、ビート詩人たちと同じ反体制的態度をプレヴェールの表現に感じ取り、その詩集*Paroles*を英訳していた[12]という事実を踏まえれば、ビート詩はプレヴェールの詩とも間接的に親和性をもつと考えることもできるだろう。つまり関西フォークには、ビート詩とプレヴェールの詩という参照軸が存在するということだ。前述したミニコミ誌「ばとこいあ」も、Parolesというフランス語の意味にある合言葉（あいことば）を逆に読んだものだった。

プレヴェールへの関心や「ばとこいあ」の活動を通じて有馬と親しくしていた高田は、その詩をフォークソングにした。高田が京都で暮らしていた一九七〇年前後にリリースしたシングル「転身」（URC、一九六九年）、アルバム『ごあいさつ』（King、一九七一年）収録の「年輪・歯車」「値上げ」の三曲がそのような経緯で生まれた曲である。『贋金つくり'63』に収められている「転身」は、職場の組合書記長を務めた人物が会社の重役へと転身していくさまを皮肉った詩であり、高田はこの詩をもとに軽快な曲を作った。「年輪・歯車」は、有馬の詩「年輪」と山之口貘の詩「歯車」を合体した曲、「値上げ」は有馬の詩「変化」がもとになっている曲だ。確かに「年輪」「変化」は音楽的な特徴をもつ詩で、これらを収めた有馬の『くりかえし』（葦書房、一九七一年）は、そのタイトルどおりリフレインを基調とした詩群によって構成されている。先に取り上げた「掘りかえして」「機械」の技法をさらに展開した詩集ともいえるだろう。

「年輪」は、第一連で「ふと　かれに出会って／ふと　キスされて／ふと　かれが好きになって／ふと　すばらしいとおもって」と、一人の男性に出会った幸福から始まるが、この詩の第三連ではその男性に裏切られ、最終連では「ふと　ひとりぼっちになって／ふと　身寄りをたずねて／ふと　顔のしわを見つめて／ふと　眼を閉じて」と、女性の晩年の孤独をうたうことで閉じられている。この詩はすべての行が副詞「ふと」で始まり接続助詞「て」で終わっていて、「huto」のtoという音とteという音の繰り返しによって構造化されていることになる。その構造のなかで一人の女性のやや悲哀を帯びた「年輪」が語られているといえるだろう。最終行「ふと　眼を閉じて」という表現は、女性が人生を振り返っているさまとも、死を迎えようとしているさまとも解釈できるが、いずれにしても、「眼を閉じて」という詩句は、「眼を閉じる」とは異なって、行為が持続していく印象を与え、その行為の行方を読者の想像に委ねるようにして詩を閉じていることになる。こうした平易な語と、その音の反復によって語られる一人の女性の「年輪」は、女性の社会的位置を批評的に映し出しているともいえるだろう。

「変化」は、「値上げはぜんぜんかんがえぬ」という行で始まり、「極力値上げはおさえたい」「すぐには値上げをみとめない」「値上げせざるをえないという声もあるが／値上げするかどうか検討中である」など、値上げに対する心境の微妙な変化を歌い、「値上げもやむをえぬ／値上げにふみきろう」という決心へと至る詩である。この詩も、すべての行に「値上げ」という語が含まれていて、その文末の語の音は、-u、-ai、gaのおよそ三パターンだ。あるいは、「えぬ」「ない」「たい」「あるが」「である」のおよそ五パターンであるともいえる。そのような音と表現が使い分けられながら、当初全く考えられていなかった値上げが徐々に現実のものになっていくプロセスを描いているのである。次第に強くなっていく言い訳じみた語りは、まさに値上げの口実をアイロニカルに描いているといえるだろう。そして、「値上げにふみきろう」という最終行だけが、それまでの音や表現を切り離すかのようにやや異なるものになって、値上げをおこなう意志への「変化」としてこの詩をまとめ上げている。

フォークソングは、いくつかのコードによって作られたメロディーを数度繰り返すことによって構成されているため、類似したフレーズのリフレインを備え、脚韻を踏んでいる「年輪」や「変化」は確かに曲にしやすい。しかもその詩の内容は、一人の人生の悲哀を物静かに語ったり、値上げという事象を通じてユーモラスに社会を風刺したりするものだ。こうした内容は、フォークソングが得意とするものであり、とりわけ高田は、有馬の詩に限らず、このような類いの詩を好んで歌にしていた。日常的に交流があった有馬の詩を高田がフォークソングにしたのは当然の成り行きだっただろう。

有馬の〈わらべうた〉に関西の若いフォークシンガーたちが注目したのも、同様の理由からだ。有馬は、『新編わらべうた』以降も、『ぼくのしるし』（ゲリラの会、一九六六年）、『わたしのげんまん』（ゲリラの会、一九六七年）、『はあ　とう　とう　とう』（京都フォークソング連盟、一九六九年）など、創作わらべ歌の詩集を刊行していて、これらに収録されている詩をフォークソングにしたアルバム『ぼくのしるし わらべうた24』（URC、一九七〇年）も制作されている。有馬の詩はもともと〈わらべうた〉として作られたものなので、ことば遊びや音楽性に支えられた子ども向けの平易な詩が多いのだが、なかにはそれを逸脱するものもある。このアルバムで、稗島千江ときくちさよこの二人が異なるバージョンのメロディーを用意した「うたれた しか」は、片脚を撃たれた鹿が、山から下りて小屋に逃げ込む様子を描いた第一連から、以下のような第二、第三連へと展開する。

うたれた　しかは
ちいさくなっていた
　うしろかたあし　かばってすわり
かこんだ　りょうしへ
　　　つのむけた

うたれた　しかは
ついに　いけどられた
　うしろかたあし　まっかにそめて
つなにしばられて
　　ないていた[13]

これは、猟師に片脚を撃たれ、山を逃れた一匹の鹿が生け捕られる悲哀を語った詩であり、人間によって生命を奪われていく生物の姿は、子どもにもそれだけで訴えかけてくるものがあるだろう。しかし、そのような解釈はこの詩の表面しか読み取っていないのではないだろうか。当時の社会状況を考えれば、この詩がベトナム戦争を背景としたものであるとも考えられるからだ。おそらく、この「うたれた しか」には、南ベトナム解放民族戦線の兵士の姿を重ね合わせているのだろう。ゲリラ戦を得意とした南ベトナム解放民族戦線の兵士がアメリカ兵の狙撃によって傷を負って山間部を離れ、近代的な装備のアメリカ兵に囲まれながらもなお抗戦の態度を示し、捕虜になっていく姿が「うたれた しか」であるともいえる。

アルバム『ぼくのしるし わらべうた24』には、「うたれた しか」のほかにも、「あかんとバイ」(「あかとばい」)や「くわばら」のように当時の世界情勢をユーモラスに皮肉る曲が収められている。あるいは、アジア太平洋戦争の記憶と、それによってアメリカ統治下に置かれたままである沖縄にふれた「むかしばなし」という曲も政治色が濃い。つまり、フォークシンガーたちは、音やフレーズの反復によって構成される有馬の詩の表現面にだけ注目していたわけではなく、プロテストソングにも通じるその意味内容をも掬い取っていたのである。子どもにも伝わるような平易な語の選択によって作られた〈わらべうた〉は、民衆に伝達される要素を備えている。そのために、フォークシンガーたちは有馬の詩に注目したのだろう。有馬も〈わらべうた〉とフォークソングとの関係について以下のように述べている。

> 元来、わらべうたは人事を諷した寓意的、比喩的な性格をもつ歌であったことをおもえば、現代のわらべうたが、時事的なことばをおきかえたり挿入したりして、ときにはメロディー自体がアレンジされることも当然といえるかもしれない。
>
> その意味では伝統的なわらべうたは、わが国のフォークソングとして考えなおされるべきであり、（略）子どもの独自性を生かして、時代や場所に応じ、現代風によみがえらせる必要があるとわたしはおもう。[14]

「人事を諷した寓意的、比喩的な性格」をもつ〈わらべうた〉を、民衆が歌詞を変化させながら歌い継いできた〈うた〉、「フォークソング」として有馬は捉えようとしている。そして、その詩を実際にアメリカ風のフォークソングにしたのが、フォークに親しんでいた当時の若者たちだったのである。右の有馬の認識に沿えば、メロディーをアレンジする一つの形態こそが若者たちのフォークソングだったということになるだろう。

有馬の詩がフォークソングになったのは、前述した一九六七年七月開催の第一回フォークキャンプで当時大阪の女子短大生だった森国純恵が有馬の「ぼくのしるし」に曲をつけたのが最初のようで、その後も、森国はライブやラジオでこの曲を歌ったそうだ。森国は、アルバム『ぼくのしるしわらべうた24』が制作される前に「うたれた しか」をフォークソング化していた人物でもある。[15]

同年十一月開催の第二回フォークキャンプでは、高石友也とフォークキャンパーズが、有馬の詩集

『贋金つくり’63』に収録されている詩「小エピキュリアン」を土台として「誰かがどこかで」というフォークソングを作り、この曲は翌年二月にユニオンレコードからシングル・リリースもされている。[16] 前述したように、有馬がキャンプに参加するのは第三回からだが、その後、自分の詩が頻繁にフォークソングになっていくのと同時に、有馬の詩もまた制作されていたのである。有馬の詩に内在する音楽性は、こうした状況のなかで備わってきた側面もあるだろう。

3――今江祥智と上野瞭

有馬の〈わらべうた〉に対する関心は、京都の児童文学者たちと接触する機会を増やしていった。その一人に今江祥智がいる。今江は一九三二年に大阪に生まれ、前述したように有馬とは同志社大学在学中に知り合っている。五〇年代後半から童話を書き始めた今江は、六〇年に理論社から『山のむこうは青い海だった』を刊行、六六年に実業之日本社から刊行した『海の日曜日』(宇野亜喜良絵)でサンケイ児童出版文化賞と児童福祉文化奨励賞を受賞した。今江は六八年の春に聖母女学院短期大学専任講師に迎え入れられ、再び京都に住むことになったため有馬とはたびたび行動をともにするようになった。[17] 有馬のノートによると、今江と有馬が久しぶりに再会したのは六八年五月十一日のことで、今江や中川正文、花岡大学、上野瞭らと数人で集まり、児童文学雑誌創刊の企画について話し合っている。[18] その後、有馬の影響からか、今江や上野はフォークの集会にも頻繁に顔を出すようになった。ちなみに、前述したアルバム『ぼくのしるし わらべうた24』に参加している稗島千江は当時、今江と夫婦関係にあった。

もともと今江は、プレヴェールの詩やそれを歌うイヴ・モンタンを愛していたので、そのような詩と音楽との関係からフォークソングにも関心を抱いたのだろう。今江の「詩と音楽との握手――ジャック・プレヴェールとイヴ・モンタンの場合」(「作家」一九五九年三月号、作家社)からわかるように、一九五〇年代後半の一部の詩人たちと同様、今江もまた、詩が一定の質を保ちながらシャンソンという歌として多くの受け手に伝わる可能性に期待していた人物の一人だった。そして、その延長線上にフォークソングが見いだされていったのである。今江が「うたうたうた フォーク・リポート」に寄せた「歌の誕生」には、高石友也や岡林信康、高田渡らについて以下のような記述がある。

こうした歌がいわゆる流行歌と根本的にちがうのは、歌によって何かを訴えるという点であり、したがって、歌の文句をきかせることであることはいうまでもありません。いわゆる流行歌の方が、歌詞を伴奏もごっちゃにして一つのムードをかきたてているだけなのに較べると雲泥の差です。そして、高田渡、岡林信康、高石友也、中川五郎、フォーク・キャンパーズ、ジ・アップルズ、という一群の歌い手たちは、すぐれたゲリラの群れのように、適確にこうした新しい歌をひろめてきました。わたしも連中の一撃きに、してやられた一人ですが、いまではわたしは、こうしたゲリラの群れの周辺をかけまわる宣伝隊の一人になっています。(19)

今江もやはり関西のフォークソングを流行歌とは異なるものとして認識していて、プロテストソングの要素や、その歌詞に注目している。さらに、日本各地に出向いて多くの人々の前でプロテストソングを歌う、その攻撃的な批評性を「ゲリラ」に例えていることも、この時代の「ゲリラ」という語に対する価値観や行動に対する評価軸が表れていて興味深い。

その一方で、今江は関西フォークの弱点もいち早く突いていた。今江は、高石や岡林の歌は高く評価するものの、その「背後にいる予備軍の弱さ」がフォーク集会を退屈にして「この玉石混交が、フォークの聴き手の数とはばが増すことにブレーキをかけている」とし、「予備軍」が「未熟なまま舞台で歌っているという、一種の甘えが、わたしにはしんどいのです」ともいう。さらには、「日本版のフォーク・シンガーたちが、すでに、ぎゆずめ（ママ）のスケジュールに自分を押しこんで——新しい世界を作ってゆくための時間を失くしている」ことにふれ、今江が高く評価するジョーン・バエズやドノヴァンの最新アルバムのような表現を作り出すことが困難になっている状況を危惧している。

関西のフォークソングは、鶴見俊輔の限界芸術論を背景とした片桐ユズルの理論によってリードされていく側面があるが、非専門家によって作られて非専門家に享受される「限界芸術」としてのフォークが、今江が指摘するような未熟さを常に抱え持っていることは確かだ。その一方で、関西フォークを「流行歌と根本的にちがう」ものとして捉える今江が指摘する未熟さとは、実は鶴見がいう「大衆芸術」としての流行歌に対する評価基準が作用しているようにみえる。たとえそうであるにせよ、「予備軍」の「甘え」が「しんどい」という今江の発言は、フォークという限界芸術を、非専門家の享受者である今江が受け止めかねていることを表してもいるだろう。そして、それは限界芸術として成立していないという事態を示していることにもなる。さらに、これを限界芸術としての関西フォークに対する今江の認識不足として捉えることも可能だ。

当時の片桐と今江は親しく交流していて、片桐はそのころ今江の家をよく訪れていたという。今江は高石友也を評価し、イヴ・モンタンのレコードを片桐によく聴かせていたそうだ。片桐は関西フォークに対する今江のスタンスを以下のように回想している。

フォークソングの運動の趣旨からいえば、プロでないふつうのひとが自分たち自身の手でできる表現方法を獲得したということにぼくは興奮していたので、中川五郎とか西尾志真子とかを好きになってほしかったが、彼は高石ひとりだけしかほめなかった。そういう傾向を同志社大学の山本メイ先生は「イマエの一流主義」と呼んでいた。[20]

西尾志真子は中川五郎の高校の同級生で、[21] アルバム『ぼくのしるし わらべうた24』に参加したシンガーの一人でもある。山本明(メイ)は、前述した同志社大学のジャーナリズム講座における替え歌の研究会で鶴見や有馬とともに講師を務めた社会学者だ。右の片桐の回想によれば、今江は限界芸術として関西フォークを受け入れていたわけではなかったようだが、前述したように、それが「流行歌と根本的にちがう」ことは認識してはいる。関西フォークを、鶴見がいう「限界芸術」でも「大あたるだろうか。

衆芸術」でもない〈うた〉として捉えていくその感性が、「イマエの一流主義」と呼ばれる姿勢に

関西フォークをめぐるこの重要な論点とは別に今江が指摘したもう一つの問題、関西のフォークシンガーたちの多忙なスケジュールについては、実際にこの半年後に表面化することになった。当時のシンガーたちは、フォーク集会だけでなく、国内の勤労者音楽協議会（労音）の例会で連日のように歌っていて、その終了後には主催者側との合評会にも参加していた。そのようなタイトなスケジュールがシンガーたちを疲弊させ、一九六九年九月に岡林信康は大阪労音の例会をボイコットして数カ月間姿をくらましている。今江は、失踪中の岡林に向けた「手紙一つ」（「うたうたうたフォーク・リポート」一九六九年十二月号、アート音楽出版社）という記事を掲載して岡林の身を案じた。高田渡もしばしば今江の世話になっていたらしく、渡の自費出版詩集『個人的理由』（一九六九年）には、今江夫妻に対する謝辞がみられる。

今江の作品『水と光とそしてわたし』（長新太画、〔岩波少年少女の本〕、岩波書店、一九七四年）の末尾には、岡林を思わせるフォークシンガーも登場する。山林の鳥獣保護に努める作中人物の男性が、カーラジオにスイッチを入れると、「やっぱりイエス・キリストはんは、もっと根本的な、まあ、いうてみたら、はかの動物や植物とのかかわりあいの中で人間を考えるべきやとか、ま、そんなほうけたことばかりいうてはったンとちゃうやろか」という声と、「土とみどりと動くものと／水と光と、そしてわたし／いまはじめて彼らを知り／いまはじめて　わたしを知る」という歌詞の曲が聞こえてくるという場面だ。カーラジオを聴いた男性は、このフォークシンガーが口にする

「ほうけた」という表現を彼の「てれ」と知り、この歌詞の意味を反芻している。この歌詞は岡林の曲「申し訳ないが気分がいい」の一節であり、今江の作品のタイトルはこの曲の歌詞から採られているというわけだ。

この曲が、岡林のシングル「俺らいちぬけた」のB面として発売された一九七一年七月、岡林は都市での生活に嫌気が差して農村での生活に関心を持ち始めていた。片桐やその弟・中尾ハジメが紹介するアメリカのヒッピー文化やコミューン運動に影響され、そのなかで再評価されていたヴィルヘルム・ライヒの思想を実践しようとしていたのである。それは、岡林の「イエスはヒッピーだった」(「思想の科学」一九七一年六月号、思想の科学社)という記事に表れていて、『水と光とそしてわたし』に描かれているフォークシンガーのキリスト観は、この記事の内容と一致する。この作品の登場人物たちや今江の自然に対する態度も、岡林のそれと重なり合うところがあるといえるだろう。

今江と同じく、上野瞭も関西のフォークソングに関心をもっていた児童文学者の一人だった。特に、高石友也、岡林信康、中川五郎の三人に注目していたらしく、三人の共著である『フォークは未来をひらく――民衆がつくる民衆のうた』(〔新報新書〕、社会新報、一九六九年)も、上野の発案だったらしい。[22]当時の有馬のノートにも、フォークのライブに足を運び、今江宅で岡林らと交流する上野の姿がつづられている。[23]一九七一年七月にアングラ・レコード・クラブ(URC)からシングルとしてリリースされた加川良の代表曲「教訓I」の歌詞が、上野瞭『ちょっと変わった人生論』[24]の一節から作られたことは一部に知られているが、上野の回想録『日本のプー横丁』(光村図

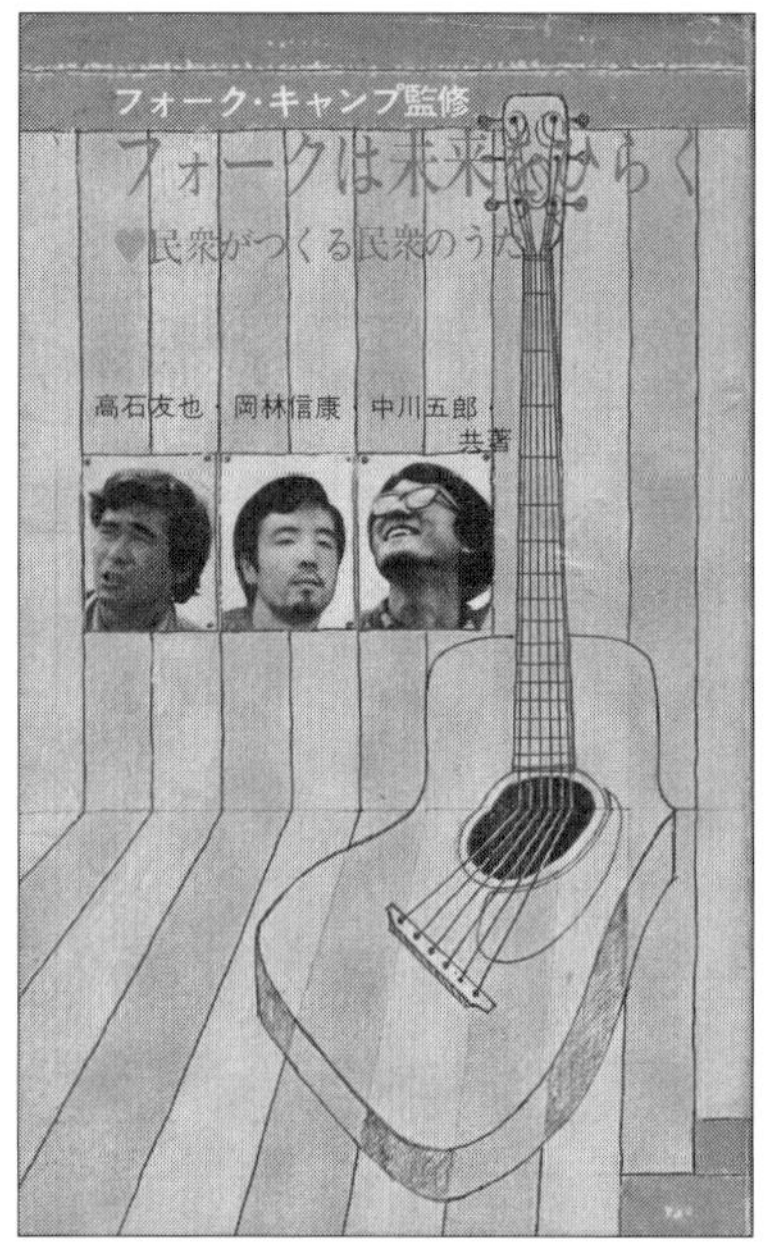

図10　フォークキャンプ監修、高石友也／岡林信康／中川五郎『フォークは未来をひらく――民衆がつくる民衆のうた』（新報新書）、社会新報、1969年、カバー

書、一九八五年）によれば、加川は、あるボランティア活動のパンフレットに記されていたその一節をたまたま目にし、「教訓Ⅰ」を作ったのだそうだ。以下は、『ちょっと変わった人生論』に記された「教訓その一」の冒頭である。

命ハ一ツ。人生ハ一回。ダカラ、セメテ、ダマシタリ、ダマサレタリシテ、コノ命、ステナイヨウニシヨウ。アワテルト、ツイ、フラフラトシテ、オ国ノタメ――ナドトイワレルト、ポント、ソノ一ツキリノイノチヲ、ソマツニ投ゲダスヤツモデテクルガ、考エテモミタマエ。オ国

ハ、オレタチガ死ンデモ、ノコリマス。少ナクトモ、ズットアトマデ、ノコリマス。(25)

加川はこうした表現を土台にしながら「教訓I」を作詞し、それを自らが作詞した曲としてリリースした。『日本のプー横丁』の記述によると、加川はそのことを上野に直接謝罪し、その後上野はこの曲の著作権者になったというが、上野は加川からの謝罪があるまでこの曲を知ることもなく、加川の無断借用も気にとめなかったようだ。こうした上野の態度も、上野が加川を知る前から関西フォークに関心をもっていたところから生まれたものなのかもしれない。

そもそも上野の『ちょっと変わった人生論』は高校生向けに書かれたものであり、「教訓その一」はそのなかの「戦争について」という章に記してある。上野は、個人の人生が国家の都合によって翻弄され、暴力にさらされていくさまを戦争中の記憶から掘り起こして高校生に語ろうとしたのである。加川の「教訓I」は、そのエッセンスをフォークソング化したものともいえる。

片桐ユズル、中山容、有馬敲、今江祥智、上野瞭はいずれも一九三〇年前後の生まれで、その少年期を戦時下で過ごした。彼らの少年期の記憶は、戦後民主主義のなかで国家や戦争に対する批評性に転化し、個々の表現のなかに表出していくことになる。そのため、ベトナム戦争下の若者たちのプロテストソング、フォークソングの表現と響き合うことになるのである。加川の「教訓I」はその一例にすぎない。

4——小野十三郎と村田拓

一九六〇年代後半から現れ始める関西フォークの動きは、大阪文学学校にも影響を与えている。大阪文学学校は五四年三月に開講された「大阪詩の教室」から発展的に生まれ、同年七月に開校した。前年十一月に東京に開校した新日本文学会による日本文学学校を参考に開校の準備が進められた経緯があるため、両校は親和的な関係にある。大阪文学学校の初代校長は小野十三郎で、五五年に就任してから九一年に名誉校長に昇任するまで校長を務めた。[26] 〇三年に大阪に生まれた小野は、上京して詩誌「赤と黒」（同人誌）などでアナーキスト詩人として活動したあと、三三年から大阪で生活していた。小野は、戦後関西詩壇の中心人物として詩人たちを牽引する存在だった。

小野が戦後書き進めていった著作に『詩論＋続詩論＋想像力』がある。小野は、「詩論」で、戦時下に利用された韻律や短歌的抒情を否定するところを現代詩の出発点として捉え、「続詩論」で、「歌と逆に歌に」という考え方をさらに展開していた。「歌と逆に歌に」とは、韻律や短歌的抒情によって担保された歌とは異なる意味での「歌」を詩のなかで捉えようとするもので、それらを弁証法的に乗り越えることが小野の現代詩の課題だったのである。そして、小野がその好例として挙げていたのがやはりプレヴェールの詩だった。小野は「続詩論」のなかで以下のように述べている。

プレヴェールの詩法の今日的な到達には、生な生活詩人などは云うまでもなく、ひもつきの革命的御用詩人らの窺知することができない、或は窺知しえても、それを階級的脱落としてしか評価しようとせぬさまざまな実験や方法探求のプロセスがある。それがレジスタンス下の人間状況の中で一つの急角度の屈折を示したことは想像されるが、彼の場合、なんと云ってもシュールリアリズムを通過してきたということが大きな意味を持っていると私は思う。プレヴェールがこの時代に獲得したところの、外部現実の怪奇なまでに急迫した投映を人間の深層心理の内部において読みとる力、意識下の世界と意識上の世界との複雑なかみあいの中で、必ずしも解放的ではない人間の生命の無惨なあがきを感知した愛に満ちた鋭い洞察力は、時代の変転を経て、そのままに人間感情の機微を正確にとらええる技術として鍛えられ、シュールリアリズムの方法と現実の進展との相互関係にのっぴきならぬ必然性がうすれた今日に至っても、それはこの詩人にとっては、前途に明るい見通しを持つ働らく大衆の世界と精神をも、やさしく単純な魅力あるスタイルでもって歌うことのできる技術として残ったのである。[27]

小野によれば、シュールレアリスムを経過したプレヴェールの詩がフランスの大衆に共有されている状況は、まさしく安易な抒情性が否定されたうえに成立した詩が「歌」として現出している事例だったのである。それは、必ずしもプレヴェールの詩がシャンソンとして大衆に広まったことを指すのではなく、プレヴェールの詩自体に小野がいう「歌」がすでにして認められるということである。小野は、「歌」を、「読者が生活の日常的な次元において持している感性の秩序が、詩という構築の内部へくぐるやたちまち強い震動をおこし、その震動によって、感性の秩序に一種の変化が生じる状態」に例えてもいる。

この小野による「歌と逆に歌に」という詩論は、大阪文学学校の関係者や関西の詩人たちがフォークソングを受け入れる理論的枠組みとしてはたらいていたように考えられる。例えば大阪文学学校の生徒だった村田拓が、学校の機関誌「新文学」一九六三年十二月号の特集「うたう詩の運動」に寄せた「流行歌と現代詩のリズム」で評価しているのは、プレヴェールらの詩を歌ったイヴ・モンタンのシャンソンだった。村田は、そこにユーモアとしての批評と詩のリズムを見いだすわけだが、この評価軸の背景に小野が「詩論」のなかで述べていた「リズムは批評であり生活である」という考え方や例の「歌とは逆に歌に」という弁証法的論理があることは、村田が自己言及しているとおりである。

流行歌と現代詩を小野の詩論のなかで捉えたこの村田拓という人物は、その後関西フォークの広がりに大きな役割を果たすことになった。村田は一九三〇年京都府生まれで、やはり片桐ユズルや有馬敲らと同世代だ。関西学院大学大学院を修了後に大阪文学学校に入学し、卒業後は学校のチューターや実作指導も担当するなど学校の運営に携わっていた。大阪の新森小路教会で牧師をしながら執筆活動をしていて、大阪文学学校内の小説グループの中心人物でもあった。(28) この村田と高石友也が出会うのが六六年のことである。

立教大学に在学していた高石が大阪にやってきたのは一九六六年四月、釜ヶ崎での日雇い労働や屋台のラーメン屋などでその日暮らしをしていた高石は、夏ごろからフォークソングを歌い始めた。そのころの高石は大阪のＹＭＣＡに出入りしていて、その六甲キャンプで村田と高石は初めて会っている。村田は、その年の十月に開催された第二回フォーク・フォークというイベントに参加し、高石が「ベトナムの空」を歌うのを聴いて、高石に対する思いを強くしたそうだ。(29) 村田は、箱根の国道一号線を車で走りながらベトナム戦争を想起するという内容の小説「箱根の国道一号線」を「新文学」一九六五年六月号（大阪文学学校）に掲載したほか、六六年五月に開催された大阪文学学校の第一回文学集会で「ベトナムと私」というグループ集会を運営していて、高石が歌うこの歌もそのような問題意識のなかで捉えていたと推察できる。(30)

関西フォークに関わった多くの作家が高石友也を高く評価したように、この現象を当初リードしていたのが高石だったことは間違いない。粗野なイメージと素人っぽさを身にまといながら登場した当時の高石のインパクトは非常に大きかったようだ。村田と同じく第二回フォーク・フォーク・フォークに来場していたプロモーターの秦政明もやはり高石に魅せられ、直後に高石をプロモートするための事務所を設立するに至っているのは前述のとおりだ。村田は、のちに高石の後援会の会長を務め、高石夫妻の媒酌人も務めたほどだった。(31)

村田は、高石との出会いを通じてフォークソングの可能性を見いだし、一九六七年七月から開催され始めたフォークキャンプや六八年一月から新森小路教会で開催され始めたフォークスクールに力を尽くした。六九年一月に秦が設立したアングラ・レコード・クラブ（ＵＲＣ）の会員募集では、監修者として谷川俊太郎、片桐ユズル、小野十三郎、鶴見俊輔らとともに名を連ね、(32) 同年同月にURCの関連会社アート音楽出版社が創刊した「うたうたうた フォーク・リポート」(のちの「季刊フォークリポート」)にも何度か文章を掲載している。

村田のフォークソング認識は、ビート詩やポエトリーリーディングの延長線上にフォークソングを位置づけ、鶴見の限界芸術論を背景とした片桐ユズルのフォークソング論と比べると、いたってシンプルであり、一般的でさえある。高石友也・岡林信康・中川五郎による著書『フォークは未来をひらく』に寄せた村田の序文によると、村田は、権力体制がもたらす疎外や抑圧に対抗して主体を確立する「民衆自身の歌による自己表現」としてフォークを捉えていたことがわかる。古くから歌い継がれてきた民謡との連続性をもちながら、一九五〇年代後半からの公民権運動のなかでそれが新たな意味を帯びるようになるそのプロセスを、権力に対する民衆の主体的な表現としてマルクス主義的に捉えていたのが村田だった。

この時期に発表された村田の評論「文学の本質としての「非暴力抵抗」」(「新文学」一九六八年九―十月号、大阪文学学校)では、沖縄文学を論じた前半部で「非暴力のもつ愛と憎しみとの野蛮きわまりない逆説、苛酷なばかりのそのぶつかりあい」にさらされてきた農民たちの表現の結晶として琉球王国時代の女性歌人・恩納ナビ(ナベ)の歌を評価し、マーティン・ルーサー・キングの非暴力直接行動を論じた後半部では、「文学は、非武装の権力なき民衆の自己認識であり、自己表現でなければばならない」と定義している。これらを参照すると、村田は、沖縄に伝えられる恩納ナビ(ナベ)の歌にフォークを重ね合わせ、非暴力の逆説を乗り越える自己表現としてそれを捉えようとしていたともいえる。

一九六〇年代後半に村田が前述のような活動をし、大阪文学学校に片桐ユズルらも関わり始めたためか、学校内にもフォークソングが浸透していった。この時期の大阪文学学校は年一回の文学集会を開催しているが、その一企画として高石友也や中川五郎らがフォークソングを披露することもあった。高石は文学学校の講師も務めていて、当時構想されていた文学学校会館の建設を実現するために、七〇年十一月三十日に大阪のサンケイホールで、翌年二月二十二日に京都会館でコンサートをおこなっている。この二回のコンサートでは小野十三郎らも詩の朗読をおこなった。片桐をはじめ、この時期にフォークに関心をもっていた有馬敲、中山容、今江祥智、上野瞭はいずれも文学学校の講師を務めている。七〇年四月には大阪の姉妹校として京都文学学校も開校していて、フォークを発信する場も広がっていった。

●高石友也のフォークソング
高石友也は力いっぱい心をこめて歌った。ライトを浴びた顔は、たくましく美しかったよ。歌ったのは、かわいい爆弾、死んだ男の残したものは、戦争の親玉など。

●中川五郎のフォークソング
中川五郎は、参加している若い娘から「がんばって！」などとはげましの野次に照れっぱなしだったが、歌いだすと、みんなの心にぐんぐんはいってきたよ。

— 8 —

図11　第2回文学集会の様子
（出典：無署名「第2回文学集会写真集」「新文学」1967年10月号、大阪文学学校、8ページ）

　大阪文学学校の校長・小野十三郎も、フォークに対する村田の尽力やビート詩とポエトリーリーディングの延長線上にフォークを捉える片桐の発想に引かれるところがあったのか、フォークに若干の関心を示している。小野が村田や片桐とともにURCの監修者として名を連ねたことは前述したとおりだ。もともと小野は、片桐や有馬による詩誌「ゲリラ」が創刊された際に、この詩誌の同人たちに「地域や居住をこえた詩人の結びつき」(小野十三郎「関西詩界 この一年」「毎日新聞」〔大阪版〕一九六五年十二月二十日付夕刊)をみていて、早い段階でその存在に注目していた。小野が片桐や有馬と直接ディスカッションを交わした記録も残っている。

一九六七年九月六日、小野と片桐は、倉橋健一・大西咲子・中野忠和・青井鞠子・富田隆・奥田博保・今橋亜紀子を交えて大阪文学学校で座談会「詩は文字による芸術ではないこと」(「新文学」一九六八年二月号、大阪文学学校)をおこなった。片桐はこの座談会のなかで、マクルーハンのメディア論を背景に、電子メディアが発達していく状況で詩が活字として読まれるものから音声として聞かれるものへと変化していることを踏まえ、音声としての詩の重要性、あるいは詩を朗読する意義を訴えている。

この座談会の様子はそのような片桐の主張を周囲が冷静に受け止めている印象で、小野も「自分の詩をみんなの前でよむ、あるいは人が読むのを聞いてるとなんかコソばゆくなってくるんだ」と述べている。ただし、片桐の主張に耳を傾けようとしている小野の様子もうかがえ、小野が、当時広まっていたベトナム反戦歌「死んだ男の残したものは」を「おれもよくうたう」と話していることも興味深い。この曲も、高石友也がライブなどでよく歌っていた。

この座談会では詩を朗読することを恥ずかしいと語っていた小野だったが、先に述べたように、文学学校会館の建設を実現するためにおこなわれた高石友也のコンサートでは朗読を実践した。その後一九七一年一月二十四日におこなわれた有馬敲・犬塚昭夫・小野十三郎・片桐ユズル・福中都生子による座談会「詩とうたと」(「前夜祭」一九七一年七月号、福中都生子)では、小野はその際の恥ずかしさについて再び言及しているものの、原稿どおりに読むのではなく、朗読にアドリブが必要であることにふれている。こうした様子からは、朗読の実践を通じて小野の朗読に対する考えも多少変わっていったことがうかがえる。また、小野は、五七調のリズムの枠にありながら字余りや字足らずで表していく現代歌人たちよりも、「無名で、フォークソングをつくっている人」の歌詞が「へたな奴でもフレッシュだ」とも述べていて、フォークの歌詞に対して一定の理解も示している。

この座談会では、有馬が小野の『詩論+続詩論+想像力』に賛同しながら、字余りと字足らずが珍しくない現代短歌の表現を再考し、その表現と〈うた〉、つまりフォークソングとの接続を提唱しているが、小野は有馬の考えに歩み寄ることはない。つまり小野は、そのような現代歌人よりも、「フォークソングをつくっている人」のほうが「フレッシュ」だというのである。ここには現代短歌と〈うた〉との接続をめぐる二人のスタンスの違いが表れているだろう。

しかし重要なのは、この二人に共通しているのが、詩と「歌」、あるいは〈うた〉との関係でプレヴェールを評価している点だ。小野が若者たちのフォークソングに期待を寄せていたとするならば、それが、「歌と逆に歌に」という小野の詩論を実現する様式であり、日常的な感性の秩序を異化する可能性をもつものとして捉えられていたからだろう。小野がフォークに感じた「フレッシュ」な「歌詞」とは、そのような意味も含んでいるのである。

こうしてみると、一九六〇年代後半からの現代詩とフォークソングとの交錯は、そこから十年ほどさかのぼったところに表れていたプレヴェールの詩とシャンソンとの関係に立ち戻ることができるだろう。シャンソンやフォークは、難解になり自閉してしまった現代詩を外部に開く回路だったのだ。プレヴェールの影響を受け、シャンソンと現代詩とを接続しようとした谷川俊太郎がフォークシンガーの小室等と交流し、友部正人を高く評価[33]することや、プレヴェールの詩を歌っていたイヴ・モンタンのファンである今江祥智が関西フォークを支持したこと、シャンソンなどを通じてプレヴェールの詩が民衆に広まっていくさまに「歌と逆に歌に」という詩論の実践例をみた小野十三郎がフォークに関心を示していたことは、すべて通底しているのである。有馬の場合は、詩の音楽性がフォークソングと結び付いたあとに、その認識を見いだしていく順序になるだろう。

一九六〇年代後半からの日本のフォークソングは、ブラザース・フォア、キングストン・トリオらの影響を受けたカレッジフォークや、公民権運動におけるジョーン・バエズ、ボブ・ディランらの影響によるプロテストソングの形態がクローズアップされやすいが、現代詩との接点では、フォークを受容する前提として、プレヴェールの詩とシャンソンとの関係が存在していることも忘れてはならない。

注

(1) 本章の有馬敲の経歴については、有馬敲「自筆年譜」(『自筆年譜』〔「有馬敲集」第二十四巻〕、京都文学研究所、二〇一二年)を参照した。
(2) 谷川俊太郎「ほれた弱み」「ユリイカ」一九五九年八月号、書肆ユリイカ
(3) 谷川俊太郎「シャンソンについて――ただこれだけの唄」『詩の教室』第一巻所収、飯塚書店、一九五七年、二二六―二二九ページ
(4) 有馬敲『霧の国のゲリラ』(「有馬敲集」第十一巻)、京都文学研究所、二〇〇八年、二七―二八、八三ページ
(5) 同書二一五ページ、有馬敲／上村多恵子／正木美津子「夜話・京都戦後詩私史」、有馬敲『座談 詩と青春と歌』所収、未踏社、一九七九年、六七―六八ページ
(6) 前掲「自筆年譜」二〇ページ
(7) 有馬敲「替え歌論――「ラッパ節」の場合」、現代詩の会編集部編「現代詩」一九六四年九月号、飯塚書店、六一ページ
(8) 前掲「夜話・京都戦後詩私史」九一ページ
(9) 有馬敲「京都、一九六八年」、『高田渡読本』(CDジャーナルムック)所収、音楽出版社、二〇〇七年、六七―六八ページ、高田渡『バーボン・ストリート・ブルース』(ちくま文庫)、筑摩書房、二〇〇八年、九〇―九一ページ
(10) 有馬敲『フォークの季節』(「有馬敲集」第十二巻)、京都文学研究所、二〇〇八年、一七五ページ
(11) 同書九六―一一八ページ
(12) Jacques Prévert, translated and introduced by Lawrence Ferlinghetti, *Selections from Paroles*, Penguin, 1965、片桐ユズル／中山容「解説」、『ファーリンゲティ詩集』片桐ユズル／中山容訳編(現代の芸術双書)所収、思潮社、一九六八年

（13）「うたれた しかし」の引用は、有馬敲『少年』（『The Works of Arima Takashi』第三巻）、編集工房ノア、一九九四年）四六―四七ページによる。
（14）有馬敲「現代っ子とわらべうた」「京都新聞」一九六八年五月五日付
（15）前掲「自筆年譜」二三―二五ページ
（16）前掲「京都、一九六八年」六七ページ
（17）今江祥智の経歴については、成澤栄里子「年譜」（今江祥智『今江祥智の本 第七巻――おれたちのおふくろ』月報22所収、理論社、一九八一年）を参照した。
（18）前掲『フォークの季節』三九―四〇ページ
（19）今江祥智「歌の誕生」「うたうたうた フォーク・リポート」一九六九年三月号、アート音楽出版社、一五ページ
（20）片桐ユズル「今江さんのことなど」、今江祥智『今江祥智の本 第二十二巻――児童文学の時間です』月報12所収、理論社、一九八一年、三ページ
（21）CD版の片桐ユズル／中山容／秦政明編『関西フォークの歴史――1966～1974（1）』（Avex Io、二〇〇六年）のブックレットを参照した。
（22）上野瞭『日本のプー横丁――私的な、あまりにも私的な児童文学史』光村図書出版、一九八五年、九五ページ
（23）前掲『フォークの季節』六三、一六三ページ
（24）上野瞭『ちょっと変わった人生論』（高校生新書）、三一書房、一九六七年
（25）同書二二九ページ
（26）大阪文学学校の歴史については、大阪文学協会理事会編『いま、文学の森へ――大阪文学学校の50年』（大阪文学学校・葦書房、二〇〇四年）を参照した。
（27）小野十三郎「続詩論」『詩論＋続詩論＋想像力』思潮社、一九六二年、二二二ページ

(28) 村田拓の経歴は、第六回大阪文学学校賞評論部門入賞時の「受賞の言葉」(「新文学」一九六九年六月号、大阪文学学校)や、高石ともや／山口光朔／村田拓による鼎談「アメリカが自由の国か?」(「月刊キリスト」一九七〇年十一月号、教文館)に掲載された略歴による。当時の大阪文学学校での村田の動向については、前掲『いま、文学の森へ』を参照した。

(29) 村田拓「はじめに――フォーク・ルネッサンスをもとめて」、前掲『フォークは未来をひらく』所収、一―二ページ

(30) 本章の大阪文学学校の動きや村田拓の動向については、大阪文学学校の機関誌「新文学」や前掲『いま、文学の森へ』を参照している。

(31) 前掲『フォークは未来をひらく』七九ページ

(32) 前掲「URCレコードの歴史」二三ページ

(33) 谷川俊太郎／十文字みなみ「谷川俊太郎が語る フォーク詩の世界――時代が生んだ言葉の群像を詩人が切り取った」「AERA」二〇〇六年四月五日増刊号、朝日新聞社

第3章

〝フォークの神様〟岡林信康と農村回帰

1——岡林のパフォーマンス

岡林信康は一九四六年七月二十二日に滋賀県近江八幡市に生まれている。牧師だった父親の影響でキリスト教を信仰するようになり、一年間の浪人生活の末、六六年四月に同志社大学神学部に入学した。ギターを手にしたのはこの浪人中のことだったという。大学入学後の岡林は自己に対する懐疑を深めて夏に東京の山谷（現在の台東区）を訪れ、日雇い労働に従事することでそれまでの生き方を変えていくことになった。翌年六月に高石友也の歌を聴いたことがきっかけでフォークソングに関心をもつようになり、十一月に大阪府立総合青少年野外活動センターでおこなわれた第二回フォークキャンプに参加している。その数日後には滋賀県草津のキリスト教会でおこなわれた高石友也反戦フォーク集会に飛び入り参加し、自作の歌「がいこつの唄」「くそくらえ節」を披露して高石以上に聴く者を引き付けたという。六八年に入ると、琵琶湖の工事現場で働くかたわら本格的に音楽活動を展開し、五月には高石音楽事務所に所属した。[1]

岡林の最初のシングル・レコードは、A面が「くそくらえ節」、B面が「山谷ブルース」でビクターから発売される予定だった。しかし、「くそくらえ節」のタイトルを変更してもなお発売禁止になったため、あらためて九月に発売されたA面「山谷ブルース」、B面「友よ」のレコードが岡林の最初のシングルになった。その後、この「くそくらえ節」は、高石音楽事務所社長・秦政明が設立したアングラ・レコード・クラブ（URC）が一九六九年八月にシングルとして発売し、[2]六九年三月二十九日に神田共立講堂でおこなわれた「あんぐら音楽祭 岡林信康リサイタル」などで歌った音源も残っている。この「くそくらえ節」の特徴の一つは、発売禁止を招いたその過激な歌詞にある。この曲で揶揄されているのは、

図12 肉体労働する岡林信康
（出典：岡林信康『岡林信康のすべて』〔新譜ジャーナル別冊〕、自由国民社、1970年、87ページ）

「学校の先生」「まじめなおやじさん」「会社の社長はん」「政治家シェンシェイ」「聖なる宗教家」などだ。これらが「くそくらえったら死んじまえ」、あるいは「ウソこくなこの野郎／こきゃがったなこの野郎」というフレーズでこきおろされていくのが、この曲の構成である。

教師や父親、資本家などが揶揄されていくのは権力をあざ笑う常套手段だろうが、この曲のライブ音源を確認すると、時事問題を扱った歌詞や天皇をちゃかした歌詞を付け加えて歌っていたことがわかる。時事問題として取り上げられていたのは、チェコ事件、ベトナム戦争、石原慎太郎の参議院議員選出馬で、チェコやベトナムに介入した米ソの双方を槍玉にあげた末に、個人名を伏せて石原慎太郎を批判している。

ある日お偉い小説家
選挙に立ってこう言った
シェイネンの国をつくるため
あたしゃ文学捨てたのよ
甘えるなこの野郎
甘ったれるなこの野郎
弟連れて選挙をやるなぞじじいのやることだ(3)

周知のように、石原慎太郎は「太陽の季節」（「文學界」一九五五年七月号、文藝春秋新社）で文學界新人賞と芥川賞を受賞、作品は映画化されて「太陽族」という流行語も生み出した。しかし、無軌道で反社会的な青年たちの言動を描いたこの小説の書き手も、岡林たちにとっては「偉い小説家」でしかなく、当時石原慎太郎が作詞して石原裕次郎が歌っていたナショナリスティックな楽曲「青年の国をつくろう」も当てこする。弟である裕次郎の知名度を利用した選挙運動に対しては、「甘えるなこの野郎／甘ったれるなこの野郎」とリフレインするフレーズを変え、慎太郎が夢想する青年像が、岡林信康という青年そのものによって否定されている。

しかし、人前で歌い始めた岡林が急速に人気を得たのは、聴き手の溜飲を下げるようなこうした歌詞だけが要因ではなかっただろう。現存する当時のライブ音源を確認すると、岡林は聴き手を強く引き付けるパフォーマンスの持ち主だったことがはっきりとわかる。歌詞にあるように、揶揄の対象になるのは基本的には権力の持ち主だが、そのまなざしは、ときに自らに対しても、さらには聴き手に対しても向けられ、会場全体であらゆるものをちゃかしていく雰囲気が作られていく。それを可能にしているのが、岡林のユーモアあふれる語りや道化であり、それによって生まれる聴き手との掛け合いだろう。なかでも特徴的なのは、岡林が歌や語りで時折効果的に声色を変えることだ。この時期のフォークソングには聴き手を笑わせる要素がしばしばみられるが、岡林のそれは、こうしたギター漫談ともいえるような軽快さで、権力をはじめとしたあらゆるものを聴き手とともにちゃかし、笑いを共有していくのである。

ＵＲＣが「くそくらえ節」をシングルとして発売した際にＢ面に採用された「がいこつの唄」も同様だ。岡林がこの曲を演奏したライブ音源を確認すると、やはり歌の前口上や、随所に挿入されるアドリブ的な語りが、この曲の軽快さを印象づけていたことがわかる。この歌の基本的な構成は、死後の骸骨の視点、つまり「がいこつが　ケラケラ笑ってこう言った／どうせてめえらみんなくたばって／おいらみたいになっちまうのによ」というフレーズのリフレインのなかで、「ええ年さらしてプロレスごっこの／政治家先生」「ヨダレたらして戦争まってる／資本家先生」と、有力者たちをちゃかすところにある。そして「政治家先生」や「資本家先生」という語を岡林が口にする際には、声色を変えてしなを作ることで会場の爆笑を誘うのだ。

さらには、「くそくらえ節」で「まじめなおやじさん」が「文句も言わずにセッセと働く／機械の部分品」に例えられていたのと同様に、「がいこつの唄」でも「人間やめて機械になってる／ゲップにおわれてヨタヨタ歩きの／労働者のみなさん」が冷やかされている。つまり、この歌詞は、資本家を揶揄するのと同じ力で労働者の現状からも距離をとろうとしているのである。ここには、自身を勤勉な父親や労働者に同一化することもなく、それを美化することもない岡林の立ち位置が表れているともいえるだろう。

そのような揶揄を繰り返した末に、テンポが落とされて、「がいこつが／まじめな顔してこういった（略）せめて命のあるあいだ／つまらぬことにウロウロしないで／大事に大事に使っておくれよ／一度しかない／オマハンの命」という歌詞でこの曲は結ばれる。ややしんみりとしたこの曲の末尾が、それまでの軽快なちゃかしとのズレのなかで効果を発揮し、さらに聴き手の心をつかむことになるのだ。岡林がこうした歌い方を当初からしていたとするならば、高石友也反戦フォーク集会に飛び入り参加して「くそくらえ節」や「がいこつの唄」を歌い、高石以上に聴き手を引き付けたというエピソードも納得できる。

岡林が初期に歌っていた「アメリカちゃん」も、ユーモラスなアメリカ批判の曲だ。「これは世界の警察国家　世界の平和の守り神であるアメリカを誉め称えあげる歌である　おお偉大なるアメリカよ！」という前口上のあと、「あほらしこっちゃ」と自らそれを否定し、多くの有名曲の替え歌によって徹底的にアメリカをこきおろすのである。例えば、「頼まれへんのに平和を作ると　爆弾落とし地獄を作る」という詞をアメリカ国歌のメロディーに乗せて歌い、アメリカのベトナム介入を揶揄したところは片桐ユズルも「いい効果」と評価した。[4] また、童謡「からすの赤ちゃん」のメロディーに、「佐藤さん　佐藤さん　なぜ泣くの　ジョンソンのおじちゃんの　核付きミサイル欲しいよ　原子力潜水艦も欲しいよと　安保　安保　泣くのね」という詞を乗せ、当時の日本の首相・佐藤栄作とアメリカ大統領リンドン・ジョンソンの名を持ち出しながら日米安全保障条約を皮肉ってもいる。もっとも、「からすの赤ちゃん」の替え歌は、六〇年安保闘争時に岸信介とドワイト・D・アイゼンハワーの関係を揶揄したそれをさらに替えたものであり、岡林のオリジナルではないようだ。[5]

こうした発想は、関西フォークを支えていた詩人・有馬敲らの替え歌研究がもたらしたものと推測できるが、もともとフォークソングと呼ばれる楽曲は、複製技術時代以前から口承で伝えられてきた民謡と連続しているところがあり、その起源をさかのぼることが難しい性質をもっている。初期の日本のフォークソングもアメリカのそれの歌詞を翻訳したものだったり、メロディーを借りて歌詞を替えて歌ったりしていたものが多かった。したがって、替え歌という形式こそがフォークソングの性質そのものを表しているともいえるのだ。ただし、「アメリカちゃん」の場合は、有名曲を替え歌にしただけでなく、複数の替え歌をコラージュし、岡林のパフォーマンスのなかでそれを一つの〈うた〉として歌っているところに特徴があるといえるだろう。

「くそくらえ節」「がいこつの唄」「アメリカちゃん」は、いずれも軽快な口調とユーモラスな歌詞で日本社会やアメリカを皮肉っていく点で共通している。これらの曲を作ったころの岡林はまだボブ・ディランにも接していなかったらしく、フォークソングも高石友也らを通じて得たものの範囲を脱していなかったのだろう。これらの歌詞や語りでは関西弁と俗語が効果を高めているが、ここには、ギターやウクレレを用いた既存の歌謡漫談の要素が入り込んでいるように推察できる。それらの要素が、関西出身という岡林の出自と、その武骨で粗野な身体性を伴うことで聴き手の心を掌握していったのだろう。それまでのカレッジフォークとは全く異なるスタイルで、聴き手を笑わせ、楽しませながら社会を批判していくその特異なパフォーマンスこそが、岡林信康という一青年の存在を際立たせていったのである。岡林が高石事務所に所属した一九六八年五月には、すでに「異色歌手」として一部にその名を知られるようになっていた。(6)

2——労働と運動

前述したように、一九六六年の夏に岡林は東京の山谷に赴いて日雇い労働を経験している。山谷は、高度経済成長期に都内随一の寄せ場になり、労働者に仕事を斡旋する組織と労働運動を組織する活動家たちが入り乱れ、当時は何度も暴動が生じていた場だった。岡林は、その山谷で日雇い労働をしていたキリスト教徒の田頭道登という人物と知り合っている。後年の田頭は、このころの岡林との交流記である田頭道登編『岡林信康黙示録』(三友会、一九八〇年)を出版しているが、この書籍に収録してある岡林の田頭宛ての書簡には、山谷での経験を通じて信仰を再確認し、ベトナム反戦のデモや部落解放運動に関わっていく政治意識の目覚めが真摯なことばでつづられている。

この山谷での経験のなかから生まれたのが「山谷ブルース」だ。一部で知られているように、この詞の土台は、岡林とともに山谷の日雇い労働を経験した同志社大学神学部の学生・平賀久裕が作ったものだった。『岡林信康黙示録』によると、当時の田頭は「山谷のキリスト」というガリ版刷りの個人誌を発行していて、そこに掲載された平賀の山谷体験記のなかの詞「一傍観者の作による山谷ブルース」が、この曲が生まれるきっかけになったという。この個人誌は岡林のもとにも送られていて、それを見た岡林が手を入れ、「山谷ブルース」が完成したのだそうだ。当時ヒットしていた扇ひろ子の「新宿ブルース」の替え歌として記された平賀の詞を、岡林はそのエッセンスを残しながらほぼ全面的に書き直している。

「山谷のキリスト」に掲載された平賀の山谷体験記は、教会が社会で一般的に果たす役割に対する疑問と、山谷の傍観者にすぎない自己への問いによって支えられている。その恥じらいゆえに、平賀はこの詞を「一傍観者の作による」と断らなくてはならなかったのだろう。岡林が歌う「山谷ブルース」にはそのような逡巡はないが、それは必ずしも「山谷ブルース」の否定にはつながらない。

前述したように、この「山谷ブルース」のシングルがビクターから正式に発売されたのは一九六八年九月、「山谷ブルース」を収録した岡林のファーストアルバム『わたしを断罪せよ』がＵＲＣから発売されたのが六九年八月のことである。この間、高石友也・岡林信康・中川五郎による『フォークは未来をひらく』が刊行されているが、これに収録された岡林の「俺とフォークソングの怪しい関係にかんする報告」は、山谷での経験とその意味を事細かに語っている。

俺のいまの生き方とか、ものの考え方すべてが、山谷での体験から、出発しているといってもいい。直接、山谷にいたのは半年ばかりだったけれど、ただ単に半年間、山谷見物に行ったのとはわけが違うです。神学部をやめて土方になったのも、部落解放運動に参加したのも、フォークをうたい出したのも、すべて山谷に行ったからや。(7)

岡林が東京に行った当初の目的は、東京のある神学大学の教員に自己や教会の悩みを相談することだった。しかし、その教員が渡米していたために目的を果たせず、山谷に出入りしている牧師の話を聞いて関心をもったことをきっかけに山谷で肉体労働をすることになったという。

牧師は、理クツはええからまず体で感じろとばかり、ドヤに放り込んで知らん顔。俺よりも先にドヤに入り込んでいた、牧師の仲間である一人のクリスチャンと、一緒に仕事し、一緒に飲み、泣いたり笑ったり。朝の労務者のたまり場のようなところで、ヤクザの〝手配師〟と呼ばれるアンちゃん連中から、仕事をもらい仕事に行く。まるでブタか何かのように、トラックの荷台につまれ、オシリのいたいのをガマンしながら仕事場へ。仕事を終って帰ってきても、一部屋八人も寝る階段ベッド。タタミ一枚分しか、自分のいる場所がない。クソ暑いのに、ドヤなんかでジッとしていられない。生れて初めて酒を飲み、タバコをすい、まるでドレイと変らない、こんな毎日を続けて行くうちに、少しずつ心がすさんできた。[8]

こうした山谷での経験談は、記述として掲載される以前から、当時の岡林によってライブなどで何度も繰り返されていた。重要なのは、岡林自らが語るこうした山谷での経験が「山谷ブルース」という曲を取り囲んでいくということである。つまりそれは、山谷での過酷な日雇い労働を経験した岡林が歌う「山谷ブルース」が、経験者であるという当事者性を伴って〈本物らしさ〉を聴く者に伝達していくことになるということだ。「今日の仕事はつらかった　後は焼酎をあおるだけ／どうせ　どうせ山谷のドヤ住まい／ほかにやる事ありゃしねえ」というこの曲の冒頭は、まさに岡林の心情そのものとして捉えられていくのである。

一九六九年二月二十日の夜、東京・神田のＹＭＣＡのホールで岡林が「山谷ブルース」を歌うのを聴いた音楽評論家の中村とうようは、その模様を「声なきブルースの町　さんや」に記している。この中村の記述によれば、岡林は、やはり山谷での経験を語り、山谷を必要とする社会の欺瞞にふれたうえで、「山谷ブルース」を歌っていたようだ。さらに中村は、その場でこの歌を聴いていた山谷の労働者たちの反応も記している。

「山谷の否定的な面をそのまま歌っているとか、前むきの面が足りないとか、そういうことは事実だね。でもぼくたちはこの歌に共感をもち、すばらしい歌だと思ってますよ。（略）岡林の歌には、俺たちの魂に触れる事実があります。俺たちの本当の気持をそのまま歌ってます」

（略）

「そう、山谷ブルースはみんな歌ってますよ。山谷ではえらく受けちゃってる」(9)

これらは、中村を経由した労働者たちの発言の記録ではあるが、仲間としてともに働いた岡林の歌に労働者たちが「事実」を感じていたことがわかる。会場には若者たちを中心に二百人以上が集まっていたと中村は記していて、労働者たちに伝達される岡林の〈本物らしさ〉は若者たちにも共有されていたことがわかる。山谷の労働者だった岡林が歌う「山谷ブルース」は、プロの歌手やミュージシャンがもつことがない素朴さと、当事者だからこそわかる感情を聴く者に投げつけていったのである。

同じく、この時期の岡林を高く評価していたルポライターの竹中労は、「あんぐら音楽祭 山谷」（「うたうたうた フォーク・リポート」一九六九年五・六月号、アート音楽出版社）のなかで、岡林が「山谷ブルース」を歌う様子を、「ゲバ棒をふるって殴りこむように、岡林は山谷の聴衆をねじふせて彼の〝歌〟にひきずりこんだ」と捉えている。そして、それを聴いた山谷の労働者たちの反応を、「はじめ弥次をとばしていた労働者たちは壇上にかけ上り、岡林の肩をたたき、握手をもとめて、「がんばれよな!」「出世しろよ!」とはげましの言葉をおくった」と記している。

竹中は、岡林が歌う「山谷ブルース」に対してヤジを飛ばしていた山谷の労働者に怒鳴り返しながら歌っていた岡林の姿も記しているが、当初労働者たちが岡林にヤジを飛ばしたのは、労働者たちが求めていたものが、歌い手としては素人に近い岡林のフォークソングではなく、プロの歌手が歌う流行歌だったからだ。このときの岡林は、自らも山谷の労働者であることを伝達しながら労働者と同じ水準に立って「山谷ブルース」を歌おうとしていたのだろう。竹中の表現を借りれば、岡林は、流行歌という「労働者の情念に骨がらみになった既成の音楽権力」に真正面から立ち向かい、「彼らの裡なる音楽状況に勝利することができた」ということになる。

岡林は山谷での経験を通じて政治意識に目覚め、滋賀で部落解放運動に関わっていくようにもなった。前掲した岡林の「俺とフォークソングの怪しい関係にかんする報告」は、「くそくらえ節」の歌詞が部落解放運動のなかから生まれたことを説いていて、権力をあざ笑うこの曲の歌詞が差別を生み出す社会構造を問題化したものだったことを明らかにしている。山谷での経験と部落問題とが同じ構造から生み出されるものであることに気づき、それを聴き手にユーモラスに伝えようとしたのが「くそくらえ節」だったということにもなるだろう。

岡林は部落解放同盟の活動でもフォークソングを歌っていて、部落解放同盟中央本部編『青年の要求と解放運動——部落解放第12回全国青年集会・報告書』(部落解放同盟中央出版局、一九六八年)は、岡林の歌が多くの人々を引き付けたことや、フォークを用いた運動の可能性を報告している。岡林の代表曲である「チューリップのアップリケ」や「手紙」も、こうしたなかから生まれたものだ。前者は一九六九年三月にシングル「流れ者」のB面としてビクターから発売され、後者は同年八月に発売されたアルバム『わたしを断罪せよ』に収録されたのが最初で、いずれもその後何度かシングル化されている。

「チューリップのアップリケ」は、当時の岡林が接していた子どもの作文から発想されたものであるらしく、少女の視点から、家を出ていった母親への思い、貧しさに対する非難、母親にチューリップのアップリケがついたスカートを買ってもらいたいという願いが切々と語られている。同様に、「手紙」も、自らの出自から結婚がかなわずに命を絶った女性の遺書をもとに作られた曲で、岡林はそれを東上高志編『わたしゃそれでも生きてきた——部落からの告発』(〈同和教育シリーズ〉、部落問題研究所出版部、一九六五年)で読んだらしい。遺書にある「私と結婚したばあい、満さんは店をいただけません」「二人が結婚できないのなら死のうとまで愛してくれた満さんが、私にとって最高の人だったかも知れません。/私は彼に身をゆるしたことすら、いまわかれても、こうかいしません」「へんな、くらい手紙になりましたが、かかずにおられなかったのです」という表現を土台に歌詞が作られたことがわかる。

これらの曲も、岡林が部落解放運動に関わっていた事実とともに聴き手に受け入れられていた。差別の被害者に寄り添い、活動してきた岡林の当事者性が、ライブや様々な場での岡林の経験談と相まって、これらの曲に〈本物らしさ〉を与えることはもはやいうまでもない。しかも、これらの曲が、いずれもしんみりとした曲調と澄んだ声で歌われていることが、その強度をより一層増していくのである。さらには、これらが前述した「くそくらえ節」や「がいこつの唄」の曲調とは全く異なる点も、岡林のフォークシンガーとしての幅の広さを示すと同時に、その曲調のギャップのなかに聴く者を引き込んでいくことにもなるだろう。「山谷ブルース」の場合は、山谷の労働者を示す「おれ達」という一人称複数で、「チューリップのアップリケ」「手紙」の場合は、差別される「私」「うち」という少女あるいは女性の視線で語ることで、その心情に寄り添おうとするのだ。

こうして岡林信康は、山谷の日雇い労働を経験したタフな肉体と、労働の苦しみや貧困、差別を切々と訴える繊細さ、そしてユーモアあふれる語りで権力をこきおろすような軽快さとを備えた複層的なフォークシンガーとして人々に捉えられることになるのである。岡林が本格的に音楽活動を開始した一九六八年から短期間のうちにその認知度と評価を高めていく背景には、そのような力がはたらいていたと考えられる。当時の「週刊読売」一九六九年六月十三日号(読売新聞社)の無署名記事「オレたちは〝反戦〟を歌う――フォークの旗手高石友也と岡林信康」は、岡林のそのような様子を的確に捉えていた。記事は、「歌謡漫談調の進め方」で、「笑いと拍手で聴衆の心」をつかみ、「このうたいながらしゃべる、いや、しゃべりながらうたう形の中で、自分の思想を語っていく」一方、自らの経験譚を交えて「山谷ブルース」を歌う際には聴き手の笑いを静め、さらには「チューリップのアップリケ」で聴き手の感涙を誘うのが、「岡林ペース」による「計算」であるとしている。

このような方法で聴き手の心をつかんでいった岡林の主要な舞台に、日本各地の労音の例会があった。

3――運動との距離

労音の起点になった関西勤労者音楽協議会(関西労音)が発足したのは一九四九年十一月、設立の趣旨は「良い音楽を安く聴く多くの機会を働く者の力でつくり出すと共に健全な音楽文化の擁護と発展とを図るために」「積極的に自主民主的な強固な組織」を作り上げ、「文化国家の再建に貢献」することを謳っている。労音は会員制の組織で、設立時の規約では、組合や職場などでの三人以上の音楽愛好者の集まりをサークルの単位とし、会員になるためにはサークルに入らなければならなかった。そして、会員が参加する音楽の演奏会が労音の「例会」だった[10]。

労音は徐々に組織を拡大して一九五〇年八月には京都と神戸にも発足、関西労音は大阪労音に名称を変え、五三年十一月には東京労音も誕生した。六〇年代半ばには国内各地域の連絡会議が各都市に設置された労音を結ぶようになり、全国の労音会員数は六五年時点で六十三万人に達していた。このころ、思想運動研究所編『恐るべき労音――50万仮装集団の内幕』(全貌社、一九六七年)という暴露本や、労音を題材とした山崎豊子の小説『仮装集団』(文藝春秋、一九六七年)が描いていたように、労音は日本共産党の影響力が強い組織としても理解されていた。

当初はクラシック音楽を廉価な価格で労働者に提供するのが労音の方針だったが、徐々にポピュラー音楽を例会に取り入れるようになり、ジャズや歌謡曲、民俗芸能などの演奏者を招くようにもなった。大阪労音では、一九六五年五月にフォークシンガー、オデッタの来日公演をおこなっていて、それ以降フォークソングを例会で取り上げる傾向が強くなっている。ちなみに、オデッタの来日公演の実現に尽力したのが音楽評論家の中村とうようであり、公演の際には中村のレクチャーを受けた鶴見俊輔が司会を務めた。[11]六六年七月には、大阪労音にフォークソング愛好会が発足し、九月に開催されたその第四回コンサートに高石友也が出演している。そうした大阪労音の動きとほぼ時を同じくして、秦政明のアート・プロモーションによる集会フォーク・フォーク・フォークが六六年八月にスタートしている。[12]

前述した高石音楽事務所やURCの設立によって関西フォークの拡大に大きな役割を果たした秦政明は一九三〇年に大阪に生まれ、高校時代から日本共産党の活動に携わっていた。五〇年に大阪大学に入学し、共産党から阪大の細胞キャップを任命された秦は、吹田操車場から軍事物資が朝鮮戦争の前線へと運ばれるのを阻止しようとした吹田事件にも深く関与していた。秦は学生時代からうたごえ運動にも関わっていたが、のちに共産党を離党し、大学卒業後に大阪国際フェスティバル協会で音楽イベントを企画・運営する仕事に携わったあと、六二年に独立してアート・プロモーションを設立した。そして、六六年十月開催のフォーク・フォーク・フォーク第二回集会に出演した高石友也に魅せられ、高石をプロモートする高石音楽事務所を設立するに至ったことはこれまでにも何度か述べたとおりだ。[13]

秦がフォークソングに関心をもったのは、それがかつて関わったうたごえ運動と重なりながらも、新たな可能性をもっているものとして感じられたからだろう。実際、後年の秦は一九六〇年代にボブ・ディランに強く影響されたことを語っている。[14] また、音楽イベントに携わってきた秦の経歴は、高石や岡林ら関西のフォークシンガーたちを売り出すのに有効だったはずだ。彼らが全国の労音の例会で演奏することができたのも秦の経歴から培った人脈によるものと推測される（表1）。反体制的なフォークソングの歌詞も、当時の労音が求める音楽と親和性があったのではないだろうか。そして、関西フォークの歌い手たちによるこの「労音回り」が、その広がりにつながったともいえる。

この時期の大阪労音について、長﨑励朗は、オデッタ公演をきっかけに中村とうようが労音のアドバイザー的存在になり、その影響で大阪労音にフォークソングが取り入れられたこと、ギャラが安くて一定の集客力が見込めるフォークは労音側にとっても好都合だったことを指摘している。そして、「大阪労音フォーク路線」と呼ばれたこの動きを、「「教養」でも「娯楽」でもない、既成品ではない新たな文化を創りだそうとする労音の志向性と、当時のフォークの立ち位置が合致した結果」[15]だと捉えている。この長﨑の指摘に従えば、コストパフォーマンスや組織の方針、当時のフォークのイメージとそれを取り巻く状況が、労音とフォークとを結び付けていったことになるだろう。

高石や岡林らがフォークシンガーとして活動を始めた一九六〇年代後半は、労音に様々な変化が訪れた時期でもあった。例えば、順調に増加していた労音会員数は六五年以降には大幅な減少に転

表1 1969年3・4月のフォークシンガーたちの「労音回り」

日時	会場	連絡先	出演
3月1日	名古屋　南港・南図書館	名古屋労音地域交流会	岡林信康
	東京　荒川区役所第5出張所	東京労音交流会	高田渡／岩井宏
3月7日	長野　松本・厚生文化会館	甲信越労音	岡林信康
	秋田　大曲・大曲国際劇場	奥羽労音	高石友也／シューベルツ
3月8日	長野　塩尻・塩尻市民会館	甲信越労音	岡林信康
	秋田　能代・市民体育館	奥羽労音	高石友也／シューベルツ
3月9日	秋田　本荘・市民体育館	奥羽労音	高石友也／シューベルツ
3月10日	秋田　秋田・県民会館	奥羽労音	高石友也／シューベルツ
	長野　諏訪	甲信越労音	岡林信康／五つの赤い風船／高田渡
3月11日	青森　青森・図書館ホール	奥羽労音	高石友也／シューベルツ
	長野　諏訪	甲信越労音	岡林信康／五つの赤い風船／高田渡
3月12日	青森　十和田・上北地方・教育会館	奥羽労音	高石友也／シューベルツ
	長野　小諸	甲信越労音	岡林信康／五つの赤い風船／高田渡
3月14日	鳥取　米子	山陰労音	高石友也／シューベルツ／岡林信康
3月15日	京都　舞鶴	山陰労音	高石友也／シューベルツ
	兵庫　丹波	山陰労音	岡林信康／高田渡／五つの赤い風船
3月17日	東京　太田体育館	東京労音	高石友也／岡林信康／五つの赤い風船／高田渡
3月18日	東京　太田体育館	東京労音	高石友也／岡林信康／五つの赤い風船／高田渡
3月19日	東京　太田体育館	東京労音	高石友也／岡林信康／高田渡／五つの赤い風船
3月27日	東京　太田体育館	東京労音	高石友也／岡林信康／五つの赤い風船／高田渡
4月8日	長野　飯山	甲信越労音	岡林信康
4月12日	神奈川　横浜	横浜労音	高石友也／シューベルツ／ジャックス
4月13日	滋賀	長浜労音	岡林信康／五つの赤い風船
	神奈川　横浜	横浜労音	高石友也／シューベルツ／ジャックス
4月15日	静岡　浜松	浜松労音	岡林信康／五つの赤い風船／高田渡
4月17日	東京　八王子	八王子労音	高石友也／岡林信康／五つの赤い風船
4月18日	東京　八王子	八王子労音	高田渡
4月22日	熊本　人吉	熊本労音	高石友也／シューベルツ
4月23日	熊本　八代	熊本労音	高石友也／シューベルツ
4月24日	熊本　熊本	熊本労音	高石友也／シューベルツ
4月25日	熊本　大牟田	熊本労音	高石友也／シューベルツ
4月26日	大分　別府	大分労音	高石友也

（出典：「うたうたうた フォーク・リポート」1969年3月号〔アート音楽出版社〕73ページ、同誌掲載の「3月・4月 フォーク・スケジュール」で、労音が連絡先になっている公演を列挙した。あくまでも「スケジュール」なので、会場や出演者が実際とは異なる可能性もある）

じ、労音の起点だった大阪労音でも、六三年に十四万人を超えていた会員数はそれ以降減少の一途をたどった。この原因については、この時期の音楽文化協会（音協）や民主音楽協会（民音）という対抗組織の発足、テレビの普及による中間層の娯楽の変容、あるいは、労音が提供するものに依存しなくても鑑賞者自らが主体的にコンテンツを選択できる環境の整備などが指摘されている。さらには、高度経済成長期の中間層の拡大によって教養の価値が変質していったことがその背後に認められるようだ。要するに、労音が、音楽やその鑑賞をめぐる環境の変化と価値の変容に対応しきれなくなったのである。[16]

会員の減少に直面した大阪労音では運営方針をめぐる内部対立によって労働争議が生じ、一九六九年五月に大量の退職者を出している。[17]そして、その退職者たちが、秦政明によって六九年一月に設立されていたURCや、その関連会社として雑誌「うたうたうた フォーク・リポート」を同年同月に創刊していたアート音楽出版、中村とうようらによって六九年四月に創刊されていた「ニューミュージック・マガジン」（ニューミュージック・マガジン社）に流れていくことになった。[18]これらの動きは、労音とは別の回路をフォークシンガーたちにもたらしはじめたと推測される。フォークという若者たちの表現と労音の方針との齟齬も次第にみえ始めていた。

大阪労音のフォーク路線は、生活感情や民族性に基づいた音楽を提供してきたそれまでの労音全体の方針と矛盾するものではないと考えられるが、岡林信康らのフォークソングにはそれから逸脱する要素もあった。前述したように、資本家を揶揄するのと同じ力で労働者の現状からも距離をとろうとした「くそくらえ節」や「がいこつの唄」の一節はその例といえる。岡林信康『岡林信康のすべて』(〔新譜ジャーナル別冊〕、自由国民社、一九七〇年)に掲載された「がいこつの唄」の楽譜ページには、「何を聞きちがったか、この歌は「労働者」をブジョクしているから、うたうのはやめてもらいたいと申し入れてきたところもあったそうな。やれんのう」という岡林自身のものと推測できるコメントが添えられている。

岡林がこうした「くそくらえ節」や「がいこつの唄」などのパフォーマンスによってフォークシンガーとして認知され始めた一九六九年六月、岡林はボブ・ディランの「Like a Rolling Stone」を聴いて影響され、ロックの要素を楽曲に取り入れ始めるようになる。岡林がロックの要素を取り入れた構図とボブ・ディランがエレクトリックサウンドを取り入れた構図は一見重なるようにみえるが、岡林がディランを聴き始めたのは、この時期からのことのようだ。このころ岡林が作った「それで自由になったのかい」はその転機がはっきりと表れた楽曲である。この曲の歌詞に以下のような一節がある。

そりゃよかったね給料が上ったのかい
組合のおかげだね
上った給料で一体何を買う
テレビでいつも言ってる車を買うのかい
それで自由になったのかい
それで自由になれたのかよ

あんたの言ってる自由なんて
ブタ箱の中の自由さ
俺たちが欲しいのは　ブタ箱の中での
より良い生活なんかじゃないのさ
新しい世界さ　新しい世界さ[19]

この歌詞のなかで皮肉られているのが、高度経済成長のなかで加速する消費者的自由であることはいうまでもない。岡林自身は、前掲した『岡林信康のすべて』の「それで自由になったのかい」楽譜ページで、「資本主義に育てられた一番資本主義的な自己に対する否定のない反体制運動は、知らないうちに体制奉仕にすり変わると思う。（略）一部の自称左翼的組合活動家を通して、自分自身に対する警告としてこの歌を創った」というコメントを残している。これに従うならば、岡林は、既存の左翼の限界を問うだけでなくそれを自分自身に突き付け、既存の左翼との差異のなかで反体制を模索しようとしていたことになるだろう。その一方で、消費者的自由から解放される「新しい世界」が具体性を帯びないまま表されることによって、消費者的自由が否定されようとしているともいえる。つまり、消費者的自由は否定されるだけで、それを超える「新しい世界」の実現はロマンチシズムのなかに棚上げされているのだ。そしてこの「新しい世界」とは、若者たちを中心とする新左翼（ニュー・レフト）が夢見た、戦後民主主義に代わる何かとも呼応する。

ともあれ、労働現場の組合活動と密接な関係をもっていたと考えられる労音の方針と、これらの楽曲にみられる表現との間に齟齬が生じていることは確かであり、前掲した岡林のコメントは、そのような状況を写し取ったものだといえる。前述したように、当時の労音の例会では、終了後の合評会で主催者側から批判を受けることもたびたびあり、そのような憔悴からか、岡林は一九六九年九月に大阪労音の例会「歌おう若者たちのうた」をボイコットし[20]、数カ月間姿をくらましている。

当時の「朝日ジャーナル」一九六九年九月七日号（朝日新聞社）に掲載された中谷吉隆「アングラフォークの担い手たち」という記事には、労音回りに疲弊している岡林信康の発言があり、岡林は、労音を「巨大な単細胞人間の集団」とまで言いきり、「今の状態だと、自分自身さえ体制的じゃないかと自問してしまう」と吐露している。この記事によると、岡林たちのスケジュールを管理する秦政明も労音回りには限界を感じていたらしく、「もう労音によりかかりの姿勢は危険」と方針の転換を示唆している。当時の労音の様子を伝えた新聞記事「20周年〝成人〟になった労音」（無署名、「読売新聞」一九七〇年一月二十日付夕刊）も、「組合運動をちょっぴり風刺しただけで、労音の幹部につるし上げられた。風刺がいけないとなったら、歌手として生きていられない」という岡林のコメントを紹介している。

ロック志向をもつようになった岡林は、同時に実際の運動とも距離をとり始め、自らの歌のなかでだけ反体制的な姿勢を表すことが多くなる。岡林は、一九六九年八月八日に大阪城公園で開催されたべ平連主催の「反戦のための万国博覧会」（通称・ハンパク）で、べ平連の若者たちを中心とするフォークゲリラとも、マスメディアに対するスタンスをめぐって討論を交わしている[21]。山谷での日雇い労働の体験から政治意識に目覚め、部落解放運動にも関わって自らの歌を紡ぎ出してきた岡林だったが、労音やべ平連での討論で直接的な批判を浴びて、徐々に政治運動との距離をとっていったようだ。

4――〝神様〟とヒッピー文化

さて、岡林は当時の若者たちのカリスマ的存在であり時代の象徴だったことが現在でも再三語られ、岡林に対して「フォークの神様」や「反戦フォークの旗手」という語が用いられることがよくある。これらの語は、これまでに述べてきたような岡林のパフォーマンスをひと言で言い表したものといえるだろうが、では、岡林を飾るこの「フォークの神様」という語は、どの時点で、どのような経緯から生まれたものなのだろうか。このような問いを設定するのは、「神様」という語が、岡林のイメージ形成では重要だと考えられるからである。

まず、岡林がどのようなフレーズで語られてきたのかを確認しておこう。一九七〇年前後の記事では、岡林を語る際に、「フォークの旗手」（前掲「オレたちは〝反戦〟を歌う」）、「フォーク界の異色歌手」（沼「あんぐる」「読売新聞」一九六九年十二月二十五日付夕刊）、「フォークの教祖」（無署名「新しい結婚のパターン」「週刊明星」一九七〇年五月十日号、集英社）、「フォーク・ゲリラの元祖」（無署名「岡林信康が吉田日出子とぬきうち結婚！」、同誌）などの語が用いられていた。岡林は七一年から地方での生活を模索しはじめ、表舞台から遠ざかるが、そのころの岡林を報じた新聞記事「眠ってたオレを発見」（無署名、「読売新聞」一九七五年八月六日付夕刊）には、「ひところ〝フォークの神様〟と呼ばれ」「〝反戦フォークの旗手〟と呼ばれた」ことも記してある。「週刊明星」誌上では岡林に対して「教祖」という語を用いているので、少なくとも七〇年時点で、すでに宗教的ともいえるカリスマ性が岡林に認められていたと考えることはできそうだ。

ここには、第一に岡林の経歴が関係しているのだろう。例えば、前掲の「週刊読売」誌上の記事「オレたちは〝反戦〟を歌う」には、岡林が牧師の息子であることやクリスチャンであること、同志社大学神学部に入学したことが記されていて、このプロフィルはあらゆる場で何度も繰り返されている。しかも、多くの場合、教会や大学での学びに対する岡林の違和感もそこに交えられている。そうした既存の教会のあり方に抗い行動するクリスチャンとしての岡林の身ぶりが、〝神様〟という語を引き寄せたと考えることはできるだろう。

第二の要因には岡林の外見が挙げられる。ライブ音源では、岡林がMCで自身とキリストが似ていることを語っているし、岡林が出演した映画『日本の悪霊』（一九七〇年）の監督・黒木和雄は「彼のキリスト的な風貌が印象的であった」[22]と語っている。一九七二年四月二十二日開催の「フォーク・オールスター夢の競演 音搦大歌合」の模様を伝えた「週刊明星」一九七二年五月七日号（集英社）誌上の記事「フォークの岡林信康らが総決起！」（無署名）は、「ハダシの仙人スタイル」が岡林の常だったことを記し、同じく「週刊明星」の一九七三年十一月四日号の無署名記事「岡林信康が百姓生活をしていた！」は、地方で農業生活を営み始めた岡林が「キリストかと見まがう風

ついに発見！
ファンの前からコツゼンと姿を消してまる2年、
岡林信康が百姓生活をしていた！
中部地方の過疎地で
フォークの教祖
フォークの草分け、岡林信康がこつぜんと消えたのは2年前。いまも彼のLPはベストセラーだが、俗世間をきびしく拒絶する生活は、すでに伝説化されている。この2年間、彼はどこで何をしていたか？ キリストかと見まがう風貌で、たまたま京都にあらわれた岡林に、本誌記者は単独インタビューした。
薪拾いの山道で九死に一生
車はもんどり打って谷底へ
「おれの友だちは〝土〟だけ。一生世に出るつもりはない……」
213

図13 「岡林信康が百姓生活をしていた！」（出典：「週刊明星」1973年11月4日号、集英社、213ページ）

貌」であるとしている。岡林の長髪と髭、ラフな服装が「キリスト」や「仙人」という語を引き寄せたのだろうが、ここに前述した岡林の出自や身ぶりが重なり、さらには岡林の農村回帰が世俗の超越者という認識を育んでいったのだろう。同記事には、岡林の「俗世間をきびしく拒絶する生活は、すでに伝説化されている」と記されてもいるので、すでにこの時点で岡林は〝神様〟として伝説化された存在だったともいえるだろう。

こうした岡林のイメージ形成を反映しているのが、岡林を表象した様々な図像である。一九六九年三月二十九日に神田共立講堂で開催されたあんぐら音楽祭に際し広野勝がデザインしたポスターには、キリストに模して十字架に張り付けられた岡林が描かれていて、この図像は、現在流通しているこのライブ音源のCDジャケットとしても採用されている。岡林がアメリカ国旗のパンツをはいているのは、アメリカによって磔刑にされているというアイロニーだろうか。同様に、矢吹申彦がデザインしたファーストアルバム『わたしを断罪せよ』のジャケットは、岡林の顔がキリストに似せられ、身体の影も十字架になっている。ギターを抱えた岡林とその背景は、あたかもキリストの宣教活動のようだ。こうした図像の表象も、前述した岡林を語る言説と呼応して、〝神様〟イメージを形作っていったといえるだろう。

そして、そのイメージをさらに強化したのは、岡林が何度か表舞台から姿を消した末に農村での生活をスタートしたことだ。フォークシンガーとして活動しながら、時折肉体労働をこなしていた岡林が農村での生活に関心を持ち始めるのが一九七一年のことであり、翌年十一月からは京都府綾

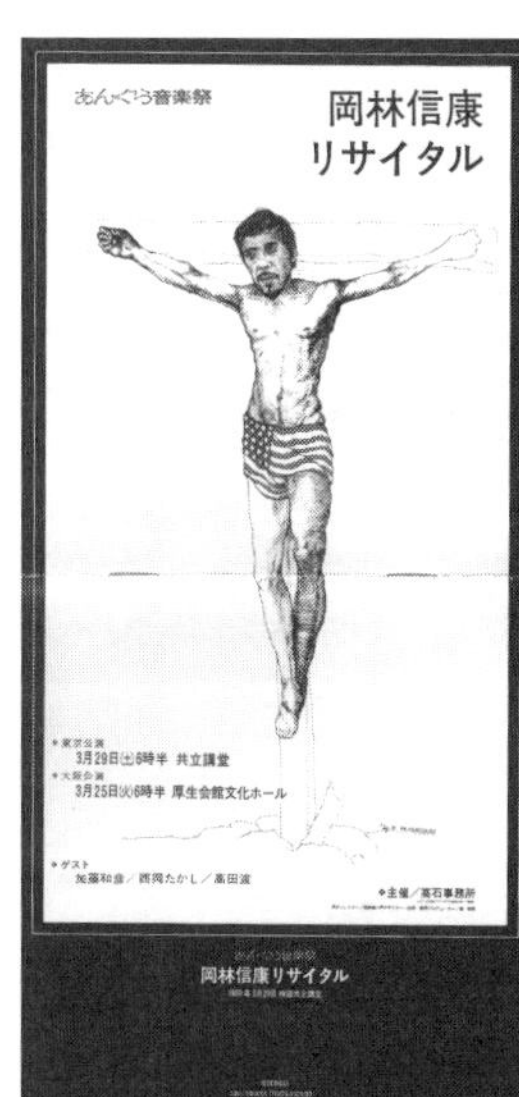

図14　CD版『あんぐら音楽祭 岡林信康リサイタル』disk union、2013年、ジャケット

図15　CD版『わたしを断罪せよ』disk union、2013年、ジャケット

図16　ヴィルヘルム・ライヒ『性と文化の革命』中尾ハジメ訳、勁草書房、1969年、カバー。帯の推薦文は寺山修司

部市栃村に移り住んで稲作をおこなうようになった。前掲の「週刊明星」のように、こうした岡林の姿を興味本位に取り上げたりいぶかしく伝えたりする記事が散見される一方、この岡林の身ぶりから当時の若者を取り巻いていた思想の一端をつかみ取ることができる。ここに、半年ほどのアメリカでの放浪生活を経て、七〇年の暮れから福井県遠敷郡名田庄村で本格的に暮らし始めた高石友也の影響(23)をみることもできるだろうが、岡林の場合はその背景にある思想に、より意識的であるようだ。

関西フォークの若者たちを先導していた片桐ユズルらは、当時のアメリカの若者に支持されていた文化や思想をいち早く紹介する役割も果たしていた。片桐とその弟・中尾ハジメによるヴィルヘルム・ライヒ『性と文化の革命』の翻訳（勁草書房、一九六九年）はその一例である。この本の原典第一版は一九三〇年代の刊行で、その後何度か改版されたあと、英訳も刊行されている。ジークムント・フロイトに学んだライヒはカール・マルクスとフロイトの理論的統合を図り、権威主義的な家父長制度によって抑圧された性のエネルギーを解放することこそが革命だと考えていた。青少年や女性の性的権利を擁護し、強制的な結婚に対して批判的だったライヒの思想は、欧米の学生運動やコミューン運動、ヒッピームーブメントのなかで若者たちに再評価されていたのである。

中尾が室謙二とともに岡林にインタビューした「性と文化の革命」（前掲『岡林信康のすべて』）で、岡林がことさらに自らの自慰行為や牧師の息子として生まれたこと、結婚式に対する拒否感を語るのも、ライヒが『性と文化の革命』や『ファシズムの大衆心理』（上・下、平田武靖訳〔せりか叢書〕、せりか書房、一九七〇年）で問題化している青少年の自慰行為に対する罪悪感や、教会の権威主義がもたらす性の抑圧、制度としての結婚を踏まえてのことである。岡林は自身に沈殿しているそれらの性的抑圧に言及することで、いわば自己を解放しようとしているのだろう。一九七〇年リリースのセカンドアルバム『見るまえに跳べ』（URC）に収録された「性と文化の革命」は、まさしく岡林によるライヒ受容のなかから生まれた曲である。以下はその歌詞の一部だ。

もしもみんなが好きな時に彼女を
抱けるヒマと場所と金をよこせと
騒ぎ出したらさあ大変　縛り付けることはもうできぬ
きっと誰かさんは困るだろう
（略）
お偉い方がこのごろ言い出した

若い人がこのままじゃかわいそうと
欲求不満のはけ口さえ　作ってやれば騒ぎはしない
だから赤線を復活しようと

もしもみんなが企みに気がついて
赤線よりも自由が欲しいんだと
騒ぎ出したらさあ大変　安全弁が吹き飛んじまう
きっと誰かさんは逃げ出すだろう

だけどみんなは知らないうちに生きてる　誰かさんの都合のいいように
そんなお前にしこんだのは　おやじおふくろそして先公
ＴＶ新聞週刊誌マスコミさ(24)

例えばライヒは、『性と文化の革命』のなかで、「一夫一婦の結婚制度は姦通をまねき、少女の純潔は売春をよびおこすことになった」と言い、それらを超えた性の自由を夢想する。「お偉い方」が管理しようとする性のなかで商品としてそれを買うのではなく、性そのものの自由が必要であることを説く岡林の歌詞は、確かにライヒの思想を反映していると言っていい。資本主義と家父長制が、イデオロギーとして「お前」を取り巻く家庭や教育、メディアのなかに浸透しているさまを捉えているのも、日常に対する的確な批評だともいえる。前掲した『岡林信康のすべて』の「性と文化の革命」の楽譜ページで、「青年よ、ウィルヘルム・ライヒを読め！彼の「性と文化の革命」を読め！」と記していることからも、ライヒの思想がこの時期の岡林の言動を強く支えていたことがわかる。

ただし、引用した歌詞の冒頭に表れているように、ここで想定されている「みんな」とは男性でしかないことにも、岡林のライヒへの理解が反映していると捉えるべきだろう。例えばライヒは、資本主義と家父長制のなかで「女性と子どもが経済的に奴隷のような立場にある」こと、「女や子どもが権威によって奴隷のような立場におかれていること」を性のエネルギーが解放すると説いているが、岡林の歌詞にはきわめて限定的な視点しか用意されていない。つまり、岡林の考える性の自由は、自分の自由、男性の自由でしかないのだ。実際、その後の岡林は、「イエスはヒッピーだった」（前掲「思想の科学」一九七一年六月号）という記述のなかで、「男の女の修羅場」を経験して「自分の中に、独占欲とかいやらしい嫉妬とかどれほどあるか」ということを思い知り、自分の性のあり方が「体制そのもの」だったことを反省している。

そして、この「イエスはヒッピーだった」では、岡林の農村回帰のきっかけも明らかにされている。そもそもこのイエス・キリストをヒッピーとして捉える認識は、高石ともや・山口光朔・村田拓による鼎談「アメリカが自由の国か？」（「月刊キリスト」一九七〇年十一月号、教文館）のなかで高石が紹介しているように、アメリカのヒッピーたちによって口にされていたものであるらしい。それを岡林が高石から聞いた可能性があるのだが、牧師の息子として生まれ、自身のキリスト教への考え方をライヒの思想とからめた岡林の受け止め方はより真摯だったと考えられる。

例えば、岡林は、ライヒの『ファシズムの大衆心理』の終盤に、「人間は原則的に哺乳類の一種」であるはずなのに、「今、生物学的に見ると人間は病んでる」という記述があることにふれ、哺乳類の一種としての人間に立ち戻って「都市ニヒリズムから農本主義的アナキズムへの移行」を決めたことを語っている。確かに、ライヒの『ファシズムの大衆心理』下巻には、「人間は、基本的には動物と変りがない」にもかかわらず「動物的な人間」は「機械と同程度まで退化」したという記述がみられ、それを克服するための労働民主制のあり方が提示されている。ライヒは、「いっさいの必要労働の分野の組み合わせを土台とする自然な労働共同体を肯定し主張する人たちは、充実した活動をいとなむ」ことができると述べ、その労働民主制の目的は「愛情・労働・知識の、生物学的必然と呼ばれる機能の充足」にあるというのである。ライヒがいう労働民主制を自身のなかで実現するために岡林が向かったのが農村なのだ。

とするならば、岡林の農村回帰は、当時のマスメディアが興味本位に伝えたような隠遁生活ではなく、ライヒの思想に基づいた実践だったと考えることができるだろう。ライヒがコミューン運動やヒッピームーブメントのなかで欧米の若者たちに再評価されていた一九七〇年前後の状況を踏まえれば、この岡林の身ぶりをそれらと重ね合わせることもできるだろう。皮肉にも、世俗を超越したようにみえるそうした岡林の行動は、その経歴や風貌とも相まって〝神様〟という語をさらに強化することにもなる。また、岡林自身も「イエスはヒッピーだった」という認識をもってその力に加担しているところはみられるが、この〝神様〟という語が広まる一因にもなった岡林の韜晦に、ビートニクにもさかのぼることができる若者たちのライフスタイルが認められることはもっと注意されていい。岡林のこの行動は、関西フォークに関わる知識人たちが紹介していた思想を深く受け止めた結果なのだ。

注

(1) 本章の岡林信康の経歴については、岡林信康『岡林信康のすべて』(〔新譜ジャーナル別冊〕、自由国民社、一九七〇年)、同『岡林信康の村日記』(講談社、一九八二年)、同『バンザイなこっちゃ!』(ゴマブックス、二〇〇五年)、同『伝説岡林信康 増補改訂新装版』(白夜書房、二〇〇九年)、無署名「岡林信康 年譜」(『岡林信康読本』〔CDジャーナルムック〕所収、音楽出版社、二〇一〇年)、岡林信康『岡林、信康を語る』(ディスクユニオン、二〇一一年)などを参照した。また、本章でたびたび言及している一九七〇年前後の岡林の動向については、特に田頭道登編『岡林信康黙示録』(三友会、一九八〇年)が参考になった。

(2) 本書のフォークシンガーたちのレコード発売年月については、黒沢進、小野良造編『日本フォーク紀 コンプリート』(シンコーミュージック・エンタテイメント、二〇〇九年)を参照している。

(3) 「くそくらえ節」のこの部分の歌詞は、disk unionが二〇一三年に発売したCD『岡林信康URCシングル集+8』の歌詞カードには記載がないため、音源を聴き取ったものを記載した。

(4) 片桐ユズル「詩とフォークソング」「現代詩手帖」一九六八年十一月号、思潮社

(5) 加太こうじ/柳田邦夫/吉田智恵男編著『替歌百年』コダマプレス、一九六六年、二六―二七ページ、有馬敲『替歌研究』京都文学研究所、二〇〇〇年、六三〇ページ

(6) 無署名「アングラ音楽の震源曲 ラジオ関西」「朝日新聞」一九六八年五月十九日付

(7) 岡林信康「俺とフォークソングの怪しい関係にかんする報告」、前掲『フォークは未来をひらく』所収、一五

一―一五二ページ

(8) 同論文一五四ページ

(9) 中村とうよう「声なきブルースの町 さんや」「ニューミュージック・マガジン」一九六九年四月号、ニューミュージック・マガジン社、四三ページ

(10) このパラグラフについては、朝尾直弘編著『大阪労音十年史――勤労者芸術運動の一つの歩み』(大阪勤労者音楽協議会、一九六二年)を参照した。

(11) 長﨑励朗『「つながり」の戦後文化誌――労音、そして宝塚、万博』河出書房新社、二〇一三年、一四七ページ、田中勝則『中村とうよう――音楽評論家の時代』大和プレス、二〇一七年、一三六―一三七ページ

(12) 前掲「新たな力と方向を」二〇九ページ

(13) 秦政明の経歴については、半沢英一「秦政明さんとその古代史学」(古代史の海編集委員会編「古代史の海」第三十二号、古代史の海編集委員会、二〇〇三年)、中川五郎/樋口浩/田川律/村元武「秦さんと関西フォーク」(「雲遊天下」第三十四号、ビレッジプレス、二〇〇三年)、西村秀樹『大阪で闘った朝鮮戦争――吹田枚方事件の青春群像』(岩波書店、二〇〇四年)、前掲『日本フォーク紀 コンプリート』、サエキけんぞう/篠原章『はっぴいえんどの原像』(リットーミュージック、二〇二三年)などを参照した。

(14) 「秦政明インタビュー」、前掲『日本フォーク紀 コンプリート』五六ページ

(15) 前掲『「つながり」の戦後文化誌』一四八ページ

(16) 労音の盛衰については、高岡裕之「高度成長と文化運動――労音運動の発展と衰退」(大門正克/大槻奈巳/岡田知弘/佐藤隆/進藤兵/高岡裕之/柳沢遊編『成長と冷戦への問い』〔「高度成長の時代」第三巻〕所収、大月書店、二〇一一年)、戸舘正史「鑑賞組織「労音」――その盛衰とプログラムの変容」(伊藤裕夫/藤井慎太郎編『芸術と環境――劇場制度・国際交流・文化政策』所収、論創社、二〇一二年)、前掲『「つながり」の戦後文化誌』を参照した。

(17) 村元武『プレイガイドジャーナルへの道1968～1973――大阪労音―フォークリポート―プレイガイドジャーナル』東方出版、二〇一六年
(18) 前掲「秦さんと関西フォーク」三四―三五ページ、前掲『「つながり」の戦後文化誌』一七五―一七八ページ
(19) 「それで自由になったのかい」の歌詞の引用は、disk union が二〇一三年に発売したCD『わたしを断罪せよ』の歌詞カードによる。
(20) 無署名「歌おう若者たちのうた」「新音楽」一九六九年九月号、大阪勤労者音楽協議会、五ページ、高石事務所「お詫び」「新音楽」一九六九年十月号、大阪勤労者音楽協議会、一二ページ
(21) 「特集 われわれのフォーク運動をどうすすめるか」「うたうたうた フォーク・リポート」一九六九年十一月号、アート音楽出版社
(22) 黒木和雄「見るまえに跳べる青春」、前掲『岡林信康のすべて』所収、一七ページ
(23) 無署名「この人と（高石ともや）」「朝日新聞」一九七一年四月十五日付夕刊
(24) 「性と文化の革命」の歌詞の引用は、disk union が二〇一三年に発売したCD『見るまえに跳べ』の歌詞カードによる。

第4章

高田渡が歌う演歌と現代詩

1――父親・高田豊の存在

明治から昭和に至る文芸雑誌をめくると、現在でもその名を知られている一部の作家たちの名を、数多くの無名作家たちの名が取り囲むような光景にたびたび出くわす。その名の認知度も時間の推移によって変化し、当時は知られていたけれども、現在はほとんど知られていないケースもあれば、その逆のケースもある。あるいは、時間の推移に関係なくその認知度が維持されているケースもある。高田豊という詩人の場合は、文学史的には一貫して無名の詩人だったという言い方がふさわしいだろう。現在その名が認識されているとするならば、それは、著名なフォークシンガー高田渡の父親という意味においてである。

豊が遺した自伝草稿や渡の兄たちへの取材をもとに執筆された本間健彦『高田渡と父・豊の「生

活の柄」[増補改訂版]』(社会評論社、二〇一六年)によると、豊は岐阜県本巣郡北方町で、事業を興した高田馬吉の三男として一九〇五年三月二十五日に生まれ、二二年に上京して明治大学予科法学部に入学、一年後に法政大学文学部仏文科に転学したという。豊が詩作を始めたのはこのころのことのようだ。例えば、一九二三年度の日本詩人協会編『日本詩集』には、豊の「人生」「恋人へ」という二編の詩が収録されている。

「人生」

人生とは何んだ?
恋した女と夫婦になること
空腹を満たすこと
渇いた喉を潤すこと
起きしなに貪る短時間の眠
煙草の吸ひ残りを探す心だ

お目出度い奴め!
病人が全快を待ち
親が子の成長を　子供が新らしい正月を

農夫は早苗が米になるのを
別れた女と又会ふ時を
待つてる間に死んでしまふのだ

「恋人へ」

手紙なんぞ書いてゐられるかい
なつかしい恋人よ！
別れてから未だ二日にしかならないが
言ひ残したやうな
言ひ度い事が出来たやうな
君の美しい姿を中心に
アレもコレもごちやごちや
俺の心は
煮え切つたぞうすいだ
手紙なんぞ
不完全な人間の言葉なんぞ
書けも　話せも

出来るかい
封筒ばつか七八枚も書いてしまつた
字が下手だから書き直したのじやない
手紙なんぞ書くより
君の名を
色々と形を変へて一生懸命
書いてゐた方が
淋しさと
お互ひに慕つてゐて
一庶に住めないなんて
人生の不合理に対する反抗
来る約束の日が中々こないので
イライラするのとで
沸き切りさうな俺の心を
多少　スツト
それともボカンと
してしまへるのだ
ほんとにねえ君

懐しい恋人よ！
手紙なぞ書いてゐられるかい
俺の心
いつもかも
空をカキ抱いて身顫ひしてるのだ(1)

この『日本詩集』に詩を寄せているのは、岩井信実、岩佐頼太郎、石川善助、橋本歌哉、服部喜佐子、林次郎、仁科雄一、布谷秀、大塚敬節、尾形亀之助、夏鱗、米田曠、高橋好之、竹村英郎、角田竹夫、中野秀人、野村吉哉、松本淳三、間島全之助、秋山登、桜井多郎、佐野勇、清水孝祐、陶山篤太郎、吉行エイスケ、松久隆といった面々だ。このなかで現在でもある程度名を知られている人物といえば、尾形亀之助、中野秀人、松本淳三、吉行エイスケあたりだろうか。ほかにも、文学事典や詩の事典などをめくれば一定の情報が得られる者もいる。しかし、高田豊はそういう人物ではない。大正末期という限定された時期に、詩壇にわずかに接近しただけである。

本間の前掲書によれば、大学生になった豊は、帰省したときに鉄道の車内で一人の少女と知り合い、そのまま東京で同棲したという。一九二三年九月一日の関東大震災で豊は少女とともに北方町に避難し、その際に少女は男の子を出産するが、子どもは間もなく病死、その後少女との関係はついえたそうだ。高田の詩「人生」や「恋人へ」には、その少女に対する思いがつづられているようにもみえる。いずれにせよ、この二つの詩は、自身の恋情をぶつけただけの内容で、プロレタリア文学運動が興隆し、未来派、ダダイスムなどの新興芸術思潮の影響が見受けられるようになったこの時期の詩壇で、特異な表現性を備えた詩だとは到底いえない。

詩人としての高田豊の痕跡をたどるうえで欠かせないのは、一九二五年十二月十四日付の「読売新聞」に掲載された、佐藤春夫の「高田豊を紹介す」という記事である。これは、佐藤の紹介と、豊の詩十編が顔写真とともに掲載された記事だ。ただし佐藤も、豊を語るこの記事でその詩をそれほど評価しているわけではない。佐藤の記述に、

僕が高田豊の詩に賛成する所以のものは、高田が彼の詩のなかで青年時代といふものがいかに不愉快であるか、その心持をよく描出してゐるからである。彼の詩のなかにはこの意味で沢山の真実がある。メチヤクチヤで、ふしだらでとりとめがないなかにも、そこにはいつでも真実と熱情とがみつしりある。(2)

とあるように、佐藤は豊が青年であること、その〈青年らしさ〉を詩が体現していることに注目しているだけで、詩の表現そのものについては、「彼の詩は必ずしも完全ではあるまい。それ自身としてさして未熟ではないにしても、高田といふ人物その者に比べると遥に未熟だと言へる」と、その未完の可能性に期待を寄せているだけである。記事から察すると、豊は佐藤が和歌山に帰省していた際に佐藤を訪ねた「五人の青年のうちの一人」であるという個人的関係から、「読売新聞」紙上に紹介したのではないだろうか。

紙面には、当時の豊が構想していたと推察される『詭妄性詩集』という詩集から十編の詩が掲載されているが、これらの表現も『日本詩集』に収録された「人生」や「恋人へ」と大差はない。十編のうち、「恋人」「お前の身に」「なんにもすることがないから」という詩は、やはり行方がわからなくなった例の少女を題材にしているものと思われる。

「恋人」

春
夏
秋
冬
春

文藝月曜附録
文壇好學の風　上司小劍
木の香高い音羽の新居に――けふこのごろの佐藤春夫氏
高田豊を紹介す　佐藤春夫
「詭妄性詩集より」　高田豊
ダダ行路
よごれた港
春を待ってゐた馬鹿野郎
安物のスイートウ薄
尾行
夜景
馬鹿
戀人
お前の身に
なんにもすることがないから
記念の賣立は有島氏の藏品
高田豊君

図17　佐藤春夫「高田豊を紹介す」
（出典：「読売新聞」1925年12月14日付）

夏
秋
冬
ああ、
もう一度元の仲になつてくれんか

「お前の身に」

お前の身に幸ひが来たときは
私の祈りだと思へ
その身が不幸に遇つたら
俺の呪ひだと知れ
——して、お前は何処にゐる

恋人よ
恋人よ
恋人よ
忘れてはゐない！
忘れてはゐないが

もう、お前に贈る詩はない
「なんにもすることがないから」
なんにもすることがないから
私は、また
昔の女を
探しに行きます

今日一日よ
明日一日よ[3]

例えば、「恋人」や「なんにもすることがないから」の特徴をこの時期にみられる短詩運動に重ねてみることは可能[4]だが、豊の詩の内容は例によって恋着の心情をつづっているだけであり、単に物理的に分量が少ない詩にしかみえない。あるいは、十編のうち、巻頭に掲載された詩「ダダ行路」からは、豊の視野にダダイスムが入っていたことをうかがわせもするが、「僕はいい加減に生きてるのさ」というリフレインを特徴とするこの詩も、放蕩を「ダダ」に換言して表現しているものにすぎない。概して、自身の放蕩から生じる虚無と倦怠、恋着の心情が表されているのが、これら十編の詩なのである。「高田豊を紹介す」は、豊が佐藤春夫の門人だったことを示すものだが、本間の前掲書によると、その後、豊は佐藤から破門されたらしく、それとともに豊の詩作もしばらく途絶えたという。

本間は、その後の豊の歩みについても記している。一九二八年に名古屋の娼妓を身請けして結婚し、東京で所帯をもった豊は、大学を中退し、父・馬吉の遺産で「娯楽ニッポン」という雑誌を創刊したという。確かに一九三二年三月十三日付の「読売新聞」一面には「娯楽ニッポン」創刊号の広告が掲載され、神奈川近代文学館や大宅壮一文庫に所蔵されている「娯楽ニッポン」創刊号（一

図18　「娯楽ニッポン」1932年4月号（創刊号）、ニッポン社、表紙

九三二年四月号、ニッポン社）の奥付には、編集兼発行人として高田豊の名が刻まれている。豊は、東京市牛込区若松町五二にニッポン社を構え、この雑誌を刊行した。ちなみに、父・豊の死後、佐賀の叔母の家で暮らしていた渡が、六七年の夏に東京に戻って一人暮らしを始めたのは、新宿区に名を変えた同じ若松町だった。

「娯楽ニッポン」は一冊二十五銭、その内容は通俗的な記事ばかりだ。ただ

し、創刊号に記事を寄せた人物を調べてみると、それらが全く無名の人物ばかりというわけではない。例えば、「明治大正スリ列伝」という記事を寄せた藤島一虎は、長谷川伸に師事した小説家で、戦後『幕末剣客物語』(東京中日新聞出版局、一九六三年)などの作品を生み、剣豪小説家として活躍している。「大都会の花嫁 百貨店を裸体にする」という記事を寄せた中村進治郎は、「新青年」(博文館)誌上にファッションコラムを連載していたモダンボーイとして知られ、横溝正史がいくつかの小説でモデルにしたともいう。[5]「モダン玉手箱」という記事は、乾信一郎、橋本五郎(荒木猛)、篠田丙馬、佐藤春夫の四人がそれぞれ第一話から第四話までを担当しているが、乾や橋本は博文館に入社して「新青年」などに探偵小説を掲載し、「新青年」の編集にも携わっていた。[6]

中村進治郎や乾信一郎、橋本五郎の経歴を踏まえると、豊は、博文館や「新青年」に何らかの接点をもっていたことがわかる。ただ不可解なのは、ここに佐藤春夫の名がみえることだ。本間によれば豊は佐藤春夫に破門されたというが、「娯楽ニッポン」の創刊にあたって、豊は佐藤との旧縁を用いて原稿を依頼したのだろうか。あるいは、一九三二年の時点では、まだ豊は佐藤に破門されていなかったということなのだろうか。さらには、これは佐藤の名だけを借りた記事である可能性も考えられるだろうが、本間の前掲書では破門された時期が明らかにされていないうえに、実証する根拠もないため、これらの疑問を解決する術はない。

「娯楽ニッポン」の巻末には、雑誌の性格に即した原稿の募集記事もあり、豊は、読者からの応募原稿で誌面を構成しようとしていたこともうかがえる。しかし、本間によると、この「娯楽ニッポン」は第三号で廃刊になったらしい。その後の豊は非凡閣出版部に入社するも、一九三五年に離婚、非凡閣も退社したという。その後京都に移って出版社の弘文堂に勤務し、三九年に吉田信子と再婚している。弘文堂時代には作家の富士正晴と親しくしていたという。弘文堂退社後の四三年には日本海事振興会職員になり、「日本海事新聞」の編集に従事、四五年には名古屋市局長になったそうだ。四四年に、豊の誘いで詩人の高橋新吉がこの新聞に入社しているところをみると、高橋との交流もあったようだ(7)。

戦後の豊は郷里の北方に帰り、父親が遺した屋敷で生活しながら様々な事業に手を出した。豊と信子との間に四男の渡が生まれたのはこのころのことだ。豊は北方町内で独特の存在感を放っていたらしく、日本共産党に入党して一九五〇年に北方町長選挙に立候補するも落選、翌年には町会議員を務め、五五年にも町長選に挑むが再び落選したという。そして、五七年に妻の信子が死去すると北方での生活をすべて清算し、豊は四人の子どもを連れて上京した。

2――「my friend」

高田渡は、一九四九年一月一日に豊の四男として生まれている。したがって渡が小学生のときに豊は一家を挙げて上京したことになるが、上京後の高田家の生活は厳しく、豊は転居を繰り返しながら日雇い労働で生計を立てていたという。この父親が渡に与えた影響は大きい。豊が亡くなったのは六七年一月五日のことだったが、本間の前掲書によると、父親が亡くなった夜、渡は号泣したという。そのおよそ二カ月後の三月十四日に書かれた渡の日記にも、「ぼくには本当にショックであった。ぼくは父がいちばん好きであった。18才になったばかりのぼくには、まだまだ一人立ちはできない。まだまだ父が必要だったのだが……[8]」という記述がみられる。

高田渡は、十七歳のころからノートに「my friend」と題した日記をつけていて、近年それが、渡の息子である漣の編集で『マイ・フレンド』として刊行された。その初日の記述である一九六六年三月十三日の日記に、以下のような一節がある。

ぼくがフォークソングに興味をもったのは、昨年(65年)の夏ごろからです。(略)そして、最近「フォーク・ソング」の本当の意味を知りつつあります。「フォーク・ソング」とは、ただ「民謡」として見てしまっては(まちがい)だということがわかりました。そして、ほんとうの歌(音楽)とは、われわれ、民衆と固く結びつかなければならないというコトを知ってきました。そしてその中で人民の歌を歌いともにたたかっている多くの人々が〔アメリカ〕にいることを知ったのです。[9]

渡がここで取り上げているフォークシンガーは、ピート・シーガー、ボブ・ディラン、ジョーン・バエズだ。なかでもシーガーに対する関心は強く、日記にはシーガーに送る手紙の下書きや、シーガーをまねてバンジョーを手作りしようと苦心する様子が記されている。むろん、シーガーやディランに影響を与えたウディ・ガスリーにも関心は広がっていて、日記開始から二カ月後には、ガスリーの曲「So Long, It's Been Good to Know You」「アバヨ、君を知っててよかったよ」というフレーズでその日の日記を閉じるようになった。渡は中学卒業後、共産党の機関紙「アカハタ」(現「しんぶん赤旗」)を印刷しているあかつき印刷で文選工をしていて[10]、当時の日記には、フォークへの関心だけでなく、職場での悩み、家族とのいさかい、自分が読んだ本や映画の感想などについて様々な思いがつづられている。十七歳の少年らしい初々しい記述が目立ちながらも、フォークソングに対する関心を軸にしながら自らの世界を広げていこうとするさまがはっきりと見て取れる。

日記からうかがえる渡の読書量は決して多いとはいえないが、当時の渡が読んでいた本の書名もいくつか記されている。一九六六年五月二十七日の日記に挙げられている千田九一・村松一弥編『少数民族文学集』(「中国現代文学選集」第二十巻)、平凡社、一九六三年)からは、「花にもし香りがなかったら」というウイグル族の民謡を書き写し、同じく山本光雄・北嶋美雪訳編『ギリシアの知恵――古代名言集』(「現代教養文庫」、社会思想社、一九六六年)からは「言葉は怒りに病める心の医者」というフレーズを取り出している。これらの民謡や言語表現への関心も、渡のフォークへの関心と結び付いているのだろう。同年六月六日の日記からは『ヒクメット詩集』(中本信幸/服部伸六訳、飯塚書店、一九六一年)を購入していることがわかるが、これは、トルコの詩人ナーズム・ヒクメットが広島で被爆死した少女をうたった詩「死んだ女の子」を、ピート・シーガーが、「I Come and Stand at Every Door」という曲にしたことが背景にある。同じ月の十二日に斉藤孝『スペイン戦争――ファシズムと人民戦線』(「中公新書」、中央公論社、一九六六年)を購入しているのも、スペイン戦争での国際旅団を扱った曲「Viva La Quince Brigada（Long Live the 15th Brigade）」をシーガーが歌っていたためだ。

この渡の日記「my friend」に二度ほど登場するのが、ジョン・スタインベックの長篇小説『怒りの葡萄』（一九三九年）だ。一九六六年六月十九日の日記にこの小説を読んでいると記してあり、翌年四月十一日にも、河出書房新社から刊行されていたグリーン版世界文学全集の阿部知二・伊藤整・桑原武夫・手塚富雄・中嶋健蔵編集委員『スタインベック 怒りのぶどう』（石一郎訳〔「世界文学全集」第二集第十九〕、河出書房新社、一九六二年）を注文して購入していることが記されている。『怒りの葡萄』は、土地を奪われたオクラホマ州の農民一家が、仕事を求めてカリフォルニア州に向かう困難を描いた小説だが、ウディ・ガスリーは実際にそのような放浪の経験者だった。ガスリーは映画化された『怒りの葡萄』（監督：ジョン・フォード、一九四〇年）を見て、その主人公を歌った曲「Tom Joad」を作ってもいる。[11] 父・豊の無計画な上京によって幼少期に生活困窮者の収容施設を転々としていた渡が、この物語やガスリーに感情移入していたことは想像にかたくない。

この『怒りの葡萄』に、カリフォルニア州へと向かう移民たちが野営する様子を描いた以下のような一節がある。

> 夕方になると、たき火のまわりにすわって、二十の家族は一つの家族だった。彼らはキャンプをつくるいくつかの分子であり、夕方と夜をつくる分子となった。ギターが毛布の包みから取り出され、かき鳴らされた。だれもがうたう歌が夜ごと歌われ、男たちが歌詞をうたうと女た

ちが調子を鼻声にして歌った。
毎夜毎夜、一つの世界が創られ、中身がすっかり整うのだ。――友情が生まれ、そして敵ができるのだ。ほら吹き、臆病者、おっとりした男、つつましい男、情けぶかい男、それらをすっかり備えた一つの世界だ。毎夜一つの世界をつくるさまざまな関係ができ、朝になると毎日その世界はサーカスのようにばらばらにくずれた(12)。

こうした野営のなかで生まれる「だれもがうたう歌」は、渡が「my friend」の冒頭に記していた「われわれ、民衆と固く結びつかなければならない」「ほんとうの歌」に呼応する。『怒りの葡萄』を読んでいた渡には、一夜限りの「一つの世界」を生み出す表現としてフォークソングが意味づけられていったともいえる。おそらく『怒りの葡萄』は、単にアメリカ文学の名作としてだけでなく、ガスリーの経験やフォークソングの原風景とともに渡に受容されていたのだろう。

この『怒りの葡萄』の一節を渡が意識したかどうかは定かではないが、この小説に対する関心が、ガスリーやフォークソングを生んだアメリカの土壌への関心からもたらされたものであることは確かだ。実際、このころの渡は、渡米してフォークソングの勉強をする夢をたびたび「my friend」に記してもいる。一九六六年十二月二十一日の日記には、同時代のフォークソングブームに嫌悪感を示し、単なる民謡としてのフォークの意義だけではなく、アメリカに渡ってきた多くの移民たちが歌う多種多様な祖国の歌が、詞や曲を変化させながら歌い継がれてきたことの意義がつづられている。渡によれば、ブームのなかで消費されてしまうような商品的価値をもたないのがフォークソングだというのだ。

こうした渡の認識は、当時フォークソングの評論をしていた三橋一夫との交流から生まれたものだった。渡が三橋の家に初めて面会にいったのは一九六六年六月七日のことであり、以後、渡は三橋の家を何度か訪問して様々な知識を授かっている。三橋が中村とうようらとの共著『フォーク・ソングのすべて』を東亜音楽社から刊行するのが六六年八月、新日本新書から単著『フォーク・ソング――アメリカの抵抗の歌の歴史』(〔新日本新書〕、新日本出版社、一九六七年)を刊行するのが翌年八月のことだが、渡は、こうした書物に記されているフォークの知識や、それ以上の専門的な知識を三橋との交流から獲得していたことになる。

「my friend」はフォークソングに関心を持ち始めた十七、八歳ごろの渡の日記であるためにフォークに関する記述が多いのは当然のことだが、その一方で、渡が当時読んでいた本や見ていた映画が書き留められていて、詩のようなものも時折記されている。前述したように、渡は父の豊を一九六七年一月五日に亡くしていて、それを機に、佐賀の叔母の家に移って鹿島実業高校に通うことになった。一時東京を離れたこの時期にも日記を書き続けているが、佐賀の叔母の家で初めて書いた日記では、日記のmy friend、つまり「君」に語りかける形式で、「君とぼくは、これからも、昔のように音楽にしたしみ、レコードあさりのすきな、そしてちょっと風変りな、文学をあいする青年として、これから先ずーっと楽しく生きていきたいと願っている」と語っている。佐賀から東京に帰ってきたときの日記にも、「ぼくは今は、こんなユメをもっている。まず高校を卒業して、出来るならばどこかの大学の文学部にでも入ろうと思っている。そして、ぼくたち家族の生きて来た道を書き、それを本として出せるようになりたいと思っている」とある。注意すべきは、ここで渡が「文学」という語を手繰り寄せていることだ。前述した、河出書房新社のグリーン版世界文学全集『怒りのぶどう』を注文して購入しているのは、この佐賀時代のことなのである。

「my friend」というタイトルのノートに、日々の思いや、それを詩にしたものを書き連ねていったこと、フォークソングへの関心を通じて民衆と結び付いた歌を意識するようになったこと、そこに訪れた無名詩人の父・高田豊の死は、渡がもっていたフォークや表現への関心を、〈文学〉という語へと抽象化させた。おそらく渡は、父の死後、父が遺した自伝草稿を目にしただろうし、それと重ね合わせるようにして流浪の農民一家を描いた『怒りのぶどう』を取り寄せて読み、またそれを高田家の物語として書いて出版することを思い描いていたのだろう。一九六九年から本格的にフォークシンガーとして活動を始める渡の背景に、このような感性があるという事実に留意すべきだ。父親である豊の表現手段は詩であり、渡の表現手段はフォークではあるが、そのような差異は単に状況がもたらしたものにすぎず、この父子に共通して、書くこと、うたうこと、伝えることに駆り立てられたものがあることが重要なのである。

3——演歌の利用

「my friend」一九六六年九月二十四日の記述に、ウディ・ガスリーの詩のようなものを書きたいという渡の相談に対して、三橋が日本の民謡のことばの使い方を勉強するように助言し、添田知道『演歌の明治大正史』（〈岩波新書〉、岩波書店、一九六三年）を渡に薦めるくだりがある。そして、その翌々日の記述には、明治・大正の演歌をフォークソングのメロディーに乗せて歌うことを思いついたと記している。渡はこの発想に自信をもっていたらしく、同月二十九日にも「これからは「明治・大正の演歌」を新しいフォーク・ソングのメロディーにのせて歌ってやろうと思っている。いわゆる、ウッディ・ガスリー風のしかた（かえ歌）である」、十二月七日にも「現代を歌った「本当の意味でのフォーク・ソング」をやっていきたいと思っている」と、何度もその決意を記している。

渡の発想が興味深いのは、前述したように、当時日本で流行していたカレッジフォークからは距離を置き、〈民衆の歌〉としてのフォークに固執する点だ。そのためにウディ・ガスリーやピート・シーガーに遡行するのであり、その方法を適用すれば、日本の民謡に関心が向けられるのは必然だったろう。渡が着目した演歌とは、前掲の『演歌の明治大正史』が説くところの、明治期の自由民権運動の際にその思想内容を広めるために作られた演説歌の延長線上にある歌謡のことだ。ときに当時の社会を痛烈に批判し風刺していたその歌詞は、一九六〇年代のプロテストソング、トピカルソングにも通じる部分があった。渡は、演歌という明治・大正期の日本の〈民衆の歌〉にフォークソングの性質を見いだし、アメリカのフォークのメロディーに乗せてその歌詞を再利用したのである。(13)

よく知られているように、三橋が渡に薦めた添田知道の『演歌の明治大正史』は明治・大正期の演歌を当時の世相とともに紹介した本で、第十八回毎日出版文化賞を受賞した名著である。著者の添田知道は明治・大正期に演歌師として活躍した添田唖蟬坊の息子で、むろんこの書に紹介される演歌は二人の手によるものも多い。唖蟬坊は、壮士が歌う演歌である壮士節に影響されて活動を開始し、日清・日露戦争時には好戦的な歌も作ってはいるものの、堺利彦ら社会主義者たちと行動をともにするようになってからは政治や社会を風刺する歌を多く作った。(14) 息子の知道は父親の手伝いをするうちに自らも歌を作るようになり、唖蟬坊没後はその活動を伝える文筆活動を活発におこなった。

実際には先に述べた自由民権運動と唖蟬坊の演歌との関係は明確ではないらしく、その延長線上にある反体制的な演歌のあり方をめぐる認識も、唖蟬坊や自らをそのように意味づける知道の記述に依拠している部分(15)が多いようなのだが、ここで重要なのは、その事実関係よりも、渡が知道の認識に基づいて明治・大正期の演歌を受容し、それをフォークソングと接続させた点である。もともと、アメリカでも日本でも、民謡とは既存のメロディーをもとにした替え歌である場合が多く、渡が影響を受けたアメリカのフォークソングも唖蟬坊らの時代の演歌も、既存のメロディーを借用してその歌詞を変えることで新たな曲を生み出していたという点で同じ性質のものである。(16) とはいえ、唖蟬坊の演歌と、アメリカのフォークソングとでは、当時の若者たちの認識もその受け止め方も大きく異なっていただろう。

戦後の日米関係を踏まえれば、日本にアメリカのフォークソングが入り込んで若者たちに迎え入れられる状況そのものが、その関係の偏りを表していることはいうまでもない。しかし、〈アメリカ〉が単一の概念であるはずもなく、その民謡、フォークのメロディー形式や、〈アメリカ〉に対峙する〈アメリカ〉の表現が参照されながら、混交的なフォークソングが生成したことになるだろう。起源をたどることができない再生産様式である民謡同士が文化的土壌を超えて接近したところに成り立ったのが、高田渡が歌う演歌だったのだ。それらがいずれも〈民衆の歌〉であり、社会を風刺し批判する要素を内包していることを踏まえれば、〈民衆〉というアノニマスな存在が両者の接続を可能にしたともいえるだろう。[17]唖蟬坊の演歌は、その性質を維持しながら、若者たちの文化のなかでリメイクされたのである。

ちなみに、渡が明治・大正の演歌をフォークソングとして歌うことを発想したのとちょうど同じころの一九六六年九月十九日、大阪労音のフォークソング愛好会による第四回コンサートに高石友也が飛び入り参加して添田唖蟬坊の「のんき節」などを歌ったという。[18]また、六八年一月十二日開催のリサイタルを収録した高石のセカンドアルバム『受験生ブルース』(ビクター、一九六八年)にも、唖蟬坊の「のんき節」が収められている。[19]したがって、旧来の演歌をフォークソングと接続する発想は、高田渡や高石友也という個性を超えて生じていたことになる。渡は、六六年十一月十三日の「my friend」に、三橋一夫の前で演歌をフォークソングのメロディーに乗せて歌い、三橋が「こりゃあ、まいったなー」といった感じ」の反応を示したことをつづっているが、この記述は渡が歌う演歌がすでにフォークソングとして一定の水準に達していたことを物語っている。

父の没後佐賀で暮らし、東京に帰った渡は、アルバイトをしながら都立市ヶ谷商業高校の定時制に通い、「アゴラ」というグループに加わってフォークソングを歌っていた。渡も自ら作詞をするようになり、一九六八年八月には京都の宝積寺（宝寺）で開催された第三回フォークキャンプに東京の仲間たちと参加している。このとき歌っていた渡の「自衛隊に入ろう」が話題を呼び、関西のフォークシンガーや関係者たちとの出会いを通じて、渡は六九年二月にアングラ・レコード・クラブ（URC）から初めてのレコードを出すことになった。フォークグループ・五つの赤い風船とのカップリングアルバム『高田渡・五つの赤い風船』である。[20] このアルバムに収録された渡の七曲のうち五曲が、添田啞蟬坊の詞を用いたものだった（表2）。概して『演歌の明治大正史』に記載されている啞蟬坊の歌詞の内容を、時折現代に置き換えて歌っているのだが、一曲目の「事だよ」は、相対的に改変の度合いが大きい。以下は、啞蟬坊の「サァサ事だよ」である。

図19　CD版『高田渡・五つの赤い風船』ポニーキャニオン、2020年、ジャケット

サァサ事だよ事だよ　お金がないないお金がないよ　火鉢の引出し茶だんすつゞら　戸棚探してもないよ　どうしてもないよ　シマッタ〳〵〳〵　夢で拾つた金がない
サァサ事だよ事だよ　うつかり電車に飛乗りしたら　一銭、一銭、一銭足りない　一銭足りない　シマッタ〳〵〳〵　どこか

表2　高田渡が歌った添田唖蟬坊の詞

曲名	収録	添田唖蟬坊の原曲
「事だよ」	アルバム『高田渡・五つの赤い風船』（URC、1969年）	「サァサ事だよ」
「現代的だわね」	〃	「現代節」
「ブラブラ節」	〃	「ブラブラ節」
「しらみの旅」	〃	「虱の旅」
「あきらめ節」	〃	「あきらめ節」
「電車問題」	シングル「転身／電車問題」（URC、1969年）	「電車問題・市民と会社」
「新わからない節」	アルバム『汽車が田舎を通るそのとき』（URC、1969年）	「新わからない節」
「しらみの旅」	アルバム『ごあいさつ』（King、1971年）	「虱の旅」

（添田唖蟬坊の曲名は添田知道『演歌の明治大正史』〔（岩波新書）、岩波書店、1963年〕による）

に一銭ないかいな
サァサ事だよ事だよ　雨がふるふる　ふるふる雨が
細い煙も立たない細民窟　とうとう釜から鍋まで　食つてしまつた　シマッタ〱〱　青色吐息の麻つなぎ
サァサ事だよ事だよ　電車の値上げに電燈の値上げ
水道の値上げに家賃の値上げ　なんぼあがつても天下は泰平　市長は万歳　メデタイ〱〱　東京市民はオメデタイ[21]

この歌が作られた一九一七年ごろ[22]の日本は、第一次世界大戦による未曽有の好景気によって物価が高騰するという経済状況にあったが、それに見合った所得を得られなかった多くの一般庶民は苦しい生活を強いられていた。この歌は、そうした状況を庶民の生活に即してユーモラスに皮肉っていることになる。渡は、第一連を現代の生活様式に置き換えながらほぼそのまま歌っているが、第二連以降の歌詞は大きく変えている。以下は、渡による「事だよ」の第三連と第四連だ。

さあさあ　事だよ事だよ
佐世保の海で　泳いだら
上ってみたらば　さあさあさあさあ大変
・・・・・・　ない

さあさあ　事だよ事だよ
明治百年は　事だよ
おしでもないのに　百年もよくもまあ
だまっていたのは　事だよ(23)

このアルバムの収録は、大阪の毎日放送のスタジオでライブ形式でおこなわれたらしく、あらかじめ集められていた聴衆の反応も録音されている。(24)渡が「事だよ」を歌い始めたときに口にする「サクラ」はその聴衆のことを指していて、渡の曲がもたらすユーモアに対して聴衆の笑いが生じることも多い。例えば、「事だよ」の第一連は、メロディーに対して詞の分量が多すぎることから渡が早口で歌う様子が笑いを誘い、右に引用した第三連では、自身の股間を見つめるパフォーマンスを伴った「・・・・・・　ない」で爆笑が生じている。これは音源からだけでは想像しづらいのだが、聴衆は歌詞の内容に即した渡の身ぶりも笑っているようだ。前述した京都・宝寺での第三回フォークキャンプで、渡が「事だよ」を歌う様子を見ていたミュージシャンの遠藤賢司は次のように述べている。

「事だよ」は、同年一月に被爆国日本の抗議怨嗟を、そそり立つ船首の巨波頭で蹴散らかすかのように、長崎県佐世保に入港して来た…所謂…アメリカ原子力航空母艦エンタープライズ号事件を…憤怒を込めて揶揄したものだった。…「♪さあ〜さあ〜事だよ〜事だよ〜♪佐世保の海で泳いで〜あがってみたら〜♪あ〜ら無い!」の「無い」…を無造作に言い放ち、頭を垂れ、己が股間を見つめる…そんな彼に…宝寺境内はドッと沸いた。…凄い歌手だなと思った。[25]

渡の「事だよ」の第三連は、遠藤賢司がいうように、一九六八年一月のアメリカの原子力航空母艦エンタープライズの佐世保寄港を題材としたものである。当時の首相・佐藤栄作は非核三原則を表明していたにもかかわらず、それを侵犯する疑いがもたれていたエンタープライズの佐世保寄港を閣議決定していた。エンタープライズの寄港に対しては大規模な阻止闘争も生じていて、「事だよ」は、「佐世保の海で　泳いだら／上ってみたらば　さあさあさあさあ大変」と、この寄港問題や阻止闘争にふれるように思わせながら、頭を垂れて股間を見つめ、「・・・・・・　ない」とそれを宙に浮かせ、転換していくのである。

当然、ここで曲が終わってしまえば、寄港阻止闘争がちゃかしの対象になってしまいかねない。

そのような偽悪的態度を経て用意される第四連は、それだからこそ痛烈なのである。民衆にとっての〈事〉から、民衆そのものが〈事〉であるという転換、つまり、近代化されたこの百年の間、国家に抵抗してこなかった民衆そのものが揶揄されていくのだ。第四連にある「明治百年」は、一九六八年十月二十三日に政府が「明治百年記念式典」を開催したことにも表れているように、改元を機に展開された日本の急速な近代化を肯定する語である。[26] この語を逆説的に用いて、沈黙してきた民衆を揶揄していく第四連は、フォークソングを歌って何かを批判したつもりになっている自身に対する揶揄でもあるだろうし、それを聴きに集まっているスタジオの聴衆に対する揶揄でもあるだろう。エンタープライズ佐世保寄港阻止闘争の意味を深く受け止めた結果がここにあるのだ。第四連を歌い終えた渡に対して聴衆から笑い声が漏れることはなく、曲の最後には拍手が送られている。この歌がアメリカのフォークソングの形式を借りた旧来の演歌の替え歌であることを踏まえれば、政治的・経済的・文化的に内面化された〈アメリカ〉をさらに内側から食い破っていくような力をここに見いだすことも可能だろう。

唖蟬坊の演歌やフォークソングを支えている風刺や皮肉は、聴く者を笑いに誘うユーモアを生み出しもするだろうし、それが歌う者の自嘲に転じることもあるだろう。〈民衆の歌〉であるということは、その憤怒を声高に代弁することもあれば、それを笑いのなかにやわらげ、抑圧に忍従できるような視点の高みを用意することでもある。フォークソングにコミカルな歌が一定数認められるのは、この表現を支える要素にそのような力が絶えずはたらいているからである。言ってはならないこと、口にしてはならない表現を、遠回しに、あるいはあえてちゃかしながら、権力をあざ笑うのが〈民衆の歌〉だ。そのユーモアは、シリアスな問題に対処する回路を聴く者に生み出すのである。

4――高田渡と現代詩

日々の雑感や詩をつづった少年期の「my friend」は、高田渡の表現の一部に〝書く〟という行為があることを端的に物語っているが、それはさらにさかのぼって捉えることができるようだ。渡の回想録『バーボン・ストリート・ブルース』(山と渓谷社、二〇〇一年)には、小学校四年生のころから詩を書き始めたこと、父親の豊に日記を書くように勧められたこと、中学生のときに書いた詩を父親に見せたら「これは詩じゃない」と言われたことなどが記されている。「my friend」には、渡が読んでいた詩のことはあまり記されていないが、『バーボン・ストリート・ブルース』には十五、六歳ごろから本をよく読むようになり、詩集をよく読んでいたと書いてある。渡が特に好んだ山之口貘の詩と出合ったのは都立市ヶ谷商業高校に通っていた十八歳のころのことで、学校の代用教員が詩の写しを渡に与えたのがきっかけだったという。山之口貘の詩について、『バーボン・ストリート・ブルース』に以下のような記述がみられる。

詩というものは作り手の自己満足ではいけないと思う。それを読んだ人に理解してもらわなければ意味がない。もちろん、どう理解するかは読み手の勝手なのだが。

ところが、なかには好んで難しい単語を羅列するような詩人もいる。そんな詩は二度と読み返そうとは思わない。「あなたが頭がいいのはわかったけどさ、いったいなにが言いたいの」と、ついケチをつけたくなってしまう。

山之口貘の詩は、机の上の原稿用紙に向かって頭をひねりながらつくり出したという類いの詩ではない。感じられるのは、実体験に根差した人々の生活、もっと泥臭いもの、もっと生々しい世界だ。それは僕が子供のころを過ごした深川時代の体験と相通じる世界であり、絶対的に共感できる部分でもある。だからだろうか、彼の詩には、一般的な〝詩〟という言葉からイメージされる取っつきにくさのようなものがまったくない。それでいて、技術的にも内容的にも優れている。ましてやそれを見せない。そこがいいのである。そういうものこそ、上手というのだろう。(27)

渡のこの見方は、片桐ユズルらが批判していた難解な現代詩の問題へと連なってくるものでもある。渡が山之口貘を愛したことはよく知られているが、一九七〇年前後の渡は、その山之口貘をはじめとした現代詩人たちの詩を用いた曲を多く作っていた。この時期のアルバム収録曲の歌詞は、そのほとんどが現代詩を土台にしているのである（表3）。渡は古書店でよく古書を購入し、(28)詩集の蔵書もきわめて多かったらしく、(29)この時期の歌詞についても、すべて当時出版されていた各詩人たちの詩集や詩のアンソロジーのなかにその原典を確認することができる。このなかには、非常に

表3　高田渡が歌った現代詩（筆者作成）

曲名	収録	原詩
「転身」	シングル「転身／電車問題」（URC、1969年）	有馬敲「転身」
「出稼ぎの唄」	アルバム『汽車が田舎を通るそのとき』（URC、1969年）	小幡周太郎「出稼ぎの歌」
「ごあいさつ」	アルバム『ごあいさつ』（King、1971年）	谷川俊太郎「ごあいさつ」
「失業手当」	〃	ラングストン・ヒューズ「クビだ」（木島始訳）
「年輪・歯車」	〃	有馬敲「年輪」、山之口貘「歯車」
「鮪に鰯」	〃	山之口貘「鮪に鰯」
「結婚」	〃	山之口貘「結婚」
「アイスクリーム」	〃	衣巻省三「アイスクリーム」
「ブルース」	〃	エミリー・ディキンソン「57〔『自然と愛と孤独と』〕」（中島完訳）
「おなじみの短い手紙」	〃	ラングストン・ヒューズ「短いおなじみの手紙」（木島始訳）
「値上げ」	〃	有馬敲「変化」
「夕焼け」	〃	吉野弘「夕焼け」
「生活の柄」	〃	山之口貘「生活の柄」
「夜風のブルース」	アルバム『系図』（Bellwood、1972年）	ラングストン・ヒューズ「夜風ブルース」（斎藤忠利訳）
「69」	〃	金子光晴「愛情21」
「出稼ぎのうた」	〃	小幡周太郎「出稼ぎの歌」
「長屋の路地に」	〃	木山捷平「赤い着物をきた親子」
「酒」	〃	細田幸平「酒」
「手紙を書こう」	〃	永山則夫「手紙を書こう」
「系図」	〃	三木卓「系図」
「ミミズのうた」	〃	永山則夫「ミミズのうた」
「告別式」	〃	山之口貘「告別式」
「鎮静剤」	〃	マリー・ローランサン「鎮静剤」（堀口大學訳）
「ひまわり」	アルバム『石』（Bellwood、1973年）	バーナード・フォレスト「知ってますか」（中島完訳）
「夜の灯」	〃	高木護「夜の唄」
「私は私よ」	〃	ジャック・プレヴェール「わたしはわたしよ」（小笠原豊樹訳）
「ものもらい」	〃	山之口貘「ものもらひの話」
「石」	〃	山之口貘「石」
「いつになったら」	〃	金子光晴「無題」
「正午」	〃	中原中也「正午」
「火吹竹」	〃	高田豊「火吹竹」

マニアックな詩集から着想しているものもある。「ひまわり」の原詩であるバーナード・フォレストの「知ってますか」（原題「Sunflowers」）はその一例だ。原詩と歌詞を比較対照すると、これは、詩集を専門に出版していた神戸の蜘蛛出版社による『バーナード・フォレスト詩集』（バーナード・フォレスト、中島完訳、一九六七年）から材を得たものであることがわかる。

　このように、渡は多くの詩人たちの表現にふれ、それをメロディーに乗せて歌うことで独自のフォークソングを作った。このような形式は、後述するように、詩の朗読の一形態だっただろうし、渡のアルバムは現代詩のアンソロジーだったともいえる。その一方で、この時期の渡は詩を書くことも続けていた。ノートに書き溜めていた詩を詩集『個人的理由』として自費で三百部出版したのは一九六九年の暮れのことだ。このころの渡は、『高田渡・五つの赤い風船』のレコーディングを機に高石音楽事務所の所属になり、都立市ヶ谷商業高校を中退して京都で生活していた。渡にとって唯一の詩集になった『個人的理由』には、一九七二年刊行のブロンズ社版、二〇一二年刊行の文遊社版がある。

図20　高田渡『個人的理由――高田渡詩集』ブロンズ社、1972年、カバー

　京都時代の渡は、関西のフォーク

ソングに関わっていた片桐ユズルら詩人たちとの親交をもつようになった。そのときすでに個人誌を出していた岡林信康[30]に対抗して、一九六九年五月に、音楽仲間の岩井宏、詩人の有馬敲、中山容とフォークのミニコミ誌「ばとこいあ」も刊行した。[31]片桐や有馬、秋山基夫、福仲都生子、山村信男が京都で刊行していた詩の同人誌「ゲリラ」の活動にも顔を出し、「ゲリラ」一九六九年六月号に詩「汽車が田舎を通るその時」を寄せているほか、「ゲリラ」主催の「詩朗読とフォークソングの会」にも参加し、有馬の詩に曲をつけて歌った。[32]京都時代の渡は、同じく現代詩に関心があったはっぴいえんどの松本隆とも親しくしていて、カール・サンドバーグの詩に対する評価や日常語の用法などの点について意見交換している。[33]『個人的理由』の「あとがき」によると、このころ児童文学者の今江祥智にも私淑していたようだ。

このような交流のなかから、渡の詩集『個人的理由』は生まれたと言っていい。横書きで編まれたこの詩集の巻頭詩「ボクの詩」には、草野心平、金子光晴、山之口貘、中原中也、立原道造、百田宗治、丸山薫、関根弘、添田唖蟬坊、小熊秀雄、八木重吉、ジャック・プレヴェール、ジョルジュ・ブラッサンス、カール・サンドバーグ、ウディ・ガスリー、ラングストン・ヒューズ、高田豊と、渡が好きな詩人たちの名が方向を違えて列挙されたうえで、「どなたの俘にもなりません／どなたも大好きではありまするが」と断られている。こうした詩人たちの詩の多くを渡は歌にしていったわけだが、シャンソン歌手のブラッサンスやフォークシンガーのガスリーも詩人として位置づける渡の詩人イメージは広く、最後に詩人として父親の名を挙げている点にも注意すべきだろう。現代詩の愛読者であり、自ら詩作もする渡が、〈詩人〉として自らを強く意味づけていく未来もあ

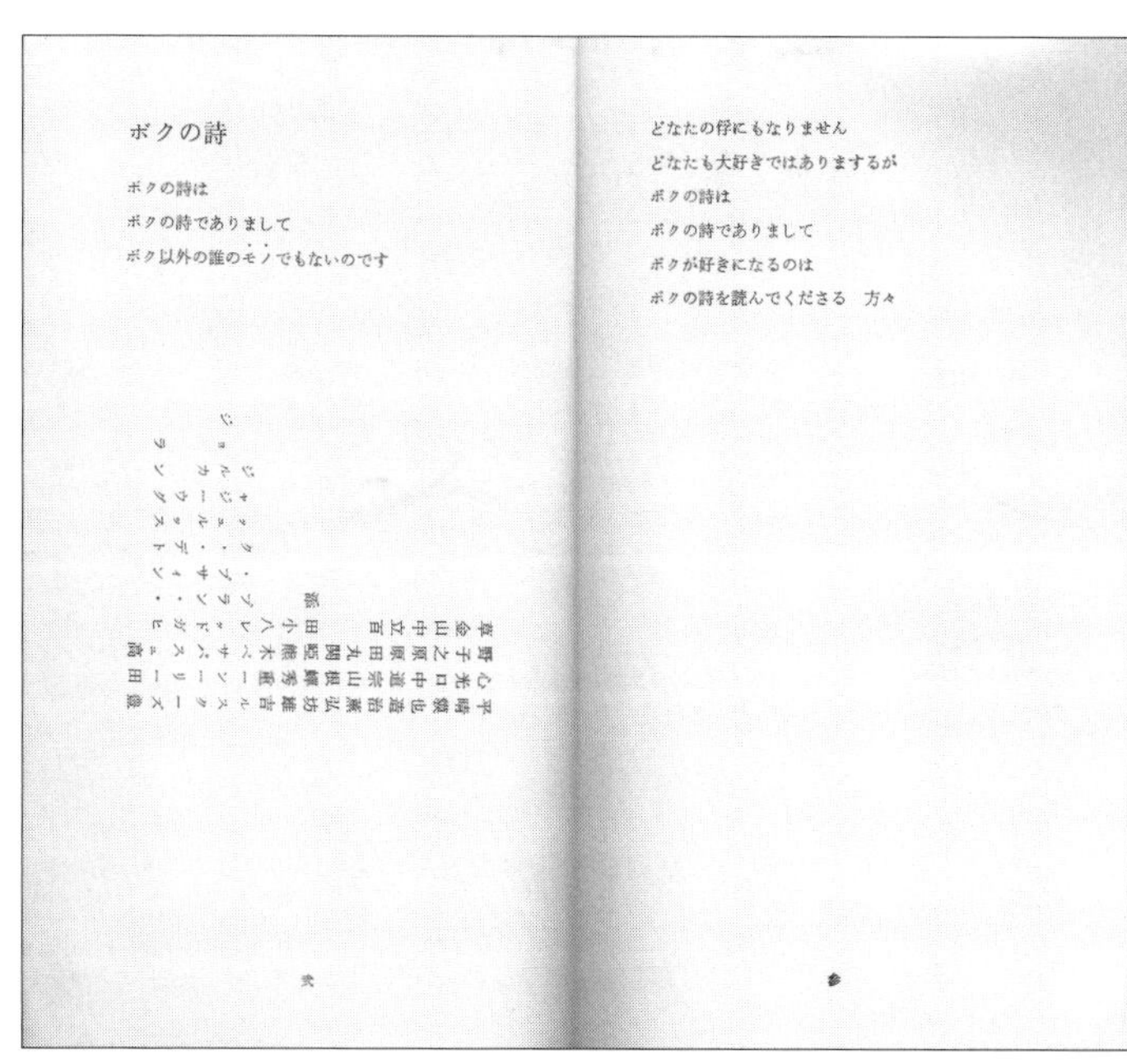

ボクの詩

ボクの詩は
ボクの詩でありまして
ボク以外の誰のモノでもないのです

草野心平
金子光晴
山之口貘
中原中也
立原道造
百田宗治
丸山薫
関根弘
添田唖蟬坊
小熊秀雄
八木重吉
ジャック・プレベール
ジョルジュ・ブラッサンス
カール・サンドバーグ
ウッディ・ガスリー
ラングストン・ヒューズ
高田渡

弐

どなたの脖にもなりません
どなたも大好きではありまするが
ボクの詩は
ボクの詩でありまして
ボクが好きになるのは
ボクの詩を読んでくださる　方々

参

図21　高田渡「ボクの詩」
（出典：前掲『個人的理由』2ページ）

ったかもしれないのである。

　とはいえ、『個人的理由』に収められている渡の詩は、詩の水準としては決して高いものではない。例えば、山積みになったレモンを「レモン」という文字をその形に列挙して表現した詩「レモン」や、「自転車」という活字の大小によってその通過を表した詩「通過」を、有馬敲は文遊社版『個人的理由』の解説で「視覚的な工夫」として評価していて、ほかにも、鍵括弧、三点リーダー、句読点を縦に連ねることで会話を表現した詩「言葉」や、「雨」の活字と三点リーダーを縦横に配置した詩「雨ふり」があるが、こうした視覚的な詩の表現は、詩史では、一九二〇年代にヨーロッパの新興芸術思潮の影響を受けた高橋新吉や萩原恭次郎の詩にすでにみられるものである。ほかの詩も、平易で直接的なことばで表現されたものが多く、詩としての深みや表現の襞が認められるものはあまりない。

その『個人的理由』の詩をそのまま歌詞とした曲が多く収録されているのが、二枚目のアルバム『汽車が田舎を通るそのとき』（URC、一九六九年）だった。このアルバムでは、「春、真最中」「汽車が田舎を通るその時」「ボロ、ボロ」「日曜日」「来年の話」などのタイトルの詩がほぼそのままフォークソングのメロディーに乗せられている。これらの詩も心象風景を素朴な表現でつづったものばかりではあるが、ときにその繊細さが顔をのぞかせることもある。

例えば「日曜日」は、恋する「君」が住む街の喫茶店を訪れた「ボク」の心情をうたったもので、この時期の渡の詩や歌詞に多い、喫茶店が舞台になっているものの一つだ。一見たわいもない詩に思えるが、この詩での「ボク」の「君」に対する思いはそう単純ではない。「ボク」は「君」が住む街のなかの喫茶店に立ち寄っていて、「明日、帰ろうと思うのです。／多分、／君が来そうもないから……」と、「君」の到来を期待するもののそれがかなわないようなので街を去ろうとしている。そして、「（ボクは電話がキライ、ドモッテしまうから……ネ！　でも、手紙はとても遅いしネ……）」と、電話や手紙で連絡をとることにも躊躇している。そのためにコーヒーを飲み終えたあと、「君の街」を「一廻りしよう」と思うのである。以下の二連でこの詩は閉じられている。

ボクは最後の一口を飲み終えるところで、最後にもう一度君の街を一廻りしようと思います。

君がいなくなってから、
この街に住もうと思っているんです。[34]

「君がいなくなってから、／この街に住もうと思っている」のならば、「ボク」と「君」がこの街で存在を重ねるような事態は永遠に起こりえないだろう。「ボク」と「君」との間に横たわっているのは完全なる隔絶であり、「ボク」の想像のなかにしか生じない「君」という他者を少しでも手繰り寄せようとするあまり、「ボク」は「君」の街や、そのなかにある喫茶店に向かうのである。ここには、気になっている「君」に「ボク」が直接会うことも触れることもしようとしない、あるいはできないという遠慮がちな心情が描かれていて、それはやや切なく、見方を変えればその純朴さがほほ笑ましくもある。

「日曜日」に限らず、こうした素朴な意味内容の詩がメロディーに乗ったとき、一つひとつのフレーズが色彩を変えていく。これをことばで説明することは難しいのだが、活字として表現された詩では捕捉できなかったものが、その詩を歌う声とギターのメロディーによって聴く者の前に立ち上がってくるのだ。メロディーに乗せられた語の音が、活字を読むときとは別の速度で聴く者に浸透していき、かつそのテンポやコード進行によって別の意味を帯び始めるのである。抑揚が小さい渡の歌い方は、淡々として感情を押し殺しているようでもあるのだが、ここで実践されているのは、詩の朗読の一つなのではないだろうか。

むろん、渡の歌い方に、ウディ・ガスリーやボブ・ディランたちによるトーキングブルースの影響を見いだすこともできるだろうが[35]、ここで渡が「ゲリラ」主催の「詩朗読とフォークソングの会」に参加していたことを思い出してみてほしい。詩の朗読（ポエトリーリーディング）とフォークソングの演奏を同じ場でおこなっていた片桐ユズルや有馬敲らとの交流は、フォークソングのために用意された歌詞を歌うのではなく、詩そのものを歌う感性を渡にもたらしたのではないだろうか。いわば、渡には歌詞という認識はなく、詩だけがあったのだ。アルバム『汽車が田舎を通るそのとき』の収録曲のもとになった詩が書かれていたころ、渡は、有馬の詩を歌ったシングル「転身」をリリースしているが、現代詩をフォークソングのメロディーに乗せ始めるのもちょうどこのころである。

一九七一年に東京に戻った渡がリリースしたアルバム『ごあいさつ』や『系図』（Bellwood、一九七二年）、『石』（Bellwood、一九七三年）で多くの現代詩が歌われているのはその延長線上のことだ。つまり、現代詩をトーキングブルースともポエトリーリーディングとも微妙に異なる方法で歌うことが渡の〈うた〉だったと考えられるのである。渡が現代詩を〈うた〉にしはじめたのと同じころ、片桐ユズルは、小野十三郎・有馬敲・犬塚昭夫・福中都生子との座談会の前掲「詩とうたと」で以下のような発言を残している。

有馬さんとかぼくとか、フォークソングの運動に近い人間は、たえずいらいらしている。つまり、シンガーたちの言葉に対する感覚がにぶいということでね。（略）じゃ、彼らの言葉の感覚をよくするにはどうしたらいいかというとね、やっぱりいいモデルになる、いい詩がそのへんにたくさんあふれていないといけない。ところがそのモデルになるいい詩というのがないんだな。だから、彼らが詩を勉強したい、何を読んだらいいですかと言っても、これ読めと言える本がない。この人の詩読んで下さいと言えないいんです。[36]

関西フォークを詩の運動として主導していた片桐は、運動がピークを迎えたころからフォークシンガーたちの思想が深まらないことを嘆いてもいた。[37] シンガーたちの思想が深まらず、ことばの感覚も鈍いという課題と、渡が古書店を回って詩集を渉猟していた事実が関係するのかどうか定かではない。しかし、有馬がこの座談会で紹介している「詩人がうたわれることを前提としてつくった詩は、どうもうたになりにくい」という渡の発言と、詩集を読みあさって現代詩をフォークソングにしていったその行動は確かに一致する。渡のこの判断は、片桐や有馬が突き付けた課題を真摯に受け止めた結果だったのかもしれない。

渡が選ぶ現代詩は、労働や貧困、放浪など、生活と人生の悲哀を捉えたものが多いが、それは、渡が愛したウディ・ガスリーやピート・シーガーらアメリカのフォークソングも同様だ。というより、それはガスリーやシーガーに固有のものでさえない。アメリカの民謡として伝わっているものは、カウボーイや労働者の生活、移動手段としての鉄道などを歌った、民衆による民衆のための歌である。[38] 渡の〈うた〉は、それを日本の土壌に置き直したところに成立している。例えば、のちに渡の代表曲として位置づけられることになる「生活の柄」は山之口貘の詩を曲にしたものではあるが、これは渡が貘の詩を好んだだけでなく、この詩に描かれている放浪がアメリカの民謡やフォークソングに通じるものでもあったからだ。あるいは、そこに、父の豊が子どもたちを連れて計画性もなく上京し、日雇い労働で生計を立てたという高田家の生活を重ね合わせることもできるだろう。

前述したように、一九七〇年前後の渡は自分の心を引いた現代詩を歌っている。渡のアルバムはそのアンソロジーでもあったといえるだろうが、アルバム『石』のラスト・ナンバーとして高田豊「火吹竹」が取り上げられていることに注目したい。前掲の本間健彦『高田渡と父・豊の「生活の柄」』によると、この詩が書かれたのは二五年一月のことであり、その全文は以下のようなものだという。

毎晩夜通し起きていて
僕は
何んにもしていやしないのです
この間の晩火吹竹を作った
ブー　ブー　ブー
火鉢一杯に
真赤な炭が盛れ上ってくる

炭はまた直ぐたってしまいます
ブー　ブー
火吹竹の音を聞いていると
外は雪のように静かです
ほんとうに
夜通し、僕は
何んにもしていやしないのです(39)

渡は全く世に知られていないこの詩に、山之口貘や金子光晴、中原中也の詩と同様に曲をつけた。『個人的理由』の「あとがき」では父の豊が自分と同じ年齢のころ詩を書いていたことにふれていて、渡の詩作が父親を意識したものだったこともわかる。豊の「火吹竹」は、火吹き竹で炭を吹く行為の循環と、「何んにもしていやしない」という無為とが重ね合わせられ、それを「ブー」という擬音語のリフレインが象徴する構成になっている。この豊の詩にも、特別な斬新さはない。しかし、渡は「僕」の虚無と倦怠とを底流させた陰鬱な詩に呼応したメロディーを用意し、呟くような歌声と「ブー」という発声を響き合わせることで、その意味内容を色濃く縁取っていく。父と子、二人の詩人が曲のなかで静かに語り合っているかのようだ。

この二人の詩人は、いずれも活字の詩の書き手としてその〈文学性〉を評価されることは少ないだろうが、フォークソングという渡の朗読形式は、活字としてではなく、音声として発せられ、メロディーに乗せられた〈うた〉としての詩の可能性を感じさせる。それは、関西フォークを主導していた片桐ユズルらの詩論やポエトリーリーディングのありようを渡が吸収していたからだろうし、その結果がアルバム『汽車が田舎を通るそのとき』や『系図』『石』だったともいえるのだ。そしてそのことによって、渡は無名詩人としてこの世を去った父・豊の一編の詩に命を注ぎ込むに至った。

アメリカの民謡やフォークソングのメロディーと日本の現代詩とを交差させ、それを淡々とした独特の口調で歌うこと。起源が不確かな再生産様式である替え歌としての性質を抱え持つ民謡やフォークの性質を用いて現代詩を〈うた〉として朗読したのが高田渡だったのである。そのような意味で、高田渡はまぎれもなく詩人だったのだ。

注

(1) 日本詩人協会編『日本詩集——左翼戦線』日本詩人協会、一九二四年、八四—八五ページ

(2) 佐藤春夫「高田豊を紹介す」「読売新聞」一九二五年十二月十四日付

(3) 同紙

(4) 小泉京美「詩・短歌・俳句・川柳の交差点——問題系としての短詩の生成」、東洋大学日本文学文化学会編「日本文学文化」第九号、東洋大学日本文学文化学会事務局、二〇〇九年

(5) 中村進治郎については、山下武『「新青年」をめぐる作家たち』(筑摩書房、一九九六年)、村上裕徳「横溝正史作品に登場する中村進治郎の影」(「『新青年』趣味」第十五号、『新青年』趣味編集委員会、二〇一四年)、同「続・横溝正史作品に登場する中村進治郎の影」(「『新青年』趣味」第十九号、『新青年』趣味編集委員会、

二〇一九年）に詳しい。

（6）乾信一郎『「新青年」の頃』早川書房、一九九一年

（7）無署名「年譜」、高橋新吉『高橋新吉全集Ⅳ』所収、青土社、一九八二年、七二一ページ

（8）高田渡、高田漣編『マイ・フレンド――高田渡青春日記1966-1969』河出書房新社、二〇一五年、三二六ページ

（9）同書九―一〇ページ

（10）前掲『バーボン・ストリート・ブルース』六二―六三ページ

（11）三橋一夫『フォーク・ソング――アメリカの抵抗の歌の歴史』（新日本新書）、新日本出版社、一九六七年、一一二ページ

（12）阿部知二／伊藤整／桑原武夫／手塚富雄／中島健蔵編集委員『スタインベック 怒りのぶどう』石一郎訳（「世界文学全集」第二集第十九）、河出書房新社、一九六二年、二二七ページ

（13）この点については、なぎら健壱『高田渡に会いに行く』（駒草出版、二〇二一年）八〇―八一ページでも言及がある。

（14）木村聖哉『添田唖蟬坊・知道――演歌二代風狂伝』（シリーズ民間日本学者）、リブロポート、一九八七年、藤城かおる『唖蟬坊伝――演歌と社会主義のはざまに』えにし書房、二〇一七年

（15）西沢爽『日本近代歌謡史』上、桜楓社、一九九〇年、一三―四四ページ、前掲『創られた「日本の心」神話』五三―五六ページ

（16）前掲『創られた「日本の心」神話』五六―五九ページ、和田崇「唖蟬坊の演歌と替歌の連鎖」、添田唖蟬坊詞、社会評論社編集部編『演歌の明治ン大正テキヤ――フレーズ名人・添田唖蟬坊作品と社会』所収、社会評論社、二〇一六年、二〇五―二一一ページ

（17）瀧口雅仁『演説歌とフォークソング』彩流社、二〇一六年、六七ページ

(18) 前掲「新たな力と方向を」二〇九ページ

(19) 前掲「歌と民衆」九五ページによると、高石も添田知道の『演歌の明治大正史』(〔岩波新書〕、岩波書店、一九六三年)を参考にしてフォークソングにしたらしい。

(20) 前掲『バーボン・ストリート・ブルース』七八―八一ページ

(21) 前掲『演歌の明治大正史』一七四ページ

(22) 無署名「啞蟬坊・添田平吉年譜」、添田啞蟬坊『啞蟬坊流生記』(「添田啞蟬坊・添田知道著作集」第一巻)所収、刀水書房、一九八二年、三二五ページ

(23)「事だよ」の歌詞の引用は、ポニーキャニオンが二〇二〇年に発売したCD『高田渡・五つの赤い風船』の歌詞カードによる。

(24) 前掲『バーボン・ストリート・ブルース』八〇ページ、館野公一「CDガイド 高田渡の音盤」、前掲『高田渡読本』所収、一〇六ページ

(25)「寄せ書き――高田渡のこの一曲(遠藤賢司)」、前掲『高田渡読本』所収、九四ページ

(26) 小野俊太郎『明治百年――もうひとつの1968』青草書房、二〇一二年、七―二二ページ

(27) 前掲『バーボン・ストリート・ブルース』七三―七四ページ

(28) なぎらけんいち「我師そして友・高田渡」『高田渡の世界』(新譜ジャーナル別冊)所収、自由国民社、一九七三年、二六―二七ページ

(29)「証言4:佐久間順平」、前掲『高田渡に会いに行く』所収、二一六ページ

(30) 岡林信康の個人誌とは「泣き虫の唄」のことを指していると思われる。「泣き虫の唄」は、田頭道登編集で一九六九年三月ごろに創刊されたと推察される。

(31) 前掲「夜話・京都戦後詩私史」九八―一〇〇ページ、前掲「京都、一九六八年」六七―六八ページ、前掲『バーボン・ストリート・ブルース』九〇ページ

(32) YN「はなしことばへの挑戦——第2回詩朗読会レポート」「ゲリラ」一九六九年十一月号、同人誌、二二三—二二四ページ、前掲「京都、一九六八年」六八ページ

(33)「松本隆・高田渡、お茶を飲みながら語る」「季刊フォークリポート」第三巻第二号(夏の号)、アート音楽出版、一九七一年

(34)「日曜日」の引用は、高田渡『個人的理由——高田渡詩集』(ブロンズ社、一九七二年)三〇ページによっている。

(35) 中川五郎『ぼくが歌う場所——フォーク・ソングを追い求めて50年』平凡社、二〇二一年、二五四ページ

(36) 犬塚昭夫/福中都生子共同編纂『座談関西戦後詩史 大阪篇 1945年-1975年』ポエトリー・センター、一九七五年、二五八ページ

(37) 片桐ユズル「愛と平和とフォークと」、前掲『時代はかわる』所収、二三九ページ

(38) ウェルズ恵子『フォークソングのアメリカ——ゆで玉子を産むニワトリ』南雲堂、二〇〇四年、前掲『アメリカを歌で知る』

(39) 高田豊「火吹竹」の引用は、本間健彦『高田渡と父・豊の「生活の柄」[増補改訂版]』(社会評論社、二〇一六年)三七—三八ページによった。

第5章 フォークゲリラの登場

1——生成と誕生

アメリカの公民権運動でジョーン・バエズやボブ・ディランらのフォークソングが大きな影響力をもったことはよく知られている。日本でも一九六〇年代前半からアメリカのフォークが紹介され始め、バエズやディランらが歌うプロテストソング、トピカルソングも、商業主義的なフォークソングに取り込まれて人々に知られていくことになった。六〇年代後半になると、それらはベトナム戦争を意識したものになっていった。

前述したように、一九六五年四月に発足した「ベトナムに平和を!市民文化団体連合」(ベ平連)は、早くからフォークソングに注目し、それを運動に活用していた。このことはすでに小熊英二や平井一臣も整理しているとおりなのだが、(1) 例えば一九六六年二月号の「ベ平連ニュース」(「ベトナムに平和を！」市民連合）にはバエズの来日を実現させようとする記事があり、それがかなった翌年一月二十五日にはバエズを囲む集会が開催され、会場全体で「We Shall Overcome」を歌ったという。そのなかには、ベ平連の活動に顔を出していたフォークシンガーの高石友也も加わっていた。会に参加した市民運動家の小林トミは、日本の反戦運動や市民運動には「私を、私たちをかりたてるなにかが――バエズの歌のようななにかが――、たりないような気がする」(2)と語っていて、フォークやプロテストソングの影響力に理解を示している。

「バエズを囲む夕」に出席して

小林トミ

私は冬かきらいで、冬になると自分のからにじっととじこもってしまいます。そんなとき自分の行動に疑問をもったり、自分のしていることはこれでいいのだろうか、などといろいろと考えては、とにかくじっとしています。そんなとき「みんなでベトナム反戦を！ジョーン・バエズを囲む夕」のはがきをもらいました。私はジョーン・バエズについては「まず人間である」といった記事を読んで、大変共感をもっていましたので私はフォーク・ソングのことをあまり知らないけれど、いってみようかなと思った。

図22　ジョーン・バエズと高石友也
（出典：小林トミ「「バエズを囲む夕」に出席して」「ベ平連ニュース」1967年2月号、「ベトナムに平和を！」市民連合）

バエズの来日が実現した一九六七年は、ベ平連とフォークとの関係、ひいては関西のフォークシーンが大きく展開する年になった。バエズを囲む集会の直後、一九六七年三月の「ベ平連ニュース」には、「フォーク・ソングによせて」という特集が組まれ、片桐ユズルの「フォーク・ソング雑感」、室謙二の「歌うこと 留置場に入ること」、また高石友也に対するインタビュー記事が掲載されている。鶴見俊輔と親交があった詩人・片桐ユズルがベ平連の運動に携わるかたわら、関西のフォークソングを支える活動を本格的に開始したのもこの年のことだった。ビート詩をはじめとしたアメリカ詩に詳しかった片桐は、その延長線上にフォークソングをみていたのだった。

片桐は「フォーク・ソング雑感」のなかで、フォークソングの性質とデモでの歌の必要性について、次のように説いている。フォークソングとは「人民による、人民のための歌」であり、「専門家によらないで、自分たちでつくり、自分たちで演奏する」ので、「専門家による、大衆のための歌、ポピュラー」とは区別されるものだという。片桐によれば、これまでの「うたごえ運動」の歌は難しく、全員で歌うには不適当だともいう。第1章で述べたように、当時の片桐の主張は鶴見の『限界芸術論』の議論を踏まえていて、フォークソングに、「非専門的芸術家によってつくられ、非専門的享受者によって享受される」限界芸術の姿をみていた。片桐は、マーシャル・マクルーハンのメディア認識を通じて、活字メディアや複製技術の発達によって遠ざけられるようになった民衆の歌、民謡に連なるものとして、フォークソングを捉えていたのである。

片桐は、一九六七年七月にフォークのミニコミ誌「かわら版」を創刊し、同年同月から定期的に開催され始めたフォークキャンプに参加した。第1章で述べたように、京都の高雄で開催された第一回フォークキャンプでは、替え歌として「死の商人」というフォークソングを自ら作って歌った。この歌は全員で歌われ、その場で即興的に歌が延長されていくような性質のものであり、活字化してはその魅力が伝わらないような性質を備えていた。この時期の片桐が詩として発表したものがいずれも口語的な表現で書かれているのもビート詩やフォークの表現を取り入れた結果だと考えられる。そのような表現を通じて、ベトナム戦争に加担する日本の日常を激しく糾弾していたのが片桐の詩だった。

片桐が一九五九年から六〇年にかけてのアメリカ留学を通じて知ったポエトリーリーディングやビート詩がフォークソングに対する関心へと展開していく背景には、一貫して「日常のことば」「はなしことば」と詩的表現との関係性が認められる。民謡に原型や固定的な歌詞がなく、人々の営みのなかでそれが常に替え歌として変化していくように、人々の「日常のことば」「はなしことば」も、その場その場で流動し変化していくものだからだ。片桐がフォークソングの性質をそのように捉えていたことを、ここであらためて確認しておきたい。ただし、鶴見らの大衆芸術研究会や、片桐とともに詩誌を刊行していた詩人・有馬敲も替え歌に関心をもっていたように、この関心は決して片桐固有のものではなく、民衆の表現をめぐる当時の認識の枠組みのなかから生まれていたようだ。

重要なのは、こうした片桐らによるフォークソング理解が、若者たちとも共有されていたことである。そもそも、鶴見の『限界芸術論』の議論を踏まえなくても、フォークが「人民による、人民のための歌」であり、〈替え歌〉としての性質や即興性をもつことは、フォークに対する認識を深めればおのずとわかってくることだ。実際、関西のフォークシンガーたちもアメリカのフォークを自ら翻訳したり、替え歌にして演奏したりしていた。高石友也や中川五郎がピート・シーガーやボブ・ディランらの歌を翻訳して歌い(3)、高田渡が明治・大正期の演歌師・添田啞蟬坊の歌をフォークとして歌っていたのはその好例である(4)。そして、片桐が「フォーク・ソング雑感」のなかで示唆していたデモ活動におけるフォークソングの必要性は、ベ平連の若者たちによって実践されていくことになった。

平井一臣が丁寧に整理しているように、[5]例えば一九六八年十一月十日に関西ベ平連が開催した「ベトナムと沖縄のための10時間」では、大阪の中之島公園でフォーク集会をおこなったあと、フォークソングを歌いながら御堂筋をデモ行進し、移動のための交通機関内でもフォークを歌い、夕方からは梅田地下街で、そして夜には再び中之島公園でフォークの集会をおこない、御堂筋でのフォークデモをおこなって一日を終えている。[6]この夜に開催された梅田地下街でのフォークソングを交えた討論会が、[7]「梅田大学」もしくは「梅田地下大学」と呼ばれる定期的な集会になっていった。[8]

同じく十二月二日には、京都ヤング・ベ平連の高校生によってフォークソング集会とデモがおこなわれ、数百人の参加者を集めたという。ここで中心的な役割を果たしたのが、高校生のときからベ平連の活動に参加し、のちにフォークシンガーとして活躍する中川五郎だった。このイベントに参加した当時の高校生・奥野卓司は、「この感動を君に告げたい――京都のフォーク・デモ」(「ベ平連ニュース」一九六九年一月号、「ベトナムに平和を!」市民連合)という記事に、「僕達は今日、本当に《生きた》のではないか。《人間》となったのではないか」とこの日の感慨をつづっている。

こうした野外や街頭、集会、デモでのフォークソングの活用が、有名な新宿西口地下広場でのフォークゲリラの出現へとつながっていく。その端緒は一九六八年十二月二十八日に新宿でおこなわれたデモで、関西から参加したベ平連の若者たちがフォークを歌いながら行進し、デモ終了後に西口地下広場でフォークを歌ったことだった。こうした光景に刺激を受けた小黒弘、山本晴子らベ平連の若者たちが、大阪・梅田の地下街でのフォーク集会を見学して準備を進め、六九年二月二十七日（一説には二十八日）に新宿西口地下広場でフォークソングによるアピールを開始した。この集会は通行人も巻き込んで規模を拡大し、最大七千人もの人々を集めたといわれる。広場では、参加者がフォークソングを合唱しただけでなく、その随所で参加者同士の討論も生んだ。この場でフォークを歌った若者たちは「フォークゲリラ」と呼ばれ、自分たちもそう名乗った[9]。

「フォークゲリラ」という名称が、いつ誰によって名付けられたものか定かではないが、重要なのは、この若者たちが「ゲリラ」という存在になぞらえられていた点である。周知のように、ベトナム戦争で物量や兵器の近代性という点で圧倒的に優位だったアメリカ軍を苦しめたのが、南ベトナム解放民族戦線のゲリラ戦術だった。したがってこの語には、ベトナム戦争を続けるアメリカやそれに協力し加担する日本というきわめて大きな力に対する、局所的な戦術の意が込められていることになる[10]。また、一九

図23　新宿西口のフォークゲリラ
（出典：芸術出版企画編集『ベ平連のうた――その発展の足跡』芸術出版、1969年、3ページ）

六〇年代には、ゲリラ戦術によってキューバ革命を成し遂げたチェ・ゲバラの著書や関連図書が日本で多く出版されていた。六七年の死によってゲバラが神話化されていった事実を踏まえれば、フォークという若者たちの音楽と、ゲリラという語が結び付いた「フォークゲリラ」という語は、それ自体が颯爽としたイメージをもっていたと考えられる。

このフォークゲリラが登場する二年ほど前、すでに片桐ユズルは、前掲した「フォーク・ソング雑感」のなかで、フォークソングについて「百発うって一発あたればいいとおもうし、うたわないでねらってばかりいるよりは、あたらなくても、うちまくった方が気分がいい」と語っていた。デモにフォークを利用するにあたって、片桐は、フォークソングを歌うことを銃を撃つことに例えていたことになるが、こうした認識はフォークゲリラの当事者たちにも共有されていた。東京フォークゲリラの一員だった伊津信之介は、「フォークゲリラの武器は歌とギターだ[11]」とし、同じく堀田卓も「僕達は反戦運動の武器として、ゲバ棒や投石ではなく、ギターとフォークを持ち込んだ[12]」と語る。フォークゲリラの当事者たちが執筆した吉岡忍編『フォーク・ゲリラとは何者か』には、以下のような記述もある。

ゲリラということばは、日本語にすると「遊撃」なんだそうで、これは、文字から判断するとどうみても、「遊びながら撃つ」ということだ。（略）フォーク・ゲリラは、「撃つ」といってもギターから弾丸がとび出るわけではないので、もっともっと拡大解釈をしなくてはならない。だからここで問題とするのは、「遊びながら」ということだ。（略）とにかく楽な気持ちでいったほうがいいということを強調しておきたい。[13]

厳密にいえば「遊撃」とは、「遊びながら」というよりも、特定の部隊に所属せず臨機応変に活動する攻撃のあり方をいうが、フォークゲリラに「遊び」の要素が確保されていることに留意しておきたい。非暴力的に権力を討つ〈楽しさ〉の共有と、新宿西口での若者たちの大きな連帯とは決して無関係ではないからだ。べ平連やフォークゲリラの活動をめぐるこうした比喩は、フォークゲリラが歌を「盾」として捉え、フォークの歌集を「紙の礫」と呼んでいたことにも表れているし、[14]べ平連のメンバーによって一九六九年六月から刊行され始めた「週刊アンポ」[15]が、雑誌という形態を、「武器」「紙のつぶて」「活字の弾丸」として雑誌という形態を定位していたことにも表れている。[16]非暴力を明言するべ平連の若者たちの、言語や行為による対抗手段がフォークゲリラだったのだ。

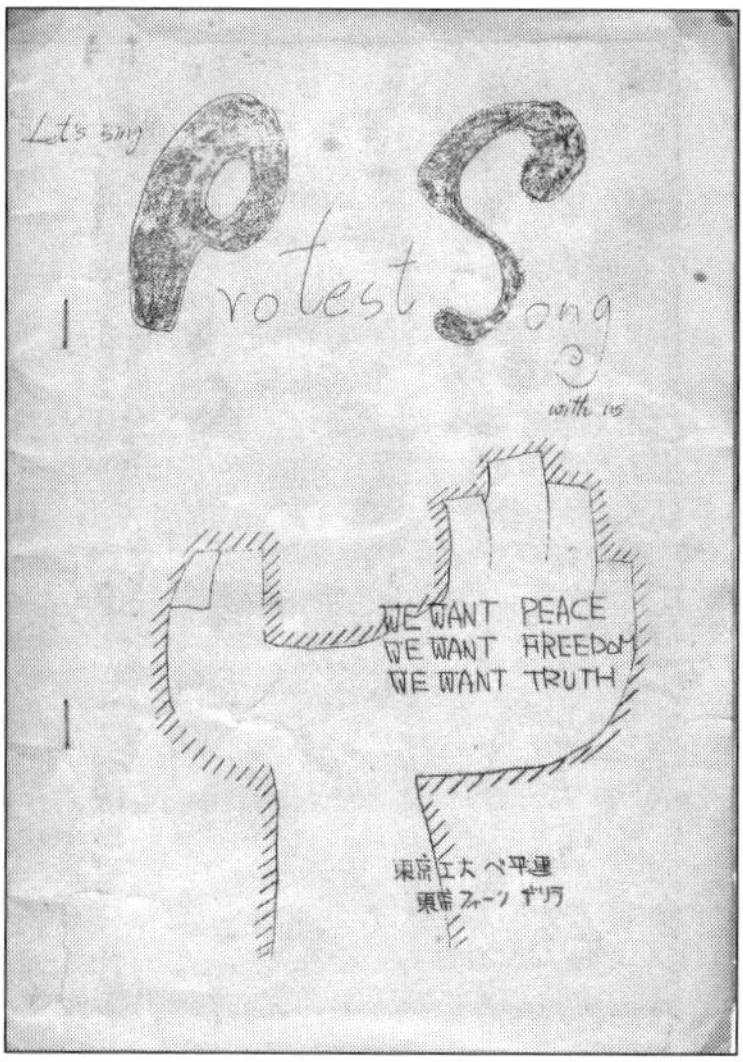

図24　東京工大べ平連・東京フォークゲリラが使用していたガリ版刷りの歌集（筆者蔵）

2——延長される替え歌

それが「遊びながら」「楽な気持ち」でおこなわれたことは、フォークゲリラたちが新宿西口で頻繁に歌っていた〈うた〉にも端的に示されている。フォークゲリラのレパートリーは、「We Shall Overcome」「プレイボーイ・プレイガール」「機動隊ブルース」「自衛隊に入ろう」「栄ちゃんのバラード」「友よ」などだが、これらのほとんどはもともと関西のフォークシンガーたちが歌っていたものだった。その歌詞は、権力に対する揶揄とユーモアに支えられたものが多く、歌詞がその場で即興的に追加されるケースもあった。

例えば「プレイボーイ・プレイガール」の原曲はボブ・ディランの作詞によるもので、前述した第一回フォークキャンプで「ボロ・ディラン」と称した真崎義博が、中山容の訳詞を歌って強いインパクトを与えた曲である。(17) その後、このキャンプを機会に結成されたフォーク・キャンパーズが頻繁にコンサートや集会などで歌うことで広まり、その際にも歌詞が自由に創作されて追加されていったという。(18)

フォークゲリラが新宿西口で歌っていたとされる歌詞では、フォーク・キャンパーズのそれを土台にしながら、佐藤栄作政権や機動隊、在日アメリカ軍、アメリカ軍に協力する〈死の商人〉たち、その輸送を担う国鉄（現ＪＲ）などを次々と槍玉にあげている。興味深いのは、「みんなが行

くから　大学行くヤツ」や「みんなが行くからお嫁に行く人」に対して「いまかぎり　やめようよ」と、教育制度や婚姻制度、そしてその内部に取り込まれていく自己そのものにも批判が向けられている点だ。[19] このような歌詞からは、受験競争を経て大学に入学したにもかかわらずマスプロ教育のなかに埋没している自己への疑問や、保守的な性意識からの解放を求めようとする若者たちの意向がうかがえる。[20]

図25　フォーク・キャンパーズ
（出典：前掲『関西フォークの歴史についての独断的見解』18ページ

「プレイボーイ・プレイガール」は、その場で歌詞が変化するような〈うた〉だったが、フォークゲリラの歌も、歌詞が自由に創作され追加されていく点に特徴があった。そのような意味では、片桐が述べていたようなフォークソング、ひいてはフォークソングそのものだったといえるだろう。すなわち、歌い手と作り手が同じであるために歌詞が自由に変更され、その源泉をたどることが無効化されるような替え歌であり、加えて決まり文句やテーマの反復によって聴き手に強い印象を与えていく〈うた〉だということだ。しかも、フォークゲリラの場合は、新宿西口という見知らぬ者同士が集う都市部でそれをおこなっているため、その〈うた〉がその場に偶然居合わせた通行人たちとも連帯の回路を作っていくことになる。非専門家同士の連帯の〈うた〉、これこそが片桐が理論化していたフォークソングの姿だった。

片桐が「新譜ジャーナル」に掲載した「音楽時評 クールなメディア」にも以下のような記述がみられる。

> 新宿西口のフォーク・ゲリラはいろいろなことをわからせてくれた。（略）ひとびとに参加的態度でいてもらうときは、歌はながいのがよく、メロディーはくりかえし、くりかえしきかされるのがよい。（略）「友よ」のように、ぐるぐるまわりで、いつまでもたってもおわらない歌が効果を発揮する。また「プレイボーイ・プレイガール」のように同じパターンで、無限に例をつみかさねられるもの——東京フォーク・ゲリラ発行の歌集では20番まである。「機動隊ブルース」もそのごつけたされているようだし、「クソクラエ節」もつぎたし可能だ。（略）こういう歌を、ながいそのままレコード化したら、ながくて聞くにたえないかもしれない。そういういみでは、これらの歌ははじめから商品化をこばんでいる、ということができるかもしれない。(21)

「友よ」や「くそくらえ節」は、高石友也と同じく関西フォークをリードした岡林信康の曲で、「機動隊ブルース」は中川五郎作詞・高石友也作曲によるヒット曲「受験生ブルース」の替え歌である。片桐は、広場でのフォークゲリラの〈うた〉の特徴を、通行人を巻き込むような参与性をもっているという意味で「クール」（マーシャル・マクルーハン）であり、その場で無限に歌詞が創作・追加され、そのメロディーの反復によって連帯を強化するうえに、その即興性が商品化を拒否していると整理している。この即興性は第1章で扱った片桐の「死の商人」と同質のもので、つまりこれはフォークソングの姿そのものだといえる。この時点での片桐は、自身の詩論から展開されたフォークソング理論を実践するものとしてフォークゲリラの試みを評価していた。

片桐の考え、あるいはフォークソングの性質そのものに従い、その歌詞は固定されないことが要点になると理解したうえで、フォークゲリラたちが歌っていた歌詞[22]を参考に、その内容にもふれておきたい。フォークゲリラたちが新宿西口で歌い始めた数カ月後には、それを排除するために機動隊が出動していて、前述した「プレイボーイ・プレイガール」は、「機動隊のおにいちゃん／カッコはいいけれど　中身はカラッポさ」と、その目の前で機動隊を批判する、非常に直截的なものだった。

「受験生ブルース」の替え歌である「機動隊ブルース」は、もともと受験生の悲哀を自嘲的に語った歌で、その自嘲が機動隊員の内面に向けられた替え歌になっていくという構造をもつ。例えば、「夜は悲しや　機動隊／たまにはデモにも　はいりたいもの／ジグザグデモを　がまんして／並進規制で　横目でにらむ」「だいじな青春　ムダにして／ジェラルミンの楯に　身を託し／まるで川原の　枯れススキ／こんなおいらに　誰がした」と、労働者である機動隊員の疎外をその立場になって捉えることでちゃかそうとする歌詞がみられる。こうしたアイロニーのなかにフォークゲリラによる攻撃のあり方を見いだすことも可能だろうし、直截的な批判、正攻法を避けるこの批判の様式を〈ゲリラ的〉であると言い換えてもいいかもしれない。

これらの歌と同じくフォークゲリラがよく歌っていたレパートリーの一つに高田渡の「自衛隊に入ろう」があるが、この替え歌をめぐるケースはフォークソングの姿勢そのものだ。この曲は、マルビナ・レイノルズ作詞、ピート・シーガー作曲の「Andorra」を原曲としていて[23]、それは、フランスとスペインに挟まれたアンドラ公国が小国ながらも平和であることをアメリカに対する皮肉として歌った内容だった。高田がこの曲の替え歌として作ったのが「自衛隊に入ろう」で、その歌詞では「自衛隊に入ろう　入ろう　入ろう／自衛隊に入れば　この世は天国／男の中の男はみんな／自衛隊に入って　花と散る」という印象深いフレーズが反復され、自衛隊の存在や、それによって担保される国家、そこに適用される男性性が皮肉られている。

フォークゲリラはこれをそのまま歌うケースもあれば、「自衛隊」を「機動隊」や「自民党」などに替えて歌うケースもあった[24]。「ベ平連ニュース」一九六九年七月号（「ベトナムに平和を！」市民連合）上の記事「機動隊に入ろう！」（無署名）からもベ平連の若者たちによって多くの替え歌が作られていたことがわかり、やはりその歌詞は流動的である。そして「自衛隊」が「機動隊」という語に替えられた場合、いうまでもなく、フォークゲリラたちは目の前にいる機動隊をあざけっていたことになる。

「プレイボーイ・プレイガール」の場合は、大幅な意訳ではあるもののアメリカ社会を批判する歌詞の内容を日本の状況に置き換えることで原曲の根幹はとどめられてはいた。しかし、「自衛隊に入ろう」の場合は「Andorra」のメロディーを利用しているだけで、歌詞は全く別の内容になっている。したがって、その替え歌である「機動隊に入ろう」には多重のズレが含まれていることになる。そのような意味で、「機動隊に入ろう」はまさにフォークソングなのだ。

ましてや、その歌詞は表面的には「○○○に入ろう」と訴えているので、発表当時この歌を聴いて実際に自衛隊に入隊を希望した者が存在したという話や、自衛隊から正式な協力依頼があったという逸話[25]があるように、そこにはらまれている表現の方向性が理解できなければ、何を皮肉り、批判しているのか理解することができない場合がある。したがって、この替え歌である「機動隊に入ろう」は、いつまでも正確に意味を捉えることができない表現、まさに〈ゲリラ〉的な攻撃としてその場に現前していたことになるだろう。

野次馬旅団編『戯歌番外地』(〔三一新書〕、三一書房、一九七〇年)に紹介されているように、アイロニカルで、ときに自嘲にさえ転化するような替え歌は、若者たちのフォークソングの属性としてだけでなく、当時の学生運動にもみられる習慣のものでもあるだろう。だが、ピート・シーガーが歌った「Andorra」が、フォークソングとして重層的なズレをはらみながら「機動隊に入ろう」に変化し、さらにその皮肉めいた表現が目の前の機動隊を攪乱していくところには、片桐が考えていたフォークソング以上の効果が発揮されていたのではないだろうか。

3——〈広場〉をめぐって

こうした〈ゲリラ〉的攻撃もむなしく、新宿西口地下広場でのフォークゲリラの活動は警察による機動隊の導入によって終息した。徐々に過激な学生たちが集まるようになったり、通行人が警察に苦情を言ったりした結果、警察は、新宿西口地下広場は「広場」ではなく「通路」だという認識によってこの集会を規制の対象としたのである。一九六九年七月二十六日が最後の活動になり、フォークゲリラの中心になった若者たちからは逮捕者も出た。機動隊の出動が始まったころ、フォークゲリラの一員だった高野美世は、「西口広場は誰のもの？」のなかで以下のように述べている。

今回の禁止は、後に続くであろう表現の自由に対する弾圧の第一歩にすぎない。ここで私たちがその禁止を受け容れれば、西口を去れば、表現の自由に対する攻撃を容認することになる。（略）私たちは三月から街頭で歌い続けて来た。その中で目指して来たのは、歌を通じて人に語りかけること——失われたコミュニケーションを回復することだった。閉ざされた心の扉を、歌によって開くことだった。今、ステージとか入場料とかいう枠の中で殺されかかっている〝音楽〟というものを、文字どおり直接に日常の中に投げ込んで、生きたものとして再生させてもみたかった。（略）私たちは、今獲得しつつある私たちの空間を、もっともっと拡げていかなくてはならない。西口に、数寄屋橋に、そして日本中に、権力の広場に対抗する私たちの広場を、実体として創り上げていかなくてはならない。(26)

そしてこの記事は、フォーク運動が「単なる人集めや余興として利用されるのではなく、私たちの創り出した文化として、大きな質的飛躍をとげる」ことに期待を寄せて終わっている。機動隊の弾圧について書かれたものだからかもしれないが、この記事での高野の関心はベトナム反戦運動からやや離れているようにもみえる。その前提である「表現の自由」の固守に対する訴えはともかく、フォークゲリラの目的が音楽を通じて「失われたコミュニケーションを回復すること」にあるとするならば、それはもはやべ平連の目的というよりも、若者たちの実存に対する欲求の問題だろう。コミュニケーションを再生する場として措定され、創造された〈広場〉でフォークを歌うことが「私たちの創り出した文化」であるという高野の主張は、ベトナム反戦を訴えるフォークゲリラの活動の維持から、論点がシフトしていることを表している。

遠藤洋一の記事「ある日の新宿西口広場」も、論点がベトナム戦争ではなく、場の確保にあるという点では同様だ。

あらゆる〝ある日〟にさまざまな文化創造団体・演劇・映画・詩・写真等々の文化サークル・個人が、西口を、かつまたあらゆる〝ある場所〟において〝かれらの文化〟でない〝われわれの文化〟の創造の場としてほしいし、その動きもある。(略)あらゆる〝かれら〟の〝われわれ市民〃への管理体制〝われわれの文化〃への管理体制からのわれわれ自身の闘いによる解放のために〝フォーク・ゲリラ〃はあらゆる〝ある日〃〝ある場所〃で闘い続けるだろう。(27)

遠藤がいう「ある日」とは、個人の日常の一部であり、のちに振り返ってみれば、特別な日として記憶される一日であろう。偶然にも時間と空間を共有した人々が、その場で結果的に「文化」を創造することになり、その「文化」が「われわれ」のものになるということ。それを可能にするのが新宿西口広場という場だったのだ。ここでは、その手段であるフォークソングからも離れ、話題が文化一般にさえ押し広げられている。フォークゲリラやべ平連の若者たちは、自分たちの〈広場〉を確保、創出し、そこに管理体制から離れた自分たちの〈文化〉を見いだそうとしていたのである。

前述したように、新宿西口広場を「通路」だとした警察は道路交通法を適用して関係者数人を逮捕した。その後フォークゲリラ二人の起訴、裁判へと至る過程で、べ平連では〈広場〉を求める声が一層高まっていった。例えば、「べ平連ニュース」紙上には、フォークゲリラの「W君」の、「わたしたちの集まるところ、それが広場だと思うのです。与えられた名称としての〝広場〃があって、そういう名称だからそこに集まって、唄い、対話をするわけではないと思います。(略)つまりわたしたちが集まって〝人々のかたまり〃が出来あがるそれが、広場になる」(「べ平連ニュース」一九六九年八月号、「ベトナムに平和を!」市民連合)という声が寄せられた。津伏安夫の「私たちは今こそ広場を駅前に、どこかの道路にとあらゆるところにつくり出してゆかなければならない」（「フォークゲリラ 西口裁判へ向けて」「べ平連ニュース」一九六九年九月号）という意見もある。

その後も「べ平連ニュース」（一九七〇年九月号、「ベトナムに平和を！」市民連合）は「広場は甦えるだろうか？」という紙面を設け、「西口広場裁判を闘う会」のアピールや、「「第二第三の広場を！」行動委員会」という組織の準備を伝えている。起訴されて被告人になった小黒弘は、「被告人意見陳述書」（「べ平連ニュース」一九七〇年六月号、「ベトナムに平和を！」市民連合）のなかで、新宿西口広場を、「資本主義経済体制の中で疎外に疎外された我々」の「新しいコミュニケートの場」として捉え、同じく被告人になった伊津信之介は「もう一度「ひろば」をつくろう」（「べ平連ニュース」一九七一年一月号、「ベトナムに平和を！」市民連合）で、「心の孤独」を抱えた「現代に生きるすべての人間」の「新しいつながり」と「触れ合い」を生み出した場として捉えた。この二人に対して判決が下されたのは一九七三年九月のことで、小黒に罰金四万円、伊津に罰金三万円が科せられ、裁判は終結した。そのときすでにフォークゲリラという存在は消失してしまっていたが、伊津は「再び〝ひろば〟を夢見て生き続けます」ということばを「〈フォーク〉判決」（「べ平連ニュース」一九七三年十月号、「ベトナムに平和を！」市民連合）に残している。

新宿西口広場でのフォークゲリラの活動はこのようにして終焉を迎えたが、新宿での集会が不可能になったあとも、フォークを歌う集団は、まさしくゲリラのように日本各地に出没した。東京や大阪から出向いたフォークキャラバンが各地にフォーク集会の誕生を促し、札幌、新潟、高松、飛驒高山、会津、福岡、大牟田、熊本、栃木、鹿児島などで同様の現象が生じたという。一方、新宿西口同様に「広場」が「通路」とされることで、それらの集会が規制を受けるケースもあった。東京のフォークゲリラたちも新宿西口広場ではなく、渋谷のハチ公前や新宿歌舞伎町、新宿中央公園などに場を移して活動を続けていた[28]。

音楽評論家の三橋一夫が当時から指摘していたように[29]、フォークゲリラたちによる〈広場〉の希求は、歴史家・羽仁五郎の都市に対する認識とも接続されうる。羽仁は『都市』（岩波書店、一九四九年）で、都市を作る前提には市民の存在があり、都市は市民の自由な交通と集合を保障するものであることを説いていた。その市民の集合の場こそがアゴラ、つまり〈広場〉である。当時のベストセラーでもあり、学生運動関係者に愛読されていた羽仁の『都市の論理』（勁草書房、一九六八年）[30]は、家族や家父長制から解放され、農村共同体から解放された自由の上に成り立つコミュニティこそが都市であるとした。フォークゲリラたちが求めていたのは、羽仁がいうようなアゴラ、あるいはコミュニティだったと言い換えてもいいだろう。

フォークゲリラたちの活動は、同じころに邦訳が刊行されたアンリ・ルフェーヴル『都市への権利』（森本和夫訳〔筑摩叢書〕、筑摩書房、一九六九年）での議論とも重なり合う。ルフェーヴルによれば、人間という存在は、都市の商業的・文化的設備では満足させることができない欲求、すなわち「同時性や出会いの場所、交換が交換価値や商業や利得によっては行われないような場所の欲求」「これらの出会いやこれらの交換の時間の欲求」をもっているという。ルフェーヴルは、あらゆるものが管理され商品化された消費社会で、事物の使用価値を取り戻し、身体を介して集合的に「遊戯的なるもの」を共有することによって時間と空間を自らのものにしていく都市への権利を説いた。この認識は、フォークソングの合唱という「遊戯的なるもの」を通じて、行政によって管理された新宿西口広場に〈広場〉としての使用価値を見いだし、コミュニケーションや文化を創造しようとしたフォークゲリラたちの見解ともつながる。よく知られているように、ルフェーヴルの理論は、フランス・パリの五月革命に影響を与えており、大量消費される表現を批判したシチュアシヨニスムの土台にもなっているが、それらとフォークゲリラの行動や認識を重ね合わせることも可能だろう。

ベ平連の若者たちが〈広場〉をめぐって議論をするなかで、片桐ユズルは以下のような詩を「週刊アンポ」に掲載している。

おいでみなさん　きいとくれ
と　きいてもらう権利が　われわれにはないのか
おいでみなさん　きいとくれ
と　ききにいく権利が　われわれにはないのか
（略）
いつも　あるかされていなくてはならないのか
ベルトコンベアーのように
おしっこにいく権利もないのか
機械の部品のように
やすむ権利もないのか

夜も電灯でてらされタマゴをうみつづけさせられる
ニワトリのように
それぞれのハコにしきられて
青空をもつ権利がないのか
広場をもつ権利がないのか(31)

この詩はのちに「広場がないことはベルトコンベアーだ」というタイトルが付けられて現代詩文庫版の『片桐ユズル詩集』に収録されている。「おいでみなさん きいとくれ」というフレーズは、フォークゲリラが頻繁に歌っていた「受験生ブルース」「機動隊ブルース」の冒頭だが、その曲のフレーズを用いながら、警察が、新宿西口地下広場を「広場」ではなく「通路」であるとし、通行人にその場で立ち止まらず歩くように求めるアナウンスを始めたことを問いただしているのがこの詩の全容だ。「われわれ」という一人称を用いてベ平連の若者たちに寄り添いながら、ボブ・ディランの「風に吹かれて」のような問いかけを反復し、広場の規制による人間主体の管理体制を「ベルトコンベアー」や「ニワトリ」という語を用いてユーモラスに例えている。この詩が問う様々な「権利」も、ルフェーヴルがいうような〈都市への権利〉とそう遠くないだろう。

4――関西フォークとフォークゲリラ

片桐が論じていた、〈うた〉のやりとりを通じて非専門家同士がその場で連帯を生んでいくようなフォークソングはフォークゲリラによって実現したが、若者たちによる一九六〇年代末期のフォークの広まりは、それが政治から切り離されて受容されたり、消費の対象として商業主義のなかに取り込まれていったりする状況をも生んでいた。その一方で、フォークゲリラが歌うフォークソングは、揶揄や皮肉を権力に向け、集団で歌う歌としては効力を発揮するようにみえるが、歌詞の内容だけをみるとやや浅薄であるという印象は否めない。

前に述べたように、片桐はフォークゲリラの〈うた〉を評価し、ゲリラたちに同調しているが、同時に、こうした状況を冷静に眺めてもいた。片桐は「愛と平和とフォークと」(室謙二編『時代はかわる――フォークとゲリラの思想』〔新報新書〕所収、社会新報、一九六九年)で、フォークゲリラがマスメディアに取り上げられ、社会的にも話題を呼ぶことで、フォークソング運動そのものがいったん収束するに至ったことを指摘している。その理由として、フォーク人口が飛躍的に増大したにもかかわらず、フォークソングの作り手と歌い手の思想が深化せず、歌の生産が進んでいないことを挙げていて、「いつまでもジャリだけの運動ではこまる」と苦言も呈している。片桐は、「テレビ時代の民衆の力を信じ、過大評価しすぎていた」ことを反省しながら、解決策として、アメリカだけではなく、ほかの文化圏からの輸入や、日本の伝統に根ざした創作の必要性も説いている。

高田渡も早くから事態を冷静に見ていた。ベ平連の若者たちの間で運動にフォークが活用されていくなか、一九六九年一月十一日に開催された「反戦フォークと討論の集い」で、高田は「フォークが、流行歌の一種のようになっている風潮には抵抗を感じる。本当のフォークソングは、簡単に流行してじきに消えていく、そんなものじゃない。もっと深いものだ……」[32]と述べたという。高田は、フォークソングが政治に利用され、消費の対象にされる側面を感じ取っていたのだろう。

フォークゲリラの当事者たちは、新宿西口地下広場に集まった群衆との連帯に没頭[33]するあまり、それが話題になってマスメディアで取り上げられていくことが、フォークソングやフォークゲリラという存在が消費されていくことだと意識できなかったようだ。これは、もはやフォークが政治のために利用されているという事態でさえなく、フォークゲリラが批判しようとした力のなかにゲリラ自身も吸い込まれていった事態を表しているともいえる。実際、先に挙げた片桐の予想に反してフォークゲリラの歌はレコード化され、商品化されてもいた[34]。フォークがベ平連の若者たちの間で活用され始めた際には、「ベ平連ニュース」上でもフォークソングそのものの意義をめぐる議論[35]が生じていたのだが、フォークゲリラが警察によって弾圧を受けたために、広場で表現する権利や自由な交通の場としての広場の意義を問う方向へと論点が変化し、それがみえなくなってもいた。

そのような状況のなかで、関西のフォークシンガーたちとフォークゲリラたちが直接討論を交わす機会が生じた。ベ平連が一九六九年八月七日から十一日まで大阪城公園で開催した「反戦のための万国博覧会」（通称ハンパク）での出来事である。ハンパクとは翌年に開催が迫っていた大阪万博への対抗文化運動であり、そのプログラムにはフォークのイベントが複数回予定されていた。その一つである八月八日のイベントで、フォークゲリラたちが出演者の高石友也らに議論を仕掛けたのである。「うたうたうた フォーク・リポート」一九六九年十一月号（アート音楽出版社）に掲載された記録「特集 われわれのフォーク運動をどうすすめるか」によると、フォークゲリラたちは「高石さんたちが反戦歌をうたうときの反戦の思想は何なのか、あるいは音楽を追求するとは何を意味するのかききたい」と質問をぶつけ、高石らの歌にみえる商業主義を追及し、高石の行動原理について問いかけたらしい。

図26 レコード化されたフォークゲリラの歌（出典：前掲『べ平連のうた』付録）

こうしたフォークゲリラたちの厳しい質問に真摯に対応する高石に対して、岡林信康は、「おたくら、僕らにマスコミに媚びているなんて、キビシイ感じやけど、おたくらかて自己批判してほしいんやね。ある意味で踊らされてやってるって、客観的にはそういうこと言えると僕は思うんやけど。だから僕は、自分らだけが純粋やみたいな顔してるのがおかしいでしょうがない」と、フォークゲリラたちの態度を冷淡に捉えている。高石に対する同様の追及は、八月十一日に日比谷野外音楽堂で開催されたフォークゲリラ集会でも生じていて、このときは高石も「君達フォークゲリラもマスコミでかなりふり回されているというのも確かなんだ」と反論している。前述したように、労音の例会後の合評会でも政治と表現とのはざまで疲弊していた高石や岡林は、その後しばらく表舞台から姿を消している。

その一方で、高田渡は、フォークゲリラが消費されていく局面を「東京フォークゲリラの諸君達を語る」というフォークソングに仕立て上げてもいる。[36] この曲は、シングルのB面として一九六九年十二月にアングラ・レコード・クラブ（URC）から発売された。

あんたがたは知ってるだろう
新宿の西口のフォークゲリラと言う連中をさ
あのカッコイイ　エリートさん等をさ
あのカッコイイ　ヒーロー達をよ
そん中の一人がこのあいだ
こんな事をもらしてた
「自慢する訳じゃないが僕は逮捕状が出ている」んだとさ
今はやりの関西フォークはもうそろそろ限界に来たんだとさ
高石や岡林の唄はもう前世紀の遺物だとさ
そんな事を言った後に奴等は歌ってた
関西フォークの大昔のレパートリー

そんな所をテレビは撮っている
今じゃネタ不足で何でもニュースになる
ゲリラの連中はこう言ったのさ
「マスコミは帰れっ」て
カメラにポーズをとりながら(37)

働きながら定時制高校に通い、フォークソングを愛してアメリカのピート・シーガーに手紙まで出した経験をもつ高田にとっては、フォークゲリラの学生たちは「エリート」だったろうし、高石友也、岡林信康らの曲やその替え歌を集団で歌う様子がメディアで取り上げられることそのものが、流行歌としてのフォークを消費している風景にしかみえなかったのだろう。小熊英二は、この時代の学生運動やべ平連に関わった若者たちが、アイデンティティの不安や未来への閉塞感、生の実感の欠落、リアリティの希薄さなどの「現代的不幸」に直面していたことを指摘(38)するが、フォークゲリラの若者たちにそのような要素を見いだすとするならば、都市で群衆とともに歌を歌うこと、そしてそのような場を作ることはその空虚を埋める行為だったといえる。同じ世代の若者であるフォークゲリラと高田とのすれ違いは、階層やハビトゥス（身体化・内面化された価値観に基づいた習慣、行動）がもたらした感性の差異でもあるようだ。

フォークゲリラの話題がマスメディアをにぎわさなくなったころ、有馬敲・岡林信康・片桐ユズル・高田渡・中山容による座談会「フォークソング運動の課題」が「新日本文学」一九七〇年五月号（新日本文学会編、新日本文学会）に掲載された。関西フォークを支えた詩人たちとフォークシンガーたちとが語り合ったこの座談会は、シンガーたちとフォークゲリラたちとのスタンスの違いや、関西フォークのその後が当時どのように考えられていたかを知るうえで重要だ。片桐はこの席上で、前掲の「愛と平和とフォークと」と同様に、「フォークソング運動が人間のサイズより大きくなってしまった」「無数の岡林が生まれるべきなのに生まれてこない」という現状を踏まえ、「シンガーがもっと思想的にふかまらなければならない」ことを指摘している。一方で、「フォーク・ソングは、本来非専門家が非専門家に対してするものだから、スターがいることはケシカランわけだけど。実際は、スターがいて大衆が集まるわけだし」と、その存在自体は否定しておらず、大きくなった運動に呼応するだけのシンガーの必要性を感じている。

この席上での有馬と高田のやりとりは、フォークゲリラと高田との懸隔を考える参照軸にもなる。有馬が、「自衛隊に入ろう」を作った当時の高田の意図について、「その当時、夜間の高校生で、実際に自衛隊にでも入ろうかなとおもったんじゃないかな（笑）。そういう生活の不安定さと社会批判とがむすびついてあのうたができたんじゃないか」と尋ねたのに対し、高田は「うたができるときは、いつも自分にとって切実」であり、「『自衛隊』のことは有馬さんのいうとおりかも知れません」とそれを否定していない。つまり、フォークゲリラたちは自衛隊や機動隊の存在を嘲笑する意図で「自衛隊に入ろう」やその替え歌を歌っているのに対し、高田の場合は、生活のために自衛隊への入隊を考えざるをえないような学歴資本しかもちえない自己を自嘲的に語り、そこに適用される自らの男性性を皮肉ろうとしたところにもその意図を見いだすことができるということだ。そして、この座談会からわかるのも、高田にとってのフォークは「切実」なものであり、高田は「うたのはんらんにおしながされてしまう」ことを回避しようとしていたということである。片桐や有馬らが刊行していた詩誌「ゲリラ」一九六九年六月号に詩「汽車が田舎を通るその時」を掲載したり、現代詩にメロディーを付けてフォークソングを作ったりするなど、現代詩に近いところにいたことからも高田のスタンスがうかがえるだろう。

新宿西口地下広場のフォークゲリラについては、それを当時のマスメディアが大きく取り上げた結果、映像や写真資料を伴って、現在でも学生運動の季節を象徴的に示す一事例として扱われることが多い。その後も新宿西口地下広場に特別な感情を抱いている当事者も存在するうえに、このような場を作って大衆と向き合っていたことに対する現在的な評価もみられる[39]。その一方で、フォークゲリラ出現のもとになった大阪や京都のフォーク集会は、視覚的な資料も乏しく、顧みられることも少ない。そのような意味では、岡林信康や高田渡が批判したようなフォークゲリラとマスコミとの関係は現在でも続いているといえる。

そして、この二人だけでなく、運動の発端に関わっていた片桐が、フォークゲリラを「ジャリだけの運動」という厳しい目で捉えていたことにもあらためて注意すべきだろう。前述したように、フォークゲリラは、片桐の詩論とフォークソング理論が若者たちの手に渡って実践された側面もあるのだが、その一つの達成、あるいは過程のなかにまた別の問題が生じたことを、片桐の認識は表している。この問題は、一九七〇年代に入って、フォークソングが若者たちの文化に根づいていくなかでより顕著になった。その後、流行歌になったフォークは、片桐が思い描いていたような〈うた〉とは全く異なるものだったにちがいない。

注

(1) 前掲『1968 下』四〇〇―四二五ページ、平井一臣『ベ平連とその時代――身ぶりとしての政治』有志舎、二〇二〇年、一八四―二二一ページ

(2) 小林トミ「「バエズを囲む夕」に出席して」「ベ平連ニュース」一九六七年二月号、「ベトナムに平和を!」市民連合

(3) 前掲『フォークは未来をひらく』九三―一〇八、一六七―一七二ページ

(4) 前掲『マイ・フレンド』二四九―二五一ページ

(5) 前掲『ベ平連とその時代』一九九―二〇〇ページ

(6) 植野芳雄「「ベトナムと沖縄のための10時間」行動」「ベ平連ニュース」一九六八年十二月号、「ベトナムに平和を!」市民連合

(7) 岩本重雄「ふたたびベトナムを考える」、同誌

(8) 前掲「新たな力と方向を」二一七ページ、小黒弘「フォークバンドから街頭へ」、吉岡忍編著『フォーク・ゲリラとは何者か』所収、自由国民社、一九七〇年、八九ページ、三橋一夫『フォーク・ソングの世界――〈都市の論理〉と人間の歌と』音楽之友社、一九七一年、二五ページ

(9) 本章のフォークゲリラの動向については、前掲『1968 下』、大木晴子/鈴木一誌編著『1969――新宿西口地下広場』(新宿書房、二〇一四年)、前掲『ベ平連とその時代』などを参照している。

(10) 第2章で述べたように、有馬敲や片桐ユズルらが一九六五年十一月に創刊した「ゲリラ」という詩誌がある。「ゲリラ」が第二十号(一九六九年九月号、同人誌)を迎えたときのA「ゲリラ短信」(一六ページ)には、創

刊当時「ゲリラという言葉は、もっと乾いた新鮮さをもっていた」とあり、「すくなくともわれらにとっての「ゲリラ」とは、うっそうたるジャングルのなかで無名のまま朽ちはてていった戦士の顔なのである」と記してある。こうした記述にも、「ゲリラ」という語の同時代的な意味が表れているだろう。

(11) 伊津信之介「フォークゲリラ西口裁判」「ベ平連ニュース」一九六九年十二月号、「ベトナムに平和を!」市民連合

(12) 堀田卓「全浪連から来た男」、前掲『フォーク・ゲリラとは何者か』所収、六五ページ

(13) 同書四六—四七ページ

(14) 大木晴子/大木茂/鈴木一誌「インタビュー フォークゲリラは終わらない——新宿西口地下広場とドキュメンタリー映画『地下広場』」、前掲『1969』所収、六四ページ

(15) 無署名「週刊アンポ発刊!」、「ベ平連ニュース」一九六九年六月号、「ベトナムに平和を!」市民連合

(16) 無署名「週刊アンポとは何か」「週刊アンポ」第〇号、週刊アンポ社、一九六九年

(17) 前掲「歌と民衆」一〇二ページ、前掲『うたとのであい』四七—四八ページ

(18) 前掲『関西フォークの歴史』のブックレット

(19) フォーク・ゲリラ編「プロテストソング選集」、前掲『フォーク・ゲリラとは何者か』所収、二四三ページ

(20) 小熊英二『1968 上——若者たちの叛乱とその背景』新曜社、二〇〇九年、一一七—一四七ページ

(21) 片桐ユズル「音楽時評 クールなメディア」「新譜ジャーナル」一九六九年十月号、自由国民社、三ページ

(22) 前掲「プロテストソング選集」

(23) なぎら健壱『日本フォーク私的大全』(ちくま文庫)、筑摩書房、一九九九年、七七ページ

(24) 無署名「新宿駅西口地下広場 フォークソング集会 東京'69」「朝日新聞」一九六九年六月二十二日付

(25) 森達也『放送禁止歌』(知恵の森文庫)、光文社、二〇〇三年、四四—五三ページ

(26) 高野美世「西口広場は誰のもの?」、前掲「ベ平連ニュース」一九六九年六月号

(27) 遠藤洋一「ある日の新宿西口広場」「べ平連ニュース」一九六九年七月号、「ベトナムに平和を!」市民連合

(28) 無署名「なにがその後どうなったか第1回」「週刊アンポ」創刊号・一九六九年十一月十七日号、週刊アンポ社

(29) 前掲『フォーク・ソングの世界』九―六六ページ

(30) 渡辺裕『感性文化論――〈終わり〉と〈はじまり〉の戦後昭和史』春秋社、二〇一七年、一九八ページ

(31) 片桐ユズル「広場がないことはベルトコンベアーだ」、前掲「週刊アンポ」創刊号・一九六九年十一月十七日号

(32) 高野光世「『'69反戦フォークと討論と集い』から」「べ平連ニュース」一九六九年二月号、「ベトナムに平和を!」市民連合

(33) この様子は、室謙二「東京フォーク・ゲリラはいま?」(「人間として」第九号、筑摩書房、一九七二年)が詳細に伝えている。

(34) 無署名「レコードのおしらせ」「べ平連ニュース」一九六九年八月号、「ベトナムに平和を!」市民連合。また、レコード付きの芸術出版企画編集『べ平連のうた――その発展の足跡』(芸術出版、一九六九年)も存在する。

(35) 江幡和子「フォークをなぜ歌うか」など、「べ平連ニュース」一九六九年四月号(「ベトナムに平和を!」市民連合)にはフォークをめぐる議論が多くみられる。

(36) 前掲『バーボン・ストリート・ブルース』一二二―一二八ページ、なぎら健壱「フォークゲリラがいた」、前掲『1969』所収、一三五―一三六ページ

(37) 「東京フォークゲリラの諸君達を語る」の歌詞の引用は、前掲『バーボン・ストリート・ブルース』による。

(38) 前掲『1968 上』二四―二五ページ

(39) 前掲「インタビュー フォークゲリラは終わらない」、伊津信之介「二五年目のフォークゲリラ、そして四五年目へ」、前掲『1969』所収、鈴木一誌「宙づりの思想――一九六九年論」、同書所収

第6章

文学青年・松本隆の〝風〟と〝街〟

1——松本隆の出発点

細野晴臣、大瀧詠一、松本隆、鈴木茂によるロックバンドはっぴいえんどは、『はっぴいえんど』（URC、一九七〇年）、『風街ろまん』（URC、一九七一年）、『HAPPY END』（Bellwood、一九七三年）の三枚のアルバムを残し、一九七三年九月二十一日に東京・文京公会堂でおこなった解散コンサート「CITY-Last Time Around」でその活動を終えた。ファーストアルバム『はっぴいえんど』が第二回ニューミュージック・マガジン・レコード賞で日本のロック賞を受賞[1]するなど、その三年ほどの活動期間にも一定の注目は浴びていて、一部に評価もされていた。七〇年から岡林信康のステージでバックバンドを務めるなど関西フォークとの関係も深く、高田渡もはっぴいえんどを「詩人」として高く評価[2]していた。とりわけ京都ではは っぴいえんどの人気も高かったようだ[3]。は

図27　CD版『はっぴいえんど』ジャケット（出典：『はっぴいえんどBOX』Avex Io、2004年）

っぴいえんどと直接的な接触があったわけではないが、片桐ユズルも、芸術家のための芸術、つまり純粋芸術的なところがあると彼らを評していた(4)。

片桐が純粋芸術としてはっぴいえんどの音楽を捉えていたことは、その活動当時は、専門家やマニアによる評価は高いが大衆の関心はあまり高くなかったことを意味している。それが現在では伝説的なロックバンドとして評価されている背景には、解散後のメンバーの活躍がある。それぞれのメンバーの活動がはっぴいえんど時代以上に注目を集め、商業的な成功も収めたことによって、はっぴいえんどが事後的に再評価、神話化されていったのである。その評価の代表例が、日本語ロックの創始者としてはっぴいえんどを位置づける歴史観である。この内実については、日本語という言語の選択だけが問題ではないことや、ロックなるものの概念規定の幅によってその見方が揺らぐことなどがすでに指摘(5)されている。

ここで考えてみたいのは、その〈日本語〉なるもののありようである。はっぴいえんどでは、ドラムス担当の松本が作った詞に、ほかのメンバーがメロディーを合わせて楽曲が制作されるケースが多かった(6)。そして、はっぴいえんどを語る言説のなかには、この松本の詞に対する評価が必ずと

図28　CD版『風街ろまん』見開きジャケット
（出典：前掲『はっぴいえんどBOX』）

言っていいほど埋め込まれているのである。特に『風街ろまん』は、松本の独特な世界観が前景化されたコンセプトアルバムの側面をもち、〈風〉に対するロマンチシズムと、かつての東京の〈街〉に対するノスタルジーがこのアルバムを大きく覆っている。ＬＰ『風街ろまん』の見開きに掲載されている宮谷一彦による路面電車のイラストと、その後に刊行された詩文集・松本隆『風のくわるてつと』（ブロンズ社、一九七二年）で「風狂い」と題される松本の詩が、それを端的に物語っているだろう。

　はっぴいえんど時代にすでに『風のくわるてつと』を刊行していた松本は、解散後に作詞家としての活動を開始し、アグネス・チャンの「ポケットいっぱいの秘密」（ワーナー・パイオニア、一九七四年）や太田裕美の「木綿のハンカチーフ」（ＣＢＳ・ソニー、一九七五年）などの歌謡曲を手がけ、作詞家として注目されるようになった。このころ、二冊目の著書になるエッセー集『微熱少年』（ブロンズ社、一九七五年）も刊行している。一九八〇年代に入ると、寺尾聰の「ルビーの指環」（東芝ＥＭＩ、一九八一年）

や松田聖子の「小麦色のマーメイド」(CBS・ソニー、一九八二年)で日本レコード大賞の作詞賞を受賞し、作詞家としての地位を不動のものにした一方、詩集『風のバルコニー――松本隆詩集』(新興楽譜出版社、一九八一年)、『秘密の花園』(新潮文庫)、新潮社、一九八四年)や小説『微熱少年』(新潮社、一九八五年)、『三日月姫』(文藝春秋、一九八七年)も刊行した。自伝的小説である『微熱少年』については自らの監督で映画化(一九八七年)もした。

むろん、一九八〇年代以降も松本の活動は続くが、ここで重視したいのは、四九年に生まれた松本が、その青年期にあたる七〇年前後に吸収していた文学表現である。松本の回顧によると、松本は少年時代からシャルル・ボードレールやアルチュール・ランボー、ジャン・コクトー、ギヨーム・アポリネール、レーモン・ラディゲの作品にふれていて、はっぴいえんどで作詞を担当するに至るまで、欧米の文学や日本の近現代文学を広く読みあさっていた[7]。日本近現代文学の作家では江戸川乱歩や宮沢賢治、三島由紀夫、小川国夫らの作品を読み、鮎川信夫、渡辺武信、吉原幸子、清岡卓行、大岡信らの現代詩にもふれていた。松本の小学生時代からの友人で、はっぴいえんどのマネージャーを務めていた石浦信三も、松本とともに戦後詩の本を読みあさり、六八年一月から刊行され始めた思潮社の現代詩文庫を読破していったと語っている[8]。はっぴいえんど時代の松本には、少年期から文学趣味をともにしていたこの石浦にサポートされながら作詞していった曲もいくつかあるようだ[9]。

こうした松本の文学性は、はっぴいえんどのファーストアルバム『はっぴいえんど』のジャケットに添えられた謝辞にも表れている。「下記の方々の多大なる御援助に深く感謝したい」として挙げているのは、イギリスやアメリカのミュージシャン、バンドの名に加え、江戸川乱歩、夢野久作、稲垣足穂、宮沢賢治[10]などの近代文学の作家たち、唐十郎、富岡多恵子、岩田宏、茨木のり子、大江健三郎、澁澤龍彦ら同時代の詩人と作家たち、あるいは、永島慎二、楳図かずお、つげ義春などの漫画家たちの名だ。これらの多くは松本がシンパシーを感じていた人物たちと推測されるが、宮沢賢治に対する関心は細野晴臣とも共有されていたようだし、当時の若者がよく読んでいた「ガロ」(青林堂、一九六四年創刊)などの漫画雑誌が松本や細野、大瀧の心性を形作っていた側面もある[11]。以下、はっぴいえんど時代の松本隆が吸収していたこのような文学表現を参照しながら、松本隆の詞の特徴である〈風〉や〈街〉の内実を解きほぐしてみたい。

2——「です・ます」調とことば遊び

はっぴいえんど時代の松本の表現で特徴的なのは、「です・ます」調の使用である。これまでにも指摘されている[12]ように、これを前掲の謝辞のなかで挙げていた宮沢賢治の詩や童話の影響だということは容易だ。賢治との関係はこうした文体の問題に限らず、『風街ろまん』に収録された「抱きしめたい」の詞が、青森ツアーからの帰途、汽車の車窓から見えた岩手の風景に触発されて書き上げたものだったことを松本自ら語っている[13]ように、松本の詞のモチベーションやモチーフにも及んでいる。ただし、松本が用いた「です・ます」調を、すべて賢治からの影響だと断言することは

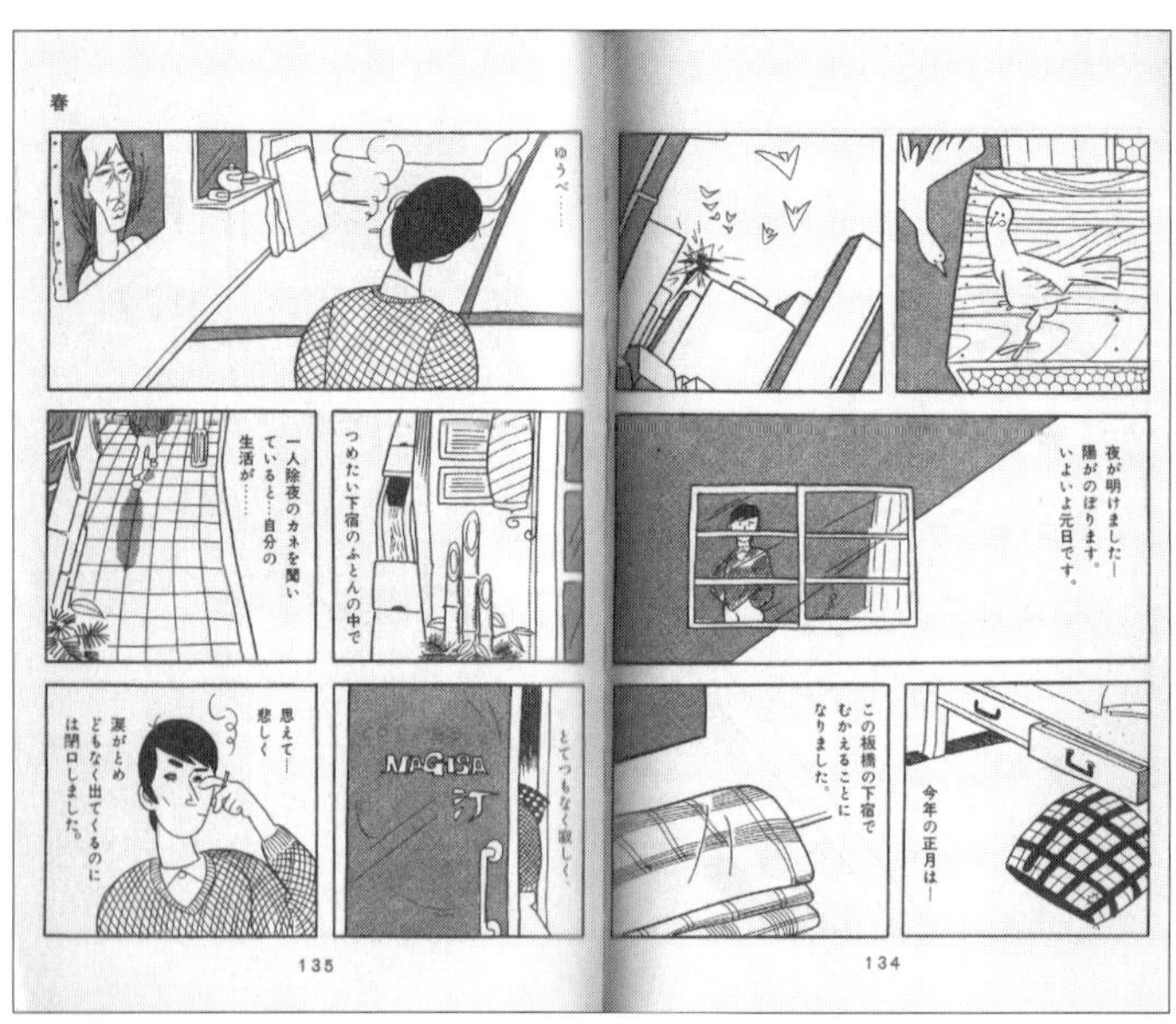

図29　永島慎二「春」
（出典：『愛と死の詩』朝日ソノラマ、1968年、134—135ページ）

難しい。

例えば、ファーストアルバム『はっぴいえんど』の一曲目「春よ来い」の詞が、謝辞のなかにも名が挙がっている永島慎二の漫画「春」（『愛と死の詩』朝日ソノラマ、一九六八年）から導き出されたものであるらしいこと、その台詞が「です・ます」調であることはこれまでに指摘されているとおりである。[14]「春」の台詞と「春よ来い」の歌詞は確かに酷似していて、「つめたい下宿のふとんの中で一人除夜のカネを聞いていると…自分の生活が……とてつもなく寂しく思えて—悲しく涙がとめどもなく出てくるのには閉口しました」という「春」の台詞から、「今年は一人ぼっちで　年を迎えたんです／除夜の鐘が寂しすぎ／耳を押えてました」という「春よ来い」の歌詞が生まれていることは明らかだ。松本の「です・ます」調はこうした漫画の表現との関係にも還元できるのである。

あるいは、はっぴいえんどと同時期に活動していたミュージシャンたちの歌詞とも関係づけられるだろう。例えば、フォークシンガー高田渡のアルバム『汽車が田舎を通るそのとき』（URC、一九六九年）に収録されている「日曜日」の歌詞は「です・ます」調であり、両者ははっぴいえんどのメンバーがのちに高田のアルバム『ごあいさつ』（ベルウッド、一九七一年）のセッションに参加するような関係にある。同じくフォークシンガー遠藤賢司のアルバム『niyago』（URC、一九七〇年）収録の「夜汽車のブルース」も、「夜汽車は急ぐのです」と敬体が用いられていた。遠藤と細野や松本の出会いは一九六九年五月にさかのぼることができるようで、はっぴいえんどの細野、松本、鈴木もレコーディングに参加した『niyago』は、はっぴい

図30　はっぴいえんどのメンバーと高田渡
（出典：高田渡撮影、高田漣文『高田渡の視線の先に——写真擬1972-1979』リットーミュージック、2021年、96—97ページ）

えんどのファーストアルバムよりも先にリリースされている。[15]しかも、遠藤が「夜汽車のブルース」を歌い始めたのは六八年ごろからのことだったという証言もある。[16]松本の歌詞にみられる「です・ます」調は、こうした当時のフォークソングの磁場から生じているともいえるだろう。

そもそも松本は作詞を始めたころからこの「です・ます」調を用いていたわけではない。はっぴいえんどの前身バンドであるヴァレンタイン・ブルー結成時からファーストアルバム『はっぴいえんど』のレコーディングまでの時期に松本が書いていた詩が大川俊昭・高譲編『定本はっぴいえんど』（SFC音楽出版、一九八六年）に資料として収められているが、それらのなかで「です・ます」調で書かれたものは一編もない。一例として、はっぴいえんどの代表曲「風をあつめて」（『風街ろまん』収録）の原型になった詩の第一、第二連を挙げてみよう。

街の隅っこの　小さな路地の
日暮れ時には　あちこちの家から
夕御飯のにおいがして　人々は
忙しそうに家に帰る

風を集めて　風を集めて
風を集めて　風を集めて
おふくろの手紙を読む[17]

この詩に細野晴臣が曲をつけて「手紙」というタイトルの曲が生まれているが、[18]この曲を聴くと、詞のフレーズの数とメロディーとが呼応していない印象があることは否めない。完成版の「風をあつめて」で、この部分に該当するのは以下の箇所になる。

街のはずれの
背のびした路次を　散歩してたら
汚点だらけの　靄ごしに
起きぬけの露面電車が
海を渡るのが見えたんです
それで　ぼくも
風をあつめて　風をあつめて
蒼空を翔けたいんです
蒼空を[19]

「路次」や「露面電車」という表記が誤記でないとするならば、[20]「次」という文字から次々と連続し延長する路地が喚起されるだろうし、「露面電車」という表記からは、靄の水滴に濡れた街路から浮遊して海を渡る幻想的な電車のイメージが呼び起こされることになるだろう。もともとは、

「夕御飯」や「おふくろの手紙」という語に象徴される家族や望郷の物語を利用した素朴な詩が、「背のびした路次」「起きぬけの露面電車」という擬人法を交えながら、海を渡る電車や風を集めて空を飛翔する「ぼく」に象徴される幻想性を備えた歌詞にバージョンアップされていることがはっきりと見て取れる。ただ、「風を集めて」というフレーズのリフレインだけは「集」をひらがなに変換したうえで残されていて、浮遊する露面電車を追いかけるように飛翔するための表現として再利用されている。

難しいのは、松本のものに限らず、メロディーとの関係のなかで歌詞の加筆・修正が生じているケースも多々あることが想定されるため、ことばの表現のレベルだけでは分析しきれないことだ。これは当時のフォークソングにもしばしばみられることだが、メロディーに対することばの多寡が現在よりもはなはだしく、はっぴいえんどの曲も例外ではない。例えば、前述の「春よ来い」では、「除夜の鐘が寂しすぎ／耳を押えてました」というフレーズの「ました」の部分は、母音を伸ばすことでメロディーと呼応させるような強引さがあることは否めない。[21] とするならば、松本の歌詞の特徴である「です・ます」調も、メロディーとの関係のなかから要請された側面もあるのだろう。「だ」や「た」では不足してしまう音節を「です」や「ます」にすることで多少なりとも補っていこうとする発想である。したがって、「春よ来い」での「耳を押えてました」は、敬体でもなおメロディーに対する語が不足している事例だと考えられるだろう。

なお、はっぴいえんど時代の松本の歌詞にみられるもう一つの特徴として、ことば遊び的な要素も認められる。「あやか市の動物園」（『はっぴいえんど』）や「はいからはくち」（『風街ろまん』）がその具体例になるだろう。「あやか市　おそろ市や　わび市では／ないのです　ぼくらのげんじゅうしょは／ひとご都　なのです」で始まる前者は、孤立した個人が他者に関心を失ったまま交わっている都市の様子を怪しいものとしてアイロニカルに捉えていく内容で、それをことば遊びを使ってユーモラスに展開している。「はいからはくち」は、いうまでもなく「ハイカラ白痴」と「肺から吐く血」を掛けていて、西洋近代化とそれを内面化したわれわれを同時にちゃかすような歌詞になっている。(22)

こうした松本のことば遊びは、アルバム『はっぴいえんど』の謝辞にも名前が挙がっている岩田宏の詩を連想させる。現代詩文庫シリーズがスタートした一九六八年一月、岩田の詩集は真っ先に同文庫から刊行されていた。岩田の詩には、例えば、「やきめしは好きだ泣き虫も好きだ建増しはきらいだ」(「感情的な唄」)、「むかし／サービスの好きな男／さあびしくって　さあびしくって……／さあビシビシとやんなさい」(「ブルース・マーチ」)、「くらしのくるしさくるおしさ／くらしのくらさくやしさは／半永久的に染みついている」(「グアンタナモ」)という表現がみられる。

こうした表現と松本のことば遊びを用いた歌詞は近いところにあるだろう。もっとも、岩田のような表現は当時のほかの詩人たちにもみられるものであり、松本が大きな影響を受けた渡辺武信にも、「政談や清談に精出すな」(「うごいていく飢えの内側に」)、「お天気はすてきだビフテキは無敵だ」(「首都の休暇」)というフレーズがある。(23)そもそも松本の歌詞は音声として発せられることを目的として書かれているため、こうしたことば遊び的な要素や音、フレーズのリフレインが用意されるのは必然である。この点もまた、楽曲から切り離して考えることができない歌詞という表現の性質を物語っている。

3――渡辺武信と〈風〉

この時期、青年・松本隆が特に共感していた詩人が渡辺武信だった。渡辺は、東京大学在学中の一九五八年八月に天沢退二郎らと詩誌「赤門詩人」(同人誌)を創刊し、「暴走」(同人誌、一九六〇年創刊)、「×」(同人誌、一九六一年創刊)、「凶区」(同人誌、一九六四年創刊)に詩を発表していた。七〇年代初頭にはすでに数冊の詩集を刊行していて、映画批評家や建築家としての活動もおこなっている。思潮社の現代詩文庫から渡辺の詩集が刊行されたのが七〇年九月、はっぴいえんどがファーストアルバム『はっぴいえんど』をリリースした直後のことだった。渡辺が同人だった「凶区」は、六〇年代末の若者たちに強く支持されていた雑誌でもあったようだが[24]、松本が渡辺の詩に接触するのは、この現代詩文庫がきっかけだったらしく[25]、『はっぴいえんど』の謝辞のなかには渡辺の名は挙がっていない。すでに指摘があるように、はっぴいえんどのセカンドアルバム『風街ろまん』のコンセプトは、松本が渡辺の詩と出合ったところに成立している[26]。

おそらく松本はこの現代詩文庫を通じて多くの渡辺の詩にふれたことだろうが、ここでは、この文庫に収録された渡辺の詩論に注目したい[27]。渡辺の詩論「風の中から――書くことの位置づけの試み」には以下のような一節がある。

風に触れてぼくは世界のやさしさを発見する。風はぼくの頬をかすめぼくの肺を満たす。やさしさはそうした触感を通じてやってくる。〈世界のやさしさ〉とは言いかえれば、世界との直接的な交流の感じであり、広い意味でエロティックなものでさえある。風はぼくの中にさまざまな過去の記憶のイメージをよみがえらせる。たとえば、かぎりなく蒼かった三津浜の海、枯芝の上にまぶしかった秋の陽射、あるいは汗にまみれた隊列から見上げた深い空から突然降った紙吹雪……(28)

渡辺は、風を介して得られる「世界との直接的な交流の感じ」を、風が携えてくる〈世界のやさしさ〉と捉え、それをさらに「過去の記憶のイメージ」として具体化する。この甘美な風の役割はノスタルジーを運んでくることだが、渡辺はその後に、「しかし、ぼくは一瞬の後、この風からめざめなければならない」と続け、そのノスタルジーに浸ることを許さない。つまり、渡辺にとっての〈風〉とは、世界にふれる媒介であると同時に、その〈やさしさ〉のなかにとどまってはいられない対象でもあるのだ。そして、〈風〉がもってくる〈やさしさ〉にいらだつところ、〈風〉から目覚めるところにことばの表現があるというのである。渡辺はさらにこの風の〈やさしさ〉を以下のように展開している。

一瞬のやさしさを決して失わないためにぼくは記憶する。記憶、時間に対するぼくたちの貴重な武器。しかし記憶にたよるのは、あまりにもまともすぎて不利なたたかい方だ。詩を書くことは、このやさしさの記憶にひとつの形を与えること、さらにそれを組織すること、拡大すること、そして時間に対して攻撃に転じることだ。風のもってくるやさしさをぼくはつくり変える、攻撃的なやさしさ！(29)

渡辺がこの〈やさしさ〉に形を与え、組織し、拡大し、攻撃のための武器に作り変えることは、いわばノスタルジーに対する抵抗である。そして、そうであるがゆえにこの「攻撃的なやさしさ」と化したことばの表現は政治性を帯びるのである。この背景に、渡辺らが経験した六〇年安保闘争があることは間違いない。それは、現代詩文庫に収録されたもう一つの渡辺の詩論「六月の記憶の彼方へ」と接続すればなおわかりやすい。「今日、時代はぼくたちの生に死とつりあうことのできる重さを与えはしない」という一文から始まるこの詩論で、渡辺は時間を以下のように捉えている。

時間は今日から明日へぼくたちを押し流す。そして、いたるところに死が、決して死一般ではなく、不条理な死が口をひらいている。死が暴君である時、時間性はぼくたちの側にはなく、もっぱら敵に、体制側にある。と言うより、ぼくたちの内部まで入いりこんでいる時間性は、それ自身、見えない敵である。（略）ぼくたちの詩は、この死に侵された時間性を敵としなければならない。(30)

時間が国家によって統制されていることを思い起こせばわかるように、わたしたちの内部に巣食っている時間とは体制側のものでしかない。そうであるがゆえに「敵」なのだ。そして、その管理された時間性に侵食されたわたしたちの身体を待ち受けているのは、そうした時間の延長線上に用意された死である。しかも、それは「不条理」に、あたかも「暴君」のようにわたしたちを襲ってくるのである。渡辺は、その時間に抵抗できるのが記憶だという。過去をよみがえらせることができる記憶は「最初の武器」になるというのだ。渡辺がいう記憶とは、「進行しつつある現在の流れから垂直に深まる空間をつくりだす」ものであり、「現実の時間の軌跡に沿って過去の方にひろがっているのではない」。記憶によって、わたしたちは意識のなかに現実の時間や空間とは異なる場を作り出すことができ、その「記憶の世界の垂直なひろがりこそ、ぼくたちの詩が生成する場所」だというのである。ここで渡辺が「垂直」という語を用いるのは、現実の時間、すなわち体制側の一方向的な時間を断ち切るためだろう。

さらに、そのような個々の記憶は、その深層部で互いに絡み合い、思い出すことができない記憶、すなわち無意識の領域へとつながっていく。そこに至ってわたしたちははじめて「死に出会いそれに真に対抗する力を得ることができる」というのだ。詩とはそのような深みを構造化したものであり、現実の時間から疎外されたところにあるその快楽と現実との落差から生じるという。この記憶の問題は、渡辺の世代が経験した六〇年安保闘争に関連づけて説明されていて、闘争が激化したすえに生じた東大生・樺美智子の死や、安保条約が自然成立した一九六〇年六月の記憶を事例として取り上げている。[31]「記憶の世界では〈六月〉があらゆるものとむすびつき、むすびつくことによって、想い出されない記憶のありかを、さらにその背後のあの快楽の原点の深みを指し示している」と捉える渡辺は、「〈六月〉とは六〇年六月でも日本のやさしい自然の季節としての六月でもなく、ぼくたちの内部ですさまじい変貌をつづけている記憶の総体としての、年号なしの六月であり、またそれは体験と言うよりも体験からあふれ出してしまったものの呼び名である」という。

つまり、一九六〇年六月の安保闘争という過去の記憶が重要なのではなく、ましてやそのノスタルジックな回想などが問題であるはずはなく、重要なのは「それが指し示す彼方の領域」であり、「体験の意味」を「虚構化することによって生まれるもの」なのだ。そのような場に渡辺の詩と表現は存在しているのであり、そこにこそ安保条約を成立せしめた時間性の切断の可能性がある。詩論「風の中から――書くことの位置づけの試み」を踏まえて言い換えれば、〈風〉は「過去の記憶のイメージ」をよみがえらせるものの、その〈やさしさ〉が詩をもたらすのではなく、世界との直接的な交流を感じさせる〈風〉の〈やさしさ〉を攻撃的に作り替え、〈風〉が運んできた記憶の深みを構造化し、さらなる彼方へと開いていこうとするところに詩が生成するということになるだろう。そうして生まれた詩こそが、体制に対する「武器」になりえるのだ。そのような意味で、渡辺は〈風〉を詩が誕生する契機として意味づけるが、一方でそれに浸ることには批判的だとさえいえる。

松本が、渡辺の詩論の〈風〉の意味をどれほど把握していたか定かではないが、松本は渡辺の詩「風」の次の一連を特に好んでいた。[32]

世界は大きすぎる
どんな小さな街も
ぼくらにとっては
ひろすぎる
それでも　ぼくたち
冬の街を駆けていく時
額に渦巻くつめたい風に
一瞬　世界のやさしさを発見し
不意に立ちどまったりする(33)

おそらく、〈風〉が運んでくる〈世界のやさしさ〉に松本もまた立ち止まっていたのだろう。渡辺の詩「颪」は、新生児や幼い子どもが世界を捉える視線をうたっているように読めるため、右に引用した一節の「ぼくら」や「ぼくたち」とは、成長した大人が幼かったころのことを回顧する際の視線を表していることになる。そのために「どんな小さな街も／ぼくらにとっては／ひろすぎる」のである。そしてこの詩は、以下のような一連で閉じられる。

そして

きみの視界から
ゆっくりとひろさを閉め出し
正確に息づきはじめる
もうひとつの
まち(34)

つまりこの詩は、この世に誕生したばかりの者たちが、〈風〉を通じた〈世界のやさしさ〉にふれることで、「もうひとつの／まち」という幻影を作り始める瞬間に思いを寄せた詩なのである。

4——〈街〉へのノスタルジー

世界を捉え始める子どもたちの視線から表された、〈風〉がもたらす〈世界のやさしさ〉と、それをきっかけに息づき始める〈もうひとつ〉の〈まち〉。例えば、このような詩に表れている渡辺の世界観に松本は共感したのであり、それが『風街ろまん』のコンセプトを作り上げ、以後の松本の詞の世界へと延伸していく。松本がこうした渡辺の詩にふれたのと同じころ、前掲した親友の石浦信三を通じて、ヴァルター・ベンヤミンの『ベルリンの幼年時代』(小寺昭次郎訳〔「ヴァルター・ベンヤミン著作集」第十二巻〕、晶文社、一九七一年）にふれていたことも、『風街ろまん』のコンセプトと大きく関係しているだろう。晶文社版の『ベルリンの幼年時代』は、「一九〇〇年前後のベルリンにおける幼年時代」と「ベルリン年代記」からなっているが、これらがベンヤミンによる幼年期と、その時間を過ごした都市ベルリンの回想であることはいうまでもない。自らの記憶を言語化することについて、例えば「ベルリン年代記」でベンヤミンは以下のように述べている。

ことばというものによって誤解の余地なく解明されたことであるが、記憶は過去を探知するための用具ではなく、その現場なのである。大地が、死滅した都市が埋もれている媒体であるのと同じように、記憶は体験された過去の媒体である。埋もれた自分の過去に近づこうと努める者は、発掘する男のような姿勢をもたねばならない。これが真の想起の作業の主調を、態度を規定するものなのだ。(36)

このようにして発掘された過去とは、断片的なイメージとして取り出されるとベンヤミンはいう。そうであるからこそ、「思い出は物語的に行なわれるものでも、そして報告的になされるものでもなく、もっとも厳密な意味において叙事詩的、吟遊叙事詩的に」掘り起こされなければならない。ここで、ベンヤミンによる過去の想起の作業が、断片的なイメージや叙事詩に例えられている点に注目すべきだろう。記憶によってしか手繰り寄せることができない自身の過去は、強固な因果関係のもとに編まれる物語、すなわち勝者の歴史として立ち現れてくるものでも事実として報告されるものでもなく、あたかも詩のようなイメージ、断片として発掘されるしかない。『ベルリンの幼年時代』の場合、この「想起の作業」の対象になっているのは都市ベルリンと深く結び付いた自らの幼年期であり、それは必然的に都市に沈殿していた断片的なイメージとして発掘される。そして、ここで述べられている「想起」は、渡辺武信の〈風〉に関する詩論とも奇妙に呼応する。

また、ベンヤミンの「一九〇〇年前後のベルリンにおける幼年時代」のなかの「クリスマスの天使」に次のような記述がみられる。

ある確かな幸福が近づいているからこそ、却ってひどく心が重くなって、わたしが窓辺から離れたとたん、部屋のなかに、ある未知なものの存在を感じたのだ。それはまぎれもなく風であった。わたしの口の端にのぼってきたことばは、垂るんだ帆がさわやかな海風をうけていきなりはためくときの大きな襞のようであった。(37)

これは、ベンヤミンが幼い日に経験したクリスマスの一日を想起した記述だが、幼いベンヤミンにとってクリスマスは必ずしも幸福を感じさせるものではなく、その日の家々の暗い窓から「孤独と老齢と窮乏」を感じさせるものでもあった。それを目の当たりにした幼いベンヤミンの口の端にのぼってきたのは、「年ごとにふたたび／御子キリストは来たもう／われら人の住む／この地のうえに」ということばであり、そのことばが消えるとともに、「そのことばで姿を整えはじめていた天使も、はや消え失せていた」という。この記述に表れている過去の想起が断片的なイメージであり、きわめて詩的なものとして語られていると同時に、「風」がキリストの来訪を示す「ことば」

を運んでくるという記述が存在することにも留意すべきだろう。渡辺が〈風〉を「過去の記憶のイメージ」をもたらすものとして捉えていて、それから目覚めるところにことばの表現を見定めていることは前述のとおりだが、ほぼ同時期に松本が接触したと推測される渡辺とベンヤミンの記述で、〈風〉と〈ことば〉そして〈記憶〉の関係性が、詩の生成として、あるいは詩に例えて捉えられていることに注目すべきだ。

　こうした松本の読書経験は、〈風〉や〈街〉の概念とその語の用法を変えていったようにみえる。ファーストアルバム『はっぴいえんど』に収められた曲にも確かに「風」や「街」の語は用いられてはいるのだが、それが曲を大きく彩るモチーフになることはない。つまり、語は用いられていても、「雨あがり／の街に　風がふいに立る」（「十二月の雨の日」）のように、情景描写のなかに語が納まっていくような用法なのである。ただし、「しんしんしん」の一節、「都市（まち）に積る雪なんか　汚れて当り前／という　そんな馬鹿な　誰が汚した」というように、現在の都市、〈街〉に対する否定が、すでに顔をのぞかせてはいる。そしてそれが、セカンドアルバム『風街ろまん』では、前掲した「風をあつめて」の第一連に端的に表れているように、かつての〈街〉に対するノスタルジーを織り込むようになるのだ。例えば、「街のはずれの／背のびした路次」、すなわち過去が沈殿したような長く込み入った路地を散歩していたところに、かつて東京都内を走っていた「露面電車」が想起され、それが浮遊するというノスタルジックな幻想を追いかけるために「風をあつめて」いくのである。渡辺武信がいうように、〈風〉が「さまざまな過去の記憶のイメージをよみがえらせる」ものであるとするならば、ここでの〈風〉は、その「過去の記憶のイメージ」を失わないように集められ、「露面電車」が走るかつての〈街〉へと至る媒体のようなものとして捉えられていることになるだろう。

この認識は『風街ろまん』のジャケット内側に掲載された詩（のちの「風狂い」）にもみられる。

大人という病即にぼくらの脳髄深くむしばみ
スモッグの彼方
七つの海を見失い
きがつけば都市の巨大な送風機吐き出す
生臭い加速度顔に受け
ぼくらただ唾を呑みこみ立ちすくむまで
　そしてついに
ぼくら風狂い

水無月の風
ぼくらの瞳吹き抜けると
鬼瓦の屋根のあたりで美しい渦描く[38]

スモッグにまみれ、「巨大な送風機」と化している現在の都市のなかで「ぼくら」も「大人という病」に蝕まれているがゆえに、かつての〈街〉へと至ることができる風を求めている。〈狂う〉ように求められているその〈風〉は、「鬼瓦の屋根」というかつての〈街〉の名残をとどめるものの周辺で美しく漂っているのである。ほかにも、同アルバムに収録されている「花いちもんめ」の歌詞でも、かつての〈街〉の記憶が〈風〉とともに甘美に語られていた。こうした松本によるかつての〈街〉に対する思いの根源は、東京オリンピックのための区画整理によって生家が失われたことや、それによって幼いころの風景が著しく変化してしまったことにある。[39]そのような意味では、松本の歌詞にみられる性質は、高度経済成長期の国家イベントのいびつな力に巻き込まれたところに生まれたものであり、それは、ドイツのファシズムが勢力を強めていく時期に書かれていたベンヤミンの『ベルリンの幼年時代』の姿と似ているともいえる。

しかし、松本の歌詞から権力に対する強固な抵抗を抽出することは難しく、理想化されたかつての〈街〉に対するノスタルジーのなかにイメージが収斂していく傾向があることは否めない。渡辺の詩論に沿っていえば、〈風〉がもたらす〈世界のやさしさ〉は認められるもののそれを攻撃的に転化することはないし、ベンヤミンの〈想起〉のように勝者の歴史に亀裂を生むほどの力は生んでいないようにみえる。このことは、松本と渡辺が対面したラジオ番組『若いこだま』（NHKラジオ第一放送、一九七一年十二月三日）で示された、渡辺による松本の歌詞への評価にも表れている。渡辺が松本の詞の特徴を表すのに何度も口にするのは「弱々しさ」という語だった。「弱々しさ」は必ずしも否定的な意味で用いられているわけではないが、渡辺は、松本自身と詞の世界との密着した関係性と距離を取るように松本に助言してもいる。つまり、良くも悪くも弱々しい松本の詞の世界に顕著な、理想化されたかつての〈街〉の記憶と、それに対する自己の執着を引き剝がし、渡辺の詩論にみられるような理論性を帯びることが求められているのだ。奇妙なことに、この番組で渡辺は、松本の詞のリフレイン効果を最も高く評価している。

5――〈風〉と〈街〉の交響

松本の歌詞の特徴である〈風〉と〈街〉の記憶、そしてそれを表す詩との関係を、松本が『風街ろまん』制作時に接触していたと推測される渡辺武信の詩論やベンヤミンの〈想起〉を参照しながら捉え直してみたが、松本がこの時期にふれていた文学表現はこれだけにとどまらない。はっぴいえんどのメンバーとして活動していたころの松本は、親友の石浦信三とロレンス・ダレルやアンドレ・ピエール・ド・マンディアルグについて議論し、特にジュリアン・グラックに凝っていたことを回想している。(40) これらは、いずれもアルバム『はっぴいえんど』の謝辞に名が挙がっている海外の作家たちだ。

例えば、ダレルの代表作である「アレキサンドリア四部作」は、高松雄一の日本語訳が河出書房新社の「世界新文学双書」に収録されて一九六〇年から六三年にかけて刊行されているし、七〇年にも「モダン・クラシックス」シリーズとして同社から邦訳が再刊行されている。港湾都市アレキサンドリアを舞台に繰り広げられる恋愛や権謀術数、そしてその記憶を書くことを主題化したこの大長篇小説が、〈街〉の記憶を表象するという点で、松本の想像力に何らかの力を及ぼしていると考えることもできるだろう。はっぴいえんどの活動時期に日本語訳が刊行されたマンディアルグの『余白の街』（生田耕作訳〔今日の海外小説〕、河出書房新社、一九七〇年）では、妻子の死を知らせる手紙を読んでいないかのように男がさまよい続けるバルセロナは、まさに男の目に映る幻影の街として表象されているし、松本がインタビューで書名を挙げている小説『大理石』（澁澤龍彦／高橋たか子訳、人文書院、一九七一年）も、主人公の眼を架空の風景や記念物を現象させる装置として設定している。

図31　ジュリアン・グラック『大いなる自由』天沢退二郎訳、思潮社、1964年、表紙

マンディアルグの小説「ダイヤモンド」（『黒い美術館』〔新しい世界の短編〕、生田耕作訳、一九六八年、白水社）がジュリアン・グラックに捧げられているように、二人はフランスの同時代作家だが、グラックの代表作「シルトの岸辺」（『20世紀の文学』〔「世界文学全集」第二十六巻〕、安藤元雄訳、集英社、一九六七年）もまた、架空の都市や時代を舞台とした小説である。そして、この長篇小説でも、都市に吹く

風や作中人物が身にまとう風が特異な意味をもって描かれている。グラックが描くそうした都市と風との関係は、散文詩集『大いなる自由』に顕著だ。[41]この詩集でのグラックの表現には、前掲したはっぴいえんどの代表曲「風をあつめて」と類似する点が多い。以下は、グラックの詩群の一節だ。

ぼくの記憶の片隅にその、これまで弄ぶ気になれなかった用心深い都会がある。大通りはどれも陽ざしといっしょに旋り、横丁という横丁、陰謀家たちの潜むそれら界隈には、いつの時刻にも日蔭が残っている。そのあたりをぼくは、正午すぎ、小止みない風が逆立たせる路地から路地へ歩いて行く。[42]

ぼくらが町を出るのはいつも午前三時頃だった。その時刻には、大通り沿いの暗い家々は表から表へ、まるで絹の座蒲団で鳩撃ちをするように、夜の鳥たちを投げあった。そして味爽が青い光のリボンとなって郊外電車の線路の上にのぼった――だが、約束の土地に着く前から、空模様が変るのだ！[43]

ときどきぼくは微風に百千の帆を掲げた虚栄の都会の途方もなく広い海岸へ運ばれて云った。その帆柱は水の出なくなった噴泉のように風のなかでかたく石化した叫びをはりあげ、海岸全体がいわば絹状の錆びをふいた高いピラミッドで、たそがれの街々には海の大浮氷群の表面の氷のように、気品高い風の結晶がきしきしと音をたて、はるか遠く高い城壁の彼方では静かなトランペットの合奏が絶えず神秘な厳粛さを保っていた――（略）夕暮のあふれる鏡のなかへぼくを道連れに吸いこまれたその都会は、霰のはぜるさなかを海へ乗りだし、帆柱の下の怪物じみた胸で水を切って進んで行った。(44)

「風をあつめて」の第二連は、「とても素適な／昧爽どきを　通り抜けてたら／伽藍とした　防波堤ごしに／緋色の帆を掲げた都市が／碇泊してるのが　見えたんです」というものだが、記憶のなかの都会、そしてその場に吹く風についてはいうまでもなく、「路地」の散歩、「電車」の線路に射す「昧爽」の光などのグラックの表現を土台としながら、「風をあつめて」の歌詞が生成していったといえるだろう。石浦信三と一緒に国語辞典をめくりながら歌詞の語を難しくしていったという松本の回想をここに重ね合わせることもできる。(45)

「風をあつめて」の第二連で、都市が帆を掲げた船に例えられているのも、右のグラックの詩「密航者」の認識を借用したものであるということは容易だが、この表現は、例えば、ダレルの「アレキサンドリア四部作」の第一部『ジュスティーヌ』（高松雄一訳〔世界新文学双書〕、河出書房新社、一九六〇年）にみられる、「夜になると都会は新しい音でいっぱいになる。風が吹きまくり、ついに都会そのものがひとつの船になったような気がしてくる」という表現とも呼応しているため、さらなる大きな比喩の磁場からも捉えられる。当時の松本は小川国夫の小説もよく読んでいたようだ(46)が、小川の『アポロンの島』（審美社、一九六七年）に収められている短篇小説の多くが、オートバイで旅をしている青年の視点から地中海地方を捉えていることを考えると、松本の街や都市、風のイメージは、地中海のそれとも響き合う。「風をあつめて」に用いられている「碇泊」というやや耳慣れない語が、ダレルやグラックの小説の邦訳に散見されることも言い添えておこう。

少年時代の松本がふれていたボードレールと、はっぴいえんど時代の松本が肩入れしていたグラックの散文詩は、都市の陰翳を素材として取り上げているという点で一つの系譜のなかにある。また、先に取り上げたベンヤミンに対する関心についても、松本自身が「ベンヤミンのベルリンやボードレールのパリにあたるのがぼくにとっては東京だ」という認識から『風街ろまん』の世界が生まれてきた[47]」と松本自身も語っている。松本の歌詞世界は、こうした都市や風を表す様々な表現にふれていくなかで生じていったものだったのである。

ほかにも、松本たちが『風街ろまん』をリリースする数カ月前におこなわれた高田渡との対談では、熱中している詩人としてアメリカのカール・サンドバーグの名を挙げ、『シカゴ詩集』(安藤一郎訳〔岩波文庫〕、岩波書店、一九五七年)に収録されている数編の詩を取り上げている[48]。この対談のなかではふれていないが、サンドバーグの「待ちかまえて」という詩のなかには「風があちこちに向きを変えながらぼくに接吻しぼくを抱き／世界の大きな意志をぼくの額に伝えるのを、じっと聴こう」という一節がある。二人の対談に司会者として参加した石浦信三が、サンドバーグ、松本、高田の詩のいずれにも都市を超える意志があると指摘しているところを踏まえると、「風をあつめて」の歌詞に顕著な松本の〈風〉とは、現実の都市を否定し、それを昇華していくメタファーといえるだろう。それは、松本をはじめ当時の若いミュージシャンたちが好んだボブ・ディランの「風に吹かれて」[49]が、多くの問いの答えを風のなかに委ねていく表現にも似ている。松本の〈風〉が提示するのは、ここではないどこかへいざない、ここにはない何かを与えてくれる可能性として提示されるだけで、その実体はあいまいなまま文脈や行間を常に漂っているのだ。

はっぴいえんどの楽曲については、それが日本語の歌詞であること、そしてそれが高度経済成長期の民俗的・土俗的なものに対する再評価と無関係ではないこと、さらにはそこに様々なレベルの政治的な力が潜在していることがしばしば指摘されるが[50]、松本による〈日本語〉の歌詞には、西洋各国の文学の〈風〉と〈街〉のイメージも翻訳を通じて分かちがたく入り込んでいる。こうした〈日本語〉の姿は言語なるものの性質をそのまま表しているのだろうが、重要なのは、はっぴいえんどの歌詞が〈日本語〉で書かれていたという点よりも、まず〈文学的〉だったという点だ。

本章冒頭でも述べたように、活動時のはっぴいえんどは必ずしも多数のリスナーに支持されていたわけではなく、ロックやフォークを愛好する一部の若者にだけ受け入れられたバンドだった。ただ、そのなかでも松本の詞の世界が一定のインパクトを与えていたことは確かだ。例えば、当時のロック誌「ニューミュージック・マガジン」一九七二年四月号の読者投稿欄「LETTERS」に寄せられた、門屋倫という読者からの「冬なんです」と題された文章をみてみよう。

窓越しに、秋が、飛行船と一緒に空を渡るのが見えたから、もう、部屋にじっと閉じ籠ってるのに耐えきれなくなって表に飛び出したんだ。風で体をいっぱいに脹ませようと、見通しの利く土手に立ったんだ。高く、石をほおると、張詰めた空に、白く、輪が拡がったから風の中に舟を浮かべて帆走するのを追い駆けようとしたんだ。足の萎えてることも知らずにね。又三郎になって、街を駆け抜けようとしたんだ。翼を拡げて、はばたこうとしたんだ。けれど、体は、ロック喫茶の暗い片隅にうずくまったままだったんだ。毎日はただのゆきずりのものだったんだね。立ち止まったところで、しかたのないことだったんだね。生きてる証しに、血を吐こうとしたけど、口からこぼれでたのは言葉ばかりだったんだ。にがい珈琲を啜りながら、喫茶店の壁に〈しょおと・ほおぷ〉で描いた展望は、外気に触れたとたん色褪せて風化してしまったんだ。摩天楼の罅割れた生地の見える裏通りの部屋で音盤を廻したんだ。いつ、雪がふりはじめたのか知らなかったよ。頭の中は空っぽだったから、セントラル・パークの家鴨は、冬はどこにいるんだろうってことも考えつかなかったんだ。あまり寒かったから、外を眺めると、何もかも隠すみたいに、雪がしんしんとおちていたんだ。君の部屋の灯も消えていて、心の底まで新聞紙の舞う街角のように冷えきってしまったんだ。とても寒いよ、凍え死にそうな位にね。でも、もしそうなら、よだかのように、燃え尽きたいんだよ。できることならね。でも、僕がほんとにしたいことはね、君と友達になることなんだよ。[51]

文通友達を求めるこの文章は、明らかに松本の歌詞世界を模倣している。「風」や「街」の用法についてはいうまでもなく、「冬なんです」というタイトルが、松本が詞を書いたはっぴいえんどの曲「夏なんです」（『風街ろまん』）を利用していることも一目瞭然だ。「窓越しに、秋が、飛行船と一緒に空を渡るのが見えた」「摩天楼の罅割れた生地の見える裏通りの部屋で音盤を廻したんだ」という記述も、「風をあつめて」の「靄ごしに／起きぬけの露面電車が／海を渡るのが見えたんです」「ひび割れた　玻璃ごしに／摩天楼の衣擦れが／舗道をひたすのを見たんです」を土台にしたものである。「血を吐こうとした」という記述、「〈しょおと・ほおぷ〉」という表記は、「はいからはくち」での「はいから血をはきながら」という表現や「こかこおら」「ひっぴー」というひらがな書きを踏まえたものだろう。またこの文章は、宮沢賢治の作品が松本に影響を与えていることを知っているのか、「又三郎」や「よだか」という語も比喩として用いている。

松本の詞的世界を巧妙に捉え、模倣しようとしたこのようなリスナーの存在こそが、その詞の独自性と表現性を示唆している。作詞家・松本隆の表現がこうした文学性のうえに築かれているとするならば、はっぴいえんど解散後の松本が専業作詞家として作詞した歌謡曲やポップソングを通じてリスナーが受容していたものも、〈文学〉の一端だったといえるかもしれない。

注

(1) 無署名「第2回ニューミュージック・マガジン・レコード賞発表」「ニューミュージック・マガジン」一九七一年四月号、ニューミュージック・マガジン社

(2) 友部正人「セントルイス・ブルース」、CITY MUSIC INC.編『CITY はっぴいえんど全曲楽譜集』所収、シンコー・ミュージック、一九七三年、五八ページ

(3) 松本隆『風待茶房――松本隆対談集：1971-2004』（立東舎、二〇一七年）に収録された松本隆と佐野史郎の対談「佐野史郎さん」での松本の発言（一一七ページ）による。

(4) 片桐ユズル「友部のうたう歌はなぜかぼくにはぜんぶ良くきこえる」「季刊フォークリポート」第四巻第四

号、アート音楽出版、一九七二年秋の号、一三〇ページ

（5）増田聡『聴衆をつくる――音楽批評の解体文法』青土社、二〇〇六年、一一七―一三八ページ、マイケル・ボーダッシュ『さよならアメリカ、さよならニッポン――戦後、日本人はどのようにして独自のポピュラー音楽を成立させたか』奥田祐士訳、白夜書房、二〇一二年、二二九―二四八ページ

（6）大川俊昭／高護編著『定本はっぴいえんど』（SFC音楽出版、一九八六年）に収録されている、はっぴいえんど元メンバーへのインタビューを参照した。

（7）「インタビュー 松本隆 物語の風、囁く街」、思潮社編「現代詩手帖」一九八六年二月号、思潮社、松本隆「少年の魂の場所」「特集 文庫で読む青春文学」「すばる」一九九一年七月号、集英社、篠原章「松本隆に聞く文学少年から作詞家への道」「はっぴいな日々――はっぴいえんどの風が吹いた時代」「レコード・コレクターズ」二〇〇〇年七月増刊号、ミュージック・マガジン、松本隆「団塊が「日本のおじいさん」を変える」「文藝春秋」二〇〇八年三月号、文藝春秋

（8）北中正和責任編集『風都市伝説――1970年代の街とロックの記憶から』（〔CDジャーナルムック〕、音楽出版社、二〇〇四年）八三ページに収録された石浦信三の証言による。

（9）前掲『定本はっぴいえんど』に収録されている松本隆へのインタビューを参照した。

（10）レコードジャケットでは「宮沢憲治」と記されているが、「宮沢賢治」の誤記だろう。

（11）前掲『風待茶房』に収録された松本隆と大瀧詠一の対談での二人の発言（一五八ページ）と、松本隆『風待茶房――松本隆対談集：2005-2015』（立東舎、二〇一七年）に収録された「松本隆、アニメソングについて語る」での松本の発言（三四四ページ）による。

（12）西村佳苗「松本隆の研究――『風街ろまん』」、比治山女子短期大学国文学会編「たまゆら」第八号、比治山女子短期大学国文学会、四七―四八ページ

（13）細野晴臣／大瀧詠一／松本隆／鈴木茂監修のCD『はっぴいえんどBOX』（Avex Io、二〇〇四年）に付され

た小冊子の松本隆へのインタビュー（七三ページ）を参照。

（14）志田歩「春よ来い」（「はっぴいえんど全曲ガイド」）、前掲『はっぴいな日々』所収、一〇一ページ、前掲『はっぴいえんどの原像』八三―八四ページ

（15）高田渡や遠藤賢司とはっぴいえんどとの関係については、ヒロ宗和／木村ユタカ「はっぴいえんど Backing Works 46」（木村ユタカ監修『はっぴいえんどコンプリート』所収、シンコーミュージック・エンタテイメント、二〇〇八年）一三六ページを参照した。

（16）当時のフォークソングの「です・ます」調については、北中正和「語りかけの秘密――松本隆の歌詞の世界を読み解く」（「レコード・コレクターズ」二〇一七年十月号、ミュージック・マガジン）を参照した。なお、「です・ます」調の系譜について、前掲『はっぴいえんどの原像』一六七―一八四ページの考察もある。

（17）前掲『定本はっぴいえんど』二九九ページ

（18）「手紙」は、前掲のCD『はっぴいえんどBOX』に収録されている。

（19）「風をあつめて」の歌詞の引用はLP『風街ろまん』（URC、一九七一年）の歌詞カードによる。

（20）前掲のCD『はっぴいえんどBOX』に付された当時の松本の創作ノートの画像には「路地」「路面電車」と記されているが、前掲のLP『風街ろまん』の歌詞カードでは「路次」「露面電車」と記してある。「路次」については、同CDに付された小冊子のインタビューで、松本が意識的にこの字を用いていると語っている。

（21）細馬宏通「「なんです」と「なのです」の間――はっぴいえんどの歌詞の文末をとらえ直す」（「レコード・コレクターズ」二〇一五年一月号、ミュージック・マガジン）は、歌い手の側から「です・ます」調を考察している。

（22）前掲『定本はっぴいえんど』に収録された松本隆へのインタビュー（二二二ページ）を参照した。

（23）渡辺武信『渡辺武信詩集』（現代詩文庫）、思潮社、一九七〇年

（24）福間健二「詩が若かったころ」、四方田犬彦／福間健二編『1968［2］文学』（筑摩選書）所収、筑摩書房、二

〇一八年、四六五―四六六ページ

(25) 松本隆「「風の詩人」」、渡辺武信『続・渡辺武信詩集』(現代詩文庫)所収、思潮社、二〇〇七年、一五〇ページ

(26) 瀧田浩「六〇年代詩と七〇年前後のポップスの状況――渡辺武信と松本隆を中心に」、敍説舎編「敍説」第九号、花書院、二〇一三年、六〇―六一ページ

(27) 渡辺武信の詩論「風の中から――書くことの位置づけの試み」(前掲『渡辺武信詩集』所収)と松本の詞との関係については、前掲「松本隆の研究」四四―四五ページですでに指摘されている。

(28) 前掲「風の中から」一〇〇ページ

(29) 同論文一〇三ページ

(30) 渡辺武信「六月の記憶の彼方へ」、前掲『渡辺武信詩集』一〇六ページ

(31) 一九六〇年六月の記憶については、渡辺武信『移動祝祭日――『凶区』へ、そして『凶区』から』(思潮社、二〇一〇年)一一〇―一一二ページを参照すると、なおわかりやすい。

(32) 松本と渡辺が対面したラジオ番組『若いこだま』(NHKラジオ第一放送、一九七一年十二月三日放送、前掲『はっぴいえんどBOX』収録)で、松本はこの一連に似た詩を口ずさんでいる。また、前掲『CITY はっぴいえんど全曲楽譜集』にもこの一連は掲載されている。

(33) 前掲『渡辺武信詩集』一七ページ

(34) 同書一八ページ

(35) 前掲『風都市伝説』に収録された松本隆の証言(一一三ページ)による。

(36) ヴァルター・ベンヤミン『ベルリンの幼年時代』小寺昭次郎訳(「ヴァルター・ベンヤミン著作集」第十二巻)、晶文社、一九七一年、一五六ページ

(37) 同書八一ページ

(38) 引用は前掲のLP『風街ろまん』による。
(39) 前掲「団塊が「日本のおじいさん」を変える」三〇二―三〇三ページ
(40) 前掲『定本はっぴいえんど』に収録されている松本隆へのインタビュー（二一八ページ）を参照。
(41) 松本隆『風街詩人』（〔新潮文庫〕、新潮社、一九八六年）に収録された短篇小説「夏の帆船」には、主人公がジュリアン・グラックの詩集『大いなる自由』（一九四六年）を読んでいる場面がある（二一二ページ）。
(42) ジュリアン・グラック「ピタゴラス寺院」『大いなる自由』天沢退二郎訳、思潮社、一九六四年、六八ページ
(43) ジュリアン・グラック「旅の暮し」、同書八〇ページ
(44) ジュリアン・グラック「密航者」、同書八八―八九ページ
(45) 前掲『定本はっぴいえんど』に収録されている松本隆へのインタビュー（二二九ページ）を参照した。
(46) 松本隆「カナリア諸島にて」『成層圏紳士』東京書籍、二〇〇一年、四五〇ページ。同書によると、この記事の初出は松本が開設したウェブサイト「風街茶房」（現在は閉鎖）一九九九年二月十三日。また、前掲『風都市伝説』に収録された石浦信三の証言（八三ページ）も参照した。
(47) 同書に収録された松本隆の証言（一一三ページ）による。
(48) 前掲「松本隆・高田渡、お茶を飲みながら語る」一一二―一一三ページ
(49) 松本隆「ポール・サイモン」、前掲『成層圏紳士』一七ページ。同書によると、初出は「東京新聞」一九八二年五月三十日付。
(50) 前掲『さよならアメリカ、さよならニッポン』二二九―二四八ページのはっぴいえんど分析は、こうした点を網羅している。
(51) 門屋倫「冬なんです」「ニューミュージック・マガジン」一九七二年四月号、ニューミュージック・マガジン社、一四五ページ

第7章

詩人・友部正人の可能性

1――アングラ演劇と火炎ビン

友部正人は一九五〇年五月二十五日に東京で生まれている。小学生のころから各地を転々としていて、中学生のときには名古屋に住んでいたという。そのころに友達の影響でビートルズやアニマルズの影響を受け、十五歳のときにギターを弾き始めたそうだ。高校のころボブ・ディランの「Like a Rolling Stone」を聴いて自分でも曲を作るようになり、高校を卒業するころには街角で歌い始めたという。このころ、東京の東芝レコードでオーディションを受けて不合格にもなっている。友部の誕生年から逆算すれば、それは六九年の春ということになるが、友部を取り巻いていた当時の社会状況は、いくつかの出来事をこの少年にもたらした。

谷川俊太郎との対談「おかしな声を発明したい」(思潮社編「現代詩手帖」一九七五年十一月号、思潮社）で友部が語るところによると、高校を卒業後に家出して名古屋のアングラ劇団に向かった友部は、まずそこで前衛芸術集団ゼロ次元のパフォーマンスを目にしている。ゼロ次元は、一九六〇年に名古屋の若い美術家たちが結成したグループから出発していて、六三年から、不特定多数の人々が集まる都市の様々な場で過激なパフォーマンスをおこなっていた。よく知られているのは、六〇年代半ばからおこなわれていた「尻蔵界」というポーズで、四つん這いになって並ぶ男たちの尻に線香やロウソクをつけ、それに火をともすというものである。(1)

図32　谷川俊太郎／友部正人「おかしな声を発明したい」、思潮社編「現代詩手帖」1975年11月号、思潮社、68―69ページ

　ここで友部が目にしたものがどのようなものだったかはわからないが、当時のゼロ次元はほかのグループと万博破壊共闘派を結成して、日本各地で大阪万博反対運動を展開していたので、そのようなパフォーマンスの一つだったのかもしれない。友部が谷川に「初めて見たからびっくりしちゃった」と語っているところをみると、それはやはり過激なものだったようだ。家出した友部はそのままそこに寝泊まりするようになったというが、友部の発言が谷川との対談上のものなので、それがゼロ次元を指しているのか別のアングラ劇

団を指しているのかは明確にはわからない。とにかく、ある集団に身を寄せてボブ・ディランを翻訳した曲を歌うなどしてしばらくそこに滞在し、やがてけんかをして別の劇団に移ったそうだ。

このころ、友部は名古屋の栄にあったオリエンタル中村というデパートの前で歌い始めていて、しばらくすると同じような若者が集まるようになったという。こうした若者たちの集まりがフォークゲリラと見なされ、当時の友部は名古屋栄解放戦線という名のもとで歌っていた。このような活動のなかで、友部は名古屋大学に在籍していた詩人の菅谷規矩雄と知り合い、研究室や自宅によく遊びにいっていたという。

友部は、この時期の若者たちが名古屋で起こしたある事件にも関わっている。田口犬男による友部へのインタビュー記事「どこにも属さない」での友部の発言をそのまま引用してみよう。

> 名工大っていう大学のバリケードに遊びにいったときに、帰りに火炎ビンをビールケース一箱くれたんですよ、「お土産」なんて言って。でもぼくたちはまだ十八とか十九とかだったから、それをえっちらおっちら運んで、名古屋大学の坂を下りた交叉点にワーッと投げたんです(笑)[2]。

これは、「中日新聞」一九六九年八月二十三日付夕刊が「本山派出所(千種)へ火炎びん」という見出しで報じた次の事件のことだろう。

二十三日午後零時三十分ごろ名古屋市千種区猫ケ洞通五ノ二〇、千種署本山派出所に学生ふうの男があらわれ、持っていた火炎びん二本を派出所に投げ込んだ。勤務中の千種署員がすぐ消し止めたが、ほとんど同時刻に、派出所から二十メートル南の通称東山通交差点でも、六、七人の学生らしい男が火炎びん数本を路上で炎上させた。この事件で交差点付近は一時交通が混乱、派出所員一人が軽いけがをしたが、愛知県警と千種署は、この日の坂田文相の来名にからんだ過激な学生グループの犯行とみて捜査に乗り出した。(3)

当日は、文部大臣・坂田道太が、大学紛争に対処するために制定された「大学の運営に関する臨時措置法」を一般にPRするため名古屋を訪れて講演をおこなっていた。翌二十四日の「中日新聞」の記事によれば、学生グループは坂田文相が通過するのを待ち伏せしていたが、警察に発見されたため予定を繰り上げて火炎ビンを投げたのだという。さらに二十五日付の記事では事件の首謀者として高校生二人が逮捕、二十八日の記事では三人目が逮捕されたことも伝えられている。

この事件が高校生中心のグループによるものだったことが波紋を呼んだ。「中日新聞」一九六九年八月二十五日付「先鋭化する高校生グループ 火炎ビン事件」（無署名）という見出しの記事では、「通称〝ヤング・ベ平連〟と呼ばれる団体や、各地で盛んな〝フォークゲリラ〟の中にも続々と高校生が参加、その一部が反代々木系全学連のセクトに結びつくなど〝行動派〟の勢力はふえる一方」という愛知県警の見解が紹介され、同紙二十七日付の紙面には社説「高校生の過激化を憂う」も掲載された。高校生たちが反体制運動に関わっていくきっかけは、やはりデモやフォークソング集会だったらしく、同じく二十九日付の記事「県立高校生も逮捕」（無署名）によると、後日逮捕された三人目の高校生も、べ平連のデモや名古屋テレビ塔下のフォークソング集会に参加して仲間と知り合ったのだという。

「中日新聞」一九六九年八月二十六日付夕刊の記事「名工大本部を強制捜索」（無署名）は、警察の調べで、投げられた火炎ビンが名古屋工業大学から持ち出されたものであること、名工大本部に強制捜査のため機動隊が入ることを報じている。機動隊が導入されたのは、当時、名工大が不正入試問題で反代々木系学生グループによってバリケード封鎖されていたからである。続報によると、捜索の結果、火炎ビンは名工大で製造され、硫酸と塩素酸カリを用いた本格的なものだったことがわかったという。

この事件に友部がどの程度関わっていたのかはわからないが、名工大から持ち帰った火炎ビンを本山の交差点に投げたというその発言と、事件の報道は確かに一致する。この結果、友部は警察に追われるようになり、一カ月ほど鑑別所に入ることになったという。谷川との対談では、ほかにも、道路で人に石を配布して落書きをさせたり、テレビの野外ショーに出向いてこしょうを入れた卵を投げつけたり、暴走族と行動をともにしたりするなど、多くの野放図な振る舞いをしたと語っている。その一方で、当時の友部は、白石かずこや高橋睦郎、鮎川信夫、田村隆一らの詩にもふれていた。(4)

このころ友部は、名古屋の街頭で歌っていた歌を集めたものと推測されるガリ版刷りの歌集『不毛の税』を名古屋栄解放戦線という名で発行している。これを手に入れた片桐ユズルが友部の詞を高く評価したところから[5]、友部に転機が訪れる。片桐は友部に手紙を書き、友部の許可を得て、自らが発行していたミニコミ誌「かわら版」（一九七〇年五月号）にこの歌集のなかの数曲を掲載した。

友部は片桐に会うために神戸に行って片桐宅に宿泊、大阪・難波の喫茶店ディランを紹介された。ディランの店主・大塚まさじは、村田拓が新森小路教会で開催していたフォークスクールに参加していて、ディランにはフォークソング好きの若者たちが集まっていた[6]。大塚によると、ディランに初めてやってきたときの友部は、ギターケースを足元に置き、何もしゃべらず、注文もしなかったという。それが突然に、当時の持ち歌「熱くならない魂をもつ人はかわいそうだ」を歌い始めて周囲に衝撃を与え、友部の歌を聴くと歌が作れなくなると言われたほど恐れられたそうだ[7]。

友部が大阪で生活していた一九七〇年には、演劇センター68／70による「翼を燃やす天使たちの舞踏」の関西公演の準備が進められていて、関西のフォークシンガーたちもそれに協力した。演劇センター68／70は、二台のトラックで黒テントを引っ張って作る移動式劇場で知られるが、十月にスタートしたこの「翼を燃やす天使たちの舞踏」関西公演がその最初の上演である。公演の準備にフォークイベントの関係者が関わっていたことから、ディランに集まるフォークシンガーたちにも声がかかり、岡林信康や高田渡、中川五郎、はっぴいえんど、友部らが出演した。演劇センターの佐藤信が作詞して岡林信康が作曲した「堕ちた鳥のバラード」はこの演劇のテーマソングのような役割を果たした[8]。友部はこの移動演劇に刺激を受け[9]、そのまま同行して東京に引っ越している。

友部は大阪でアルバイトと歌作りに明け暮れていた。当時を回想した友部の文章「ぼくとボブ・

ディラン」に以下のような一節がある。

ぼくはよく、大阪駅に寝泊まりしている奴と、港まで船のそうじに出かけた。二十四時間やって、たったの六千円。あのころでもひどく安いお金だった。夜中の十二時をすぎると眠たくなるので、みんなで、となりに停泊していたイタリアの大きな船に乗りこんで居眠りした。朝六時になると、みんな頭から重油だらけになって、給料のもらえる事務所まで行った。ああいう日給制のところはほとんどそうなんだけれども、中に競馬ののみ屋が入りこんでいて、朝もらった六千円はそのまま、のみ屋のふところに入るような仕掛けになっていた。頭から重油だらけなので、事務所にある銭湯よりも少し小さめの風呂に入って帰るのだけれども、せまい湯舟の中、十人も入れば真黒で、とても入れたものじゃなかった。朝は今と同じように寒かったし、先の見通しがないのも同じだけれど、あのころは、どうせすべてがうそなんだ、というような気持があって、何がどうなってものんびりしていた。(10)

「どうせすべてがうそなんだ、というような気持」とは、友部に限らず、当時の若者たちが多かれ少なかれ共有していた心情だろう。家出してアングラ劇団に身を寄せ、政治活動に関わって火炎ビンを投げ、自らフォークソングを作って街角で歌うという行動は、その「うそ」を受け入れることに対する抵抗なのだろう。そして、プロテストソングが「うそ」を糾弾する歌であるならば、初期の友部の歌は、その「うそ」を作り上げているシステムにまで入り込んでいるという点で、やや深みをもつ。これから取り上げていく「大阪へやって来た」や「乾杯」という曲は、その代表例といえるだろう。

2――トーキングブルース「大阪へやって来た」

いうまでもなく、友部の歌はボブ・ディランの影響を強く受けていて、友部の歌の特徴は、そのトーキングブルースを日本語で実践している点にある。エッセー「オープニング・ナンバー」に、友部は以下のように記している。

初期のボブ・ディランの歌のスタイルで、いちばんぼくの興味をひいたのが、トーキング・ブルースだった。これはギターを弾きながらただ語っていくのだ。だからメロディーはないし、楽譜にも書けない。だけど語りはリズムがあって、そのリズムでギターを弾きながら語るので、これはただのお話ではなく音楽である。昔からウッディー・ガスリーやレッド・ベリーらが、ギターをかきならしながら語っていた。アメリカにずっとある音楽のスタイルである。それをディランはそのまま受けついだだけなのだ。ギターのベース音でリズミックにメロディーを弾きながら語るスタイルをまねしたくて、ぼくは繰り返しディランのトーキング・ブルースに耳かたむけた。結局このトーキング・ブルースがぼくの歌の基本になっていく。語ったままのメロディーが、ぼくにはいちばんありのままの音楽だった。ブルースやロックン・ロールも、トーキング・ブルースを受けついでいるとぼくは思っている。(11)

友部はこのようにトーキングブルースを認識しているのだが、日本にフォークソングが紹介され始めたころに書かれた中村とうよう「フォーク・ソング小事典」の説明もみてみよう。

ギターにあわせて詩をリズミカルに朗読するような形のひとつの定型。サウス・キャロライナ州の白人歌手クリス・ブーチロンが吹き込んだ「オリジナル・トーキング・ブルース」がその元祖といわれ、ウディ・ガスリーが発展させた。こんにち、ディラン、オクスなどもさかんにこの形を使っている。基本的には十六小節からなり、正確にはブルースとはいえない。(12)

クリス・ブーチロンがトーキングブルースのレコードを出したのが一九二〇年代後半で、それがウディ・ガスリー、ボブ・ディラン、フィル・オクスらに引き継がれた。同書によれば、ブルースは十二小節でワンコーラスを形成するのが基本型なので、そのような意味でトーキングブルースは「正確にはブルースとはいえない」のである。中村とうようがいうように、トーキングブルースが白人歌手のブーチロンによって始められたものであるとするならば、十九世紀後半にアメリカ南部の黒人たちの間に生まれたブルースとはそもそもの性質が異なるといえる。

しかし、友部は「ブルースやロックン・ロールも、トーキング・ブルースを受けついでいるとぼくは思っている」としている。つまり友部は、十九世紀後半に生まれたとされるブルースよりも、トーキングブルースのほうが古い歴史をもつと考えていることになる。友部が「ぼくは思っている」とあえて記しているところをみると、これは単なる事実誤認ではなく、友部の認識の問題のようだ。ここで友部がいう「トーキングブルース」とは、フォークソングのジャンルではなく、歌や語りの原初的な形態のことだと思われる。どうやら友部は、音の高低や調子の変化による言語表現そのものをトーキングブルースと捉えているようなのだ。

一九九〇年代の友部がもつそのような認識をさかのぼっていくと、デビュー時の友部が、まずボブ・ディランのトーキングブルースを模倣するところからスタートしているのは間違いない。アングラ・レコード・クラブ（URC）から一九七二年一月にリリースされたファーストアルバム『大阪へやって来た』の表題曲の冒頭（サビ）部分をみてみよう。

図33　CD版『大阪へやって来た』ポニーキャニオン、2020年、ジャケット

南へ下る道路には
避難民があふれる僕は
10トントラックで
大阪へやって来た
インターチェンジはいつも

雨の匂いでいっぱいだから
僕はやせながらぬれて立つ(13)

友部の曲に限らず、関西フォークと呼ばれたフォークソングの歌詞がいくら詩としての要素をもつといっても、メロディーを外した場合、曲の骨格が失われていくことは確かだ。この曲を右のように活字として引用した場合、友部の声の抑揚、ディラン同様のメロディーと歌との微妙なズレ、ギターの激しいストローク音、挿入されるハーモニカ音などはすべて捨象されてしまう。したがって、この曲の雰囲気を歌詞の引用だけで伝えることには限界があると承知のうえで話を進めたい。

まずこの歌詞は、片桐ユズルのエッセー「へんなことでいっぱい」(思潮社編「現代詩手帖」二〇〇三年四月号、思潮社)が指摘しているように、アメリカのフォークソングがしばしば取り上げるハイウエーでのヒッチハイクをイメージさせるものになっている。十トントラックに乗って大阪へやってきた「僕」も、ヒッチハイクのためにインターチェンジに「やせながらぬれて立つ」「僕」も、アメリカのフォークソングを背景にした自己劇化である。

そしてこの部分がサビとして何度か繰り返されるなかに、もはやトーキングブルースともいえないような、リズムを伴わない詞の朗読が挟み込まれていく。その詞のなかで表されるのは大阪への失望だ。「僕」は何かを求めて「大阪へやって来た」にもかかわらず、大阪での経験はその期待を損なうものばかりだった。

うたいたかったけどそんな場所もなくて
僕はいつも求人広告を持ち歩いたんだ
でも行ってみるといつもだまされてしまう
尼ガ崎の鉄工所へ行った時なんか
たった千円しかくれないし
その上命の保障もないんだ

この歌詞は、先に挙げた友部が回想する当時の大阪生活と呼応している。歌う場所もなく、仕事を求めるとだまされたり劣悪な労働条件を突き付けられたりする「僕」は、その経験を大阪の風景全体に押し広げ、資本主義がもたらす疎外の問題として捉えようとしている。

とても眠たい朝
僕は大阪駅に立たずんでいたんだ
そうさ誰もがあせりすぎているんだ
走って行く人
ころぶ人
くつを忘れた人
かかとがかけてしまって歩けない人

朝から晩までラッシュアワーだ

むろん、走ったり、ころんだり、くつを忘れたり、かかとが欠けて歩けなかったりする人々の足の動きは疎外の比喩である。この感覚は、大阪という街の固有性によってのみ「僕」にもたらされているのではなく、その風景を通じて「僕」が社会のあり方そのものを冷ややかに捉えることにもつながっている。しかし、それをすべて批判しようとしているわけではなく、そのなかでの身ぶりを手繰り寄せていこうともしている。

長髪を風になびかせる
自称ヒッピーたちでさえ
新しいコートがなかなか肌に
なじまないことを知っている
ものすごくたくさんの広告が
いろんなスタイルを要求するけど
でも家を出ることだけが
自由じゃないと思うんだ
あれはいけない
これがいいのさ

でもも結構
僕は誰が素敵な奴かを知っている

「長髪を風になびかせる」「自称ヒッピーたち」とは、ファッションとしてヒッピーを消費しようとする若者たちのことだ。ヒッピーとは、資本主義に組み込まれることを回避し、セックスやドラッグによる精神の解放を実践しようとする若者たちのことなので、「ものすごくたくさんの広告」が要求する「いろんなスタイル」の一つにすぎない。だが、その「自称ヒッピーたち」でさえ、「新しいコート」を何のためらいもなく身につけているわけではない。ファッションとしてヒッピーを消費する若者たちも、すでにそれがスタイルの一つであることを知りながら演じているのが現代社会なのだ。

そして「僕」は、「ものすごくたくさんの広告」が「家を出ること」の「自由」を訴え、それがやはり「スタイル」として消費される現状を否定し、「あれはいけない」「これがいいのさ」と、あらゆる事象が商品としてしか選択されない様式そのものから脱していこうとする。「僕は誰が素敵な奴かを知っている」とは、やや浅はかな自己の卓越化であり、自他を差異化していく無限の連続性のなかに取り込まれていくおそれがある表現なのだが、それでもそのような身ぶりで「僕」はこの消費社会を生き抜いていこうとしている。

この曲の終盤は、さらにその身ぶりを具体化してみせる。

一年中わびしくてやりきれない町
それが大阪
でもそれがいいのかもしれないなと
思う時がある
クリスマスにあの娘に赤ちゃんが
生れるんだって
とても小さな女の子で
みんなでかけたんだ顔のぞきこんで
男か女か
今じゃその娘タバコもラリることも
やめたんだ
で　みんなでおいわいしてあげたいんだけど
その娘大阪の女の子なんだよ

結局、「僕」が期待を寄せてたどり着いた大阪の街も、資本主義や消費社会の一風景でしかない。そのような意味で「一年中わびしくてやりきれない町」なのだが、「でもそれがいいのかもしれないな」と「思う時がある」。この歌詞に刻み込まれた「いいのかもしれないな」と、「思う時がある」という表現が重要だろう。大阪のわびしさややりきれなさを「いい」と断言できるほどではなく、いつも「いい」というわけでもなく、そう「思う」瞬間がやってくることのなかに「僕」の小さな期待は先送りされていくのである。

その小さな期待とは、クリスマスに生まれてくる赤ちゃんとその母親のことにほかならない。ちなみに、右の引用にある「とても小さな女の子で／みんなでかけたんだ顔のぞきこんで／男か女か」という箇所は、「とても小さな女の子」が赤ちゃんを指すとするならば、すでに性別はわかっているので、「男か女か」をめぐって賭けをする論理が成り立っていない。一方で、この「とても小さな女の子」は「あの娘」と記されている母親のことを指しているとも捉えられる。

それはともかく、赤ちゃんを産む「その娘」が「タバコもラリること」もやめたところには、若者の身ぶりから脱する姿勢を認めることができる。前述したように、「僕」も、自己を他者から卓越化しようとする、若者によくありがちな身ぶりを示している。タバコもドラッグもやめた母親に対する「僕」の肯定は、母親と「僕」の双方が若者から離脱しようとしていることを示す。このパラグラフが「その娘大阪の女の子なんだよ」と結ばれるのは、この出来事が「一年中わびしくてやりきれない町」大阪の一側面を表し、大阪、ひいてはいまの社会での一縷の望みを表しているからでもある。

前掲した片桐ユズルのエッセーによると、片桐はこの曲がレコードとしてリリースされる前から聴いていたようだ。先に問題にした赤ちゃんの性別についても、現在のバージョンよりもさらに論理が転倒していたらしく、「生まれないうちから、わかっているみたいに彼はうたい、聞き手もだれも文句なしに聞いていた、というのが私の記憶だ。文字で発表される段階になって、さすがに「みんなで賭けたんだ顔覗き込んで、男か女か」と訂正されたが、最初の迫力を失ったのは当然だ」と述べている。片桐は、友部の長所は「これが原因だから結果はこうなる、という時系列を無視して、思ったとおりを言う」ところにあり、そのなかから生まれたこの曲のスピード感を評価している。

「大阪へやって来た」のスピード感は、因果関係や時系列を薄めた文言の連なりだけでなく、歌や朗読の背後にあるメロディーによっても支えられている。そして、先に述べたように、この曲が、大阪での新しい生活への期待が失望に変わっていく悲哀を歌いながらも、そのなかになお期待を延命させていく複層的な表現を携えているとするならば、それは、単なる歌詞としてのみ消費されえない何かになっているともいえる。

3──「一本道」と「乾杯」

一九七一年には友部は東京に移っているので、七三年にURCからリリースされたセカンドアルバム『にんじん』は、東京移住後に作られた曲で構成してあるのだろう。七二年四月にBellwoodからシングル・リリースされ、『にんじん』にも収録された「一本道」では、東京の部外者としての感覚を歌っている。

どこへ行くのかこの一本道
西も東もわからない
行けども行けども見知らぬ街で
これが東京というものかしら
たずねてみても誰も答えちゃくれない
だから僕ももう聞かないよ(14)

「一本道」は友部の代表曲といえるものだが、その歌詞は友部の歌詞としてはわかりやすい部類に入る。右の引用箇所などは、フォークソングに限らず多くの歌謡曲などで歌われる、都市に拒絶された感覚を言い表したにすぎず、歌詞のステレオタイプに回収されてしまう類いのものだ。この曲がシングル・リリースされたのもそのような理由からなのだろうが、それでもやはり、よく知られている左のような箇所は、その類型を逸脱している。

僕は今、阿佐ヶ谷の駅に立ち
電車を待っているところ
何もなかった事にしましょうと
今日も日が暮れました

あゝ中央線よ空を飛んで
あの娘の胸に突き刺され

「あの娘」に「何もなかった事にしましょう」と言われた「僕」の思いは行き場を失っている。「あの娘の胸に突き刺され」と願いを託されている中央線には、その行き場を失った「僕」の思いが乗せられているのだろう。「突き刺され」という表現は、その思いの激しさと切なさを感じさせる。

松本隆は「一本道」を初めて聴いたときのことを次のように回想している。

昔、渋谷のBYGではじめて友部正人の「一本道」を聴いた夜、ぼくは銀のハンマーで脳天を直撃されたようだった。あれから二十数年の時が流れ、詞もメロディーも忘れてしまったが、「もの凄さ」だけは、まるで昨日のことのように心に貼り付いている。日本語の歌で、ぼくにあんな衝撃を与えることができた人間は、友部正人しかいない。(15)

引用は松本隆のエッセー集『成層圏紳士』からで、渋谷のBYGとは老舗のロック喫茶だ。この文章は、もともと一九九七年十一月に友部正人のCDを紹介するチラシに書かれたものであるらしく、友部を宣伝する要素があることは確かなのだが、「一本道」を聴いて衝撃を受けた者はほかにも多くいる。(16)松本の右のような印象は、この「あゝ中央線よ空を飛んで／あの娘の胸に突き刺され」という箇所に集約されているのではないだろうか。

ここで思い出されるのは、松本が作詞したはっぴいえんどの代表曲「風をあつめて」に、「汚点だらけの　靄ごしに／起きぬけの露面電車が／海を渡るのが見えたんです」という一節があることだ。一九六〇年代に次々と廃止されていった東京の「露面電車」が空を飛んで「海を渡る」という表現がメルヘンチックでノスタルジックであるのに対し、東中野駅付近から立川駅付近まで真っ直ぐに伸びた線路の上を走る中央線に向かって[17]、「あの娘の胸に突き刺され」と激しい口調で呼びかける表現は、もの悲しく直情的だ。松本が感じた「もの凄さ」とは、例えばこのような違いがもたらしたものではなかっただろうか。

図34　高田渡が撮影した友部正人。ボブ・ディランを彷彿させる
（出典：前掲『高田渡の視線の先に』7ページ）

ちなみに、この「一本道」がシングル・リリースされた際のB面の曲「まちは裸ですわりこんでいる」や、ファーストアルバム『大阪へやって来た』に収録された「まるで正直者のように」では、細野晴臣がベース、松本隆がドラム、高田渡がマンドリンで収録に参加している。友部がはっぴいえんどのアルバムを聴いているのは確か[18]なの

だが、メンバーとはあまり親しい関係ではなかったらしく、友部の文章にもその名が登場することはほとんどない。

友部のセカンドアルバム『にんじん』には、この「一本道」のほか、表題曲「にんじん」や、トーキングブルースの「乾杯」「トーキング自動車レースブルース」という友部の代表曲が収められている。やはりボブ・ディランのナンバーを彷彿させる曲が多いのだが、このアルバムの特徴は演奏の臨場感を残しているところにある。例えば、友部が「にんじん」の演奏中に漏らした笑いや、歌う際の口調のよどみ、あるいは「乾杯」の歌詞を言い直したと思われるような痕跡もそのまま録音されているのである。詩人の川端隆之は、これらがいわゆる「一発録り」によるものだといい、「大量消費のポップミュージックの枠組みから外れてしまうものを積極的に許容し、確信犯的に発表してしまう友部正人の素の音楽の魅力」[19]として評価している。

「乾杯」などのトーキングブルースは、作られた歌詞を歌うというよりも、ギターをストロークしながら語っているために、その現場でのアドリブ的な雰囲気が効果的に残っている。これは、例えばボブ・ディランのセカンドアルバム『THE FREEWHEELIN' BOB DYLAN』(一九六三年)収録のトーキングブルース「Bob Dylan's Blues」などにも認められることだ。また、同じく「一発録り」で録音したとされるディランの四枚目のアルバム『ANOTHER SIDE OF BOB DYLAN』(一九六四年)の「All I Really Want To Do」や「I Don't Believe You」でも、ディランの演奏中の笑いがそのまま収録されている。友部がこれらを表現効果として意図的に模倣したとも考えられる。

その一方で、『にんじん』に残された演奏現場の臨場感は、片桐ユズルが考えていた限界芸術としてのフォークソングのあり方を表しているともいえる。非専門家同士の間で送受信されるのが限界芸術なのだから、演奏中に思わず出てしまった笑いや歌詞の言い間違いなどを修正する必要もないのだ。鶴見俊輔が限界芸術の一例として挙げている替え歌や鼻歌のように、非専門家が楽しんで口ずさむような歌の歌詞は訂正されることがない。そもそも替え歌の歌詞など常に〈間違っている〉のだから。厳密にいえば、『にんじん』はURCからリリースされたフォークシンガー友部正人の商品なので、限界芸術ではなくすでに大衆芸術と化してしまっているのだが、そのアドリブ的な要素こそがフォークソング、つまり民謡の姿そのものなのである。

さらにいえば、故意に音程を外して歌うようなディランの歌い方を友部がまねていることも、限界芸術としてのフォークソングの一側面を示しているといえるだろう。谷川俊太郎がいう友部のこの「ヘタウマ」[20]な歌も、専門的であることから逃れているという点で限界芸術的なのだ。これは、ここで扱っている友部の初期の曲だけでなく、友部に一貫してみられる重要な要素である。歌詞とも詩ともいえないような表現を、歌とも語りとも、朗読とも朗詠とも捉えられないような方法と、うまいとも下手ともいえないような歌い方で表しているのが友部なのである。

前述したように、その友部の特徴が最大限に発揮されているのがトーキングブルースだが、『にんじん』に収録された「乾杯」は、表現と内容の双方において友部の傑作であると言っても過言ではない。この曲は、連合赤軍によるあさま山荘事件が収束した一九七二年二月二十八日当日の「ぼく」の思いを語ったものだ。この曲でも、事件が情報として類型的に消費されていく社会への違和感がつづられている。

電気屋の前に三〇人ぐらいの人だかり
割り込んでぼくもその中に
「連合赤軍五人逮捕、泰子さんは無事救出されました」
金メダルでもとったかのようなアナウンサー
かわいそうにと誰かが言い
殺してしまえとまた誰か
やり場のなかったヒューマニズムが今やっと
電気屋の店先で花開く
（略）
どうして言えるんだ、やつらが狂暴だって
新聞はうす汚い涙を高く積み上げ
今や正義の立役者
見出しだけでもっている週刊誌
もっとでっかい活字はないものかと頭をかかえている(21)

「ぼく」は、連合赤軍の五人が逮捕され、人質が救出されて事件が収束していく様子を電気屋のテレビで見ている。そのなかで「ぼく」は、テレビ、新聞、週刊誌というマスメディアが事件を単純化することで、生死をめぐるいびつな「ヒューマニズム」が人々に開花し、警察が連合赤軍を懲らしめる正義の物語として事件が処理されることに違和感を覚えている。これは、犯人が「狂暴」であるとだけ位置づけられることによって見失われていく何かに対する「ぼく」の不安であって、「ぼく」が連合赤軍に同情的であるということではない。つまりこれは、事件を体制側からしか報道しないメディアとそれに順応する受け手に対する違和感である。心理学者の諸井克英は、これをメディアバイアスの視点から説明している。(22)

この曲のタイトル「乾杯」という語が登場する箇所もみてみよう。

乾杯! 取り残されたぼくに
乾杯! 忘れてしまうしかないその日の終わりに
乾杯! 身元引受人のないぼくの悲しみに
乾杯! 今度会ったときにはもっともっと狂暴でありますように(23)

ドイツ文学者であり詩人でもある細見和之は、右にある「今度会ったときにはもっともっと狂暴でありますように」という箇所を特に高く評価し、先に述べたような報道を繰り広げる社会に対する挑発や、連合赤軍のメンバーがもつ本質的な弱さに対する批評、そして連合赤軍とは異なる友部の「もっとしたたかな「狂暴さ」を示そうとする決意」を読み取る。さらに、そのあとに続く歌詞から、その決意によって硬直する「ぼく」自身に対する批評もうかがえるとし、「乾杯」には幾重

もの批評性が込められているという。(24)

事件や事件を伝えるメディアに対する批評性、それに対する「ぼく」の内面については諸井や細見が指摘するとおりなのだが、「乾杯」に次のような箇所があることにも注意しておきたい。事件が収束したあと、行きつけの焼き鳥屋で、「ぼく」が見た風景を描いた箇所である。そもそも「乾杯」というタイトルは、事件後にやるせない思いを抱えた「ぼく」が一人で「乾杯」することに由来する。

誰かさんが誰かさんの鼻を切り落とす
鼻は床の上でハナシイと言って泣く
誰かさんが誰かさんの耳を切り落とす
耳はテーブルの上でミミシイと言って泣く
誰かさんが誰かさんの口を切り落とす
口は他人の靴の上でクチオシイと言って泣く
ぼくは戸を横に開けて表へ出たんだ
するとそこには鼻も耳も口もないきれいな人間たちが
右手にはし、左手に茶碗を持って
新宿駅に向かって行進しているのを見た(25)

「ぼく」が酒場で見たのは、メディアが流した事件の情報をさかなに人々が議論する風景だ。もちろん「ぼく」はそれを冷ややかに捉えているわけだが、議論している者が鼻、耳、口という情報の送受信をおこなう感覚器官を互いに「切り落とす」という比喩によってその風景を皮肉っている。

さらには、それらの語を用いた「ハナシイ」「ミミシイ」「クチオシイ」などのことば遊びで議論の様子をちゃかすとともに、ある主張がほかの主張によってくじかれていくその行方を「泣く」という行為に擬人化する。「くち」「くつ」「クチオシイ」という音の羅列には、韻律的な効果も認められるだろう。

そして「ぼく」は、メディアの報道に順応し、感覚器官を失った人々の群れが家路へ急ぐのを目にする。はしと茶碗を持ったのっぺらぼうとは、日常と生活のなかに埋没したわたしたちの姿だろう。この社会をこうした比喩や表現でアイロニカルに捉えようとする「ぼく」もここから逃れられるわけではない。その証拠に、この曲のなかで「おお、せつなやポッポー、五〇〇円ぶんの切符

図35　あさま山荘事件のテレビ中継を見る堂島地下街の群衆
（出典：『連合赤軍“狼”たちの時代――1969-1975』〔シリーズ20世紀の記憶〕、毎日新聞社、1999年、198ページ）

をくだせえ」というフレーズが甲高く二度繰り返されるのである。

このフレーズはラングストン・ヒューズの詩「七十五セントのブルース」（『ラングストン・ヒューズ詩集』木島始訳、思潮社、一九六九年）のなかの「どっかへ　走っていく　汽車の／七十五セント　ぶんの　切符を　くだせい」という詩句に由来するのだが、友部の『ジュークボックスに住む詩人――エッセイ集』（思潮社、一九九三年）によると、友部は、高田渡らがやっていたジャグ・バンド武蔵野タンポポ団の「ミッドナイトスペシャル」という曲からこれを借用したという。この曲は、アメリカのミュージシャン、レッドベリーの原曲にヒューズのいくつかの詩句をあてて作られたものだ。

「乾杯」では、そのフレーズが二度叫ばれ、汽車に乗ってどこかに行ってしまいたいという逃れられない場への思いが印象づけられている。あさま山荘事件後の、取り残され、行き場がない「ぼく」の思いは、決して「ぼく」一人のものではなかっただろう。社会のあり方を批判的に捉え、皮肉ったりちゃかしたりしても、そこから逃れられないのである。その後、若者たちの社会や政治への関わり方は変化していき、それとともにフォークソングも徐々に変質していくことになる。

4――詩人・友部正人

関西のフォークシーンは、一九六〇年代後半のベトナム戦争、学生運動、七〇年安保闘争などの社会状況のなかで、そのプロテストソングが若者たちに支持されたことで活気を帯びていった。関西のフォークシンガーたちの歌を替え歌にして歌った新宿駅西口でのフォークゲリラたちの集会はその最たるものであり、その後日本各地にフォークゲリラが派生していった。しかし、新宿駅西口のフォーク集会への弾圧、そして学生運動の内部崩壊や安保闘争の失速とともに、プロテストソングのあり方も変化を求められることになる。その後は、やはりビートジェネレーションの延長線上にあるヒッピー文化の影響を受けながら、社会制度によって抑圧、管理、順化された性や内面を解放する方向へと移行していくのだが、この動きも、例えばURCの関連会社であるアート音楽出版が発行していた雑誌「うたうたうた フォーク・リポート」一九七〇年十一・十二月号が警察に猥褻容疑で押収されるという出来事を生んでいる。

このころには、URCを設立した秦政明と、高石友也、岡林信康たちとの関係が悪化していた。前述したが、秦が組んだ過密なスケジュールや、労音の例会後におこなわれていた合評会、フォークゲリラたちとの討論などによって二人は疲弊し、フォークを歌うことの意味を見失っていた。高石はアメリカでの放浪を経て福井県遠敷郡名田庄村で暮らし始め、岡林も一時東京に居を移し、政治からは距離を置き始めている。友部が大阪で生活していた一九七〇年は、関西のフォークシーンをリードしてきた高石や岡林が今後を模索しはじめた時期だった。

一九七一年には岡林も農村での生活を考え始め、翌年十一月からは京都府綾部市栃村に移り住んで稲作をおこなうようになる。七一年、高田渡は東京に帰り[26]、中川五郎も東京に移った[27]。友部のアルバム『大阪へやって来た』や『にんじん』は確かにURCからリリースされてはいるが、これも友部が東京へ移ってからのことである。これらのアルバムがリリースされた七二、三年ごろ、関西のフォークシーンは、かつてマスメディアが取り上げたような活気を失っていた。

とするならば、友部は確かに大阪で生活していた時期があるとしても、関西のフォークシーンの中心にいたというよりは、その場を通り過ぎたシンガーだと考えたほうがいいだろう。にもかかわらず、友部の歌詞は、関西のフォークシンガーたちをサポートしていた詩人たちの理想を実現していたところがある。歌詞のなかに詩の可能性が感じられるという点で〈関西フォーク〉的なのである。

むろん、そういえるのは片桐ユズルが早くから友部の歌詞を高く評価していたからだ。興味深いことに、ちょうど友部がファーストアルバム『大阪へやって来た』をリリースしたころ、京都に来た友部に片桐がインタビューした記事が「季刊フォークリポート」に掲載されている。このインタビューは、友部のライブ後におこなわれたもので、そのときの友部は疲れていたらしく、ライブでの歌の調子も観客の反応もよくなかったらしい。インタビューの前文に「白けインタビューの見本」とあるように、誌面には全く盛り上がらない二人の会話が紹介されている。

片桐ユズル　何からしゃべろうかかな。私も、友部氏もあまりしゃべる方じゃないからね。何の話しからしようかな。何から話したらいいのかわからないんだけど、結論的に言うと友部さんは詩人だよね。言葉のセンスがすごくいい。今のシンガーの中でいちばん詩人だと思うんだけど、ぼくは。

友部正人　うん。
片桐ユズル　いちばんいいと思ったのは、最初にそう思ったのは、「だってそうやんけ」というのがあったでしょ。
友部正人　ああ。
片桐ユズル　その言葉の使い方だけで、すごくおもしろいと思ったの。
友部正人　ああそうですか。
片桐ユズル　あの歌このごろ全然聞かないけれど。
友部正人　全然わすれちゃったですね。歌っていないから。
片桐ユズル　そう。それからいろいろあったけど、フォーク・ゲリラのころのこと話してくれないかな、おもい出すのいや？
友部正人　あんまり話したくない。(28)

インタビューは最後までこの調子だ。インタビューの最中に友部が楽屋から外に出たため、話は歩道に立ったまま続けられ、最後には片桐が「もうやめようか。かわいそうだ」と言って打ち切られている。ちなみに、片桐が評価している「だってそうやんけ」という曲についての詳細は不明である。

さらに、「季刊フォークリポート」（第四巻第四号、アート音楽出版、一九七二年秋の号）誌上には、片桐の「友部のうたう歌はなぜかぼくにはぜんぶ良くきこえる」というエッセーも掲載されている。このエッセーでは、当時の片桐が感じていた関西のフォークの問題点も挙げられていて、例えばその一つに、「フォークはそもそも限界芸術なのに、それをむりやり大衆芸術にしたてあげた」という点がある。その責任の一端はURCにあるのだろうが、それは関西のフォークがマスメディアを通じて世に広まり、商品として消費されてしまったことに対する片桐の反省でもある。ここでの片桐が価値を置いているのは、大量に消費されていく大衆芸術としてのフォークではなく、多くの観客を動員できなくても高い質をもった限界芸術としてのフォークだ。一九七二年七月から、片桐がプロテストソングの復権を目指して、「かわら版キャラバン」でシンガーとともに各地を回り始めたのもそうした問題意識からだった。

片桐は、そのような状況のなかで友部の可能性を捉えようとしている。外山滋比古「翻訳文化と詩の言葉」(「ユリイカ」一九七二年九月号、青土社)が、明治以後の日本の詩人たちが声を失って歌い叫ぶことができなくなっていると指摘していることを踏まえ、友部はそれを打開した「詩人のこれからのあるべき姿」を示しているという。ボブ・ディランらが奏でるアメリカのフォークを、友部が形式ではなく内容として翻訳できる能力をもっているといいたいのだろう。それは、先に述べたように、ディランのトーキングブルースを日本語で実践しているところに端的に表れているだろう。片桐がいいたいのは、フォークが大衆芸術と化していく状況のなかで、友部はそれに取り込まれていかない可能性をもっている数少ないシンガーだということである。

さらに片桐は、友部の特徴として、「うたうということで、ふつうのことばをみごとにアンプリファイして、たかめている」こと、「ひとつひとつの日常のささいな、ふつうの経験をたいせつに

「している」詩人の目をもっていること、「やさしいことばで、しかし、かなりはげしいというか、高揚した感情をあらわす」ことを挙げている。そして、「これまで用いられてきた目の言葉を耳でたしかめ、耳に残るものにして行く」必要性を求めた外山滋比古の指摘を再び援用し、「新しい仮名的言語」の実践者として、友部や古川豪、小林隆二郎などのフォークシンガー、秋山基夫、有馬敲、中山容ら「オーラル派」の詩人たちを位置づけている。一九七二年五月に開店した京都の喫茶店ほんやら洞では、このオーラル派の詩人たちによる詩の朗読と、フォークシンガーたちの歌と演奏がおこなわれていて、限界芸術としてのそれらの可能性が引き続き追求されていた(29)。

一方、東京に行った友部は、阿佐ヶ谷で知り合ったのだろうか、谷川俊太郎と交流を深めている。友部が「現代詩手帖」一九七五年十月号（思潮社編、思潮社）に寄せた「谷川さんのこと」に「谷川さんといるとたくさん話したくなってきて、話しているうちに、この世に嘘なんてないんだ、なんて気になってきて、ぼくは大きな口をあけて、いちばん先にはなしてしまう」という一節もあり、友部は谷川に親しみを感じていたようだ。翌月号の同誌の特集「歌謡 その変遷と精神」には、冒頭でも紹介した二人の対談記事「おかしな声を発明したい」が掲載された。

誌面からは明確にはわからないのだが、この対談も片桐のインタビュー同様、沈黙が続くものだったようだ。記事の最後に谷川は次のような付記を添えている。

> 友部さんの口から言葉が出てくるのを待つあいだ、何度も私は自分と友部さんとがこんな形で話しあう必要があったのだろうかと自問した。（略）私は〈説明〉を求め、友部さんは〈説

図36　友部正人第一詩集『おっとせいは中央線に乗って』思潮社、1977年、カバー

明〉を拒んでいる。拒んでいるその沈黙の中にこの対談のリアリティがあったのだが、それが誌面で伝えられているかどうか。[30]

谷川は、友部との対談を通じて「話し言葉、書き言葉の他にもうひとつ、歌い言葉というものがあるのではないか」と感じたとも記している。友部の生き方が、話しことば、書きことばの世界と対立しているというのだ。それに対して友部は、「普段、話すということにそれ程重みをおいていないぼくは、話すということに、非常に重みをおいている谷川さんとの対談で、少し変わりそうだ」という付記を寄せている。やはり、対談が終わっても、この体験を語る二人の認識はズレているようだ。

このころ、谷川は友部が詩を書き溜めていたノートを預かり、同誌の編集をしていた詩人の八木忠栄もそのうちの数冊を借りて読んだという。その結果、二人は現代詩として友部の詩を評価し、ノートから三十二編を選んだ友部の第一詩集『おっとせいは中央線に乗って』（思潮社、一九七七年）が刊行されることになった。[31] 谷川は一九五〇年代からシャンソンと現代詩との接続を試みようとしたり、多くの歌詞を手がけたりしてきた詩人であるために、友部の詞を現代詩として捉える視点があった。その後の友部は詩集やエッセー集をコンスタントに刊行しつづけ、二〇〇六年には思潮社から『友部正人詩集』（現代詩文庫）も刊行された。

友部は、吉田拓郎や井上陽水のようにニューミュージックの流れに乗ってミュージシャンのスターダムにのし上がったわけではない。マイペースにライブ活動を続け、アルバムをリリースし、文筆活動をおこなう。しかし、そのいずれにも友部の詩的世界が顔をのぞかせている。

最後にあらためて確認しておきたいのは、そのような詩人・友部正人を最初に見いだしたのは片桐ユズルだったということだ。詩人であり、フォークシンガーでもあり、そのいずれでもないような友部の姿こそ、片桐がフォークソングの向こう側にみていたものではなかっただろうか。そのような意味で、友部は片桐の理想の一部分を実現したのである。

注

（1）ゼロ次元については、黒ダライ児『肉体のアナーキズム――1960年代・日本美術におけるパフォーマンスの地下水脈』（grambooks、二〇一〇年）三五八―三六五ページを参照した。

（2）友部正人／田口犬男「どこにも属さない――詩・音楽・現在」、思潮社編「現代詩手帖」二〇〇三年四月号、思潮社、二〇ページ

（3）無署名「本山派出所（千種）へ火炎びん」「中日新聞」一九六九年八月二十三日付夕刊

（4）当時の友部正人については、谷川俊太郎と友部との対談「おかしな声を発明したい」（思潮社編「現代詩手帖」一九七五年十一月号、思潮社）、前掲「どこにも属さない」、『「友部正人略年譜」（前掲「現代詩手帖」二

〇〇三年四月号）、友部正人『The Man In Me――ぼくのなかのディラン』（大栄出版、一九九二年）、同『ちんちくりん』（ビレッジプレス、二〇〇一年）、同「ポロンポロン」（『友部正人詩集』〔現代詩文庫〕、思潮社、二〇〇六年）、同「歌と出会う」（「ユリイカ」二〇一八年一月号、青土社）などを参照した。

（5）片桐ユズルによる友部正人へのインタビュー（「季刊フォークリポート」第四巻第一号、アート音楽出版、一九七二年冬の号）、前掲「友部のうたう歌はなぜかぼくにはぜんぶ良くきこえる」、片桐ユズル「へんなことでいっぱい」、前掲「現代詩手帖」二〇〇三年四月号

（6）大塚まさじ『旅のスケッチ』ビレッジプレス、二〇一一年、八五―九四ページ、中部博『プカプカ――西岡恭蔵伝』小学館、二〇二一年、一一七―一五二ページ

（7）小倉エージによる大塚まさじへのインタビュー（前掲『URCレコード読本』所収）一一七ページを参照。

（8）前掲『プレイガイドジャーナルへの道1968～1973』五一―六七ページ、梅山いつき『佐藤信と「運動」の演劇――黒テントとともに歩んだ50年』作品社、二〇二〇年、一〇八―一〇九ページ

（9）山田修と佐藤信の対談「さて、黒テントで何をやろうか」（「ミュージック・レター」第〇号、ニューミュージック・マガジン社、一九七〇年）四ページを参照。なお、この資料は梅山いつき氏にご教示いただいた。

（10）友部正人「ぼくとボブ・ディラン」、前掲『ちんちくりん』一七一―一七二ページ

（11）友部正人「オープニング・ナンバー――景色は歌の友だちだから」『ジュークボックスに住む詩人――エッセイ集』思潮社、一九九三年、九ページ

（12）中村とうよう「フォーク・ソング小事典」、中村とうよう／三橋一夫／三井徹／神崎浩『フォーク・ソングのすべて――バラッドからプロテスト・ソングまで』所収、東亜音楽社、一九六六年、三〇八―三〇九ページ

（13）「大阪へやって来た」の歌詞の引用は、ポニーキャニオンから二〇二〇年に発売されているCD『大阪へやって来た』による（以下の引用の出典は同じ）。

（14）「一本道」の歌詞の引用は、ポニーキャニオンから二〇二〇年に発売されているCD『にんじん』による（以

下の引用の出典は同じ)。
(15) 前掲『成層圏紳士』四〇五ページ
(16) 例えば、岩井宏「Take Last」(「季刊フォークリポート」第四巻第四号、アート音楽出版、一九七二年秋の号) など。
(17) 岡崎武志『ここが私の東京』扶桑社、二〇一六年、一三七ページ
(18) 前掲「セントルイス・ブルース」五八ページ
(19) 川端隆之「ユーモアとズレ――友部正人の音楽と詩」、前掲「現代詩手帖」二〇〇三年四月号、五九ページ
(20) 前掲「谷川俊太郎が語る フォーク詩の世界」六一ページ
(21) 「乾杯」が収録されているCD『にんじん』の歌詞カードには歌詞が掲載されていないため、歌詞の引用は、資料として「乾杯」の全歌詞を掲載している細見和之『ポップミュージックで社会科』(〔理想の教室〕、みすず書房、二〇〇五年) 一二五―一二八ページによった。
(22) 諸井克英「時代を漂流する青年のこころ――「友部正人」が構成する物語世界」、同志社女子大学生活科学会編「同志社女子大学生活科学」第四十六巻、同志社女子大学生活科学会、二〇一二年、七八ページ
(23) 前掲『ポップミュージックで社会科』一二五―一二八ページ
(24) 同書一二九―一三〇ページ
(25) 同書一二五―一二八ページ
(26) 前掲『バーボン・ストリート・ブルース』九一ページ
(27) 前掲『ぼくが歌う場所』一二八ページ
(28) 片桐ユズル/友部正人「インタビュー・友部正人」、前掲「季刊フォークリポート」第四巻第一号、五四―五五ページ
(29) 前掲『ほんやら洞の詩人たち』

(30) 前掲「おかしな声を発明したい」八一ページ

(31) 八木忠栄「おっとせいは陸に上がり空ばかり見ている」、前掲「現代詩手帖」二〇〇三年四月号

終章

〈関西〉なるもの

1――なぎら健壱がみた関西フォーク

ここまで各章で、フォークソングと現代詩、歌詞、〈うた〉について考察してきた。そのなかであまり問いかけてこなかった事柄がある。それは〈関西〉という地域性についてだ。むろん、各章でも関西地域の地名や店名、学校名などは登場しているが、ここまでに述べてきたような関西フォークという運動と現象は、関西の地域でこそ可能になった側面がはたしてあるのか、ないのか。

ここまでこうした問いをあまり設定してこなかったのは、その要因を説明しようとしても、きわめて不確かなものになってしまうからである。あるいは、その説明を始めると、結果的に関西という地域の特異性を指摘することに帰着したり、それを称揚したりするような力学のなかにからめとられてしまうからだ。そうならないように注意しながら、まずは関西フォークに対する音楽ライターたちの認識を取り上げてみたい。

関西フォークについてはこれまでにも様々な人物によって語り継がれてきたが、まず、その第一人者ともいえるフォークシンガーなぎら健壱の捉え方をみてみよう。ライターとしても活躍するなぎらはフォークに関する数冊の著書を刊行していて、その一冊『日本フォーク私的大全』(〔ちくま文庫〕、筑摩書房、一九九九年)によれば、少年時代のなぎらは、一九六九年三月に高石友也、岡林信康、高田渡、五つの赤い風船が出演した労音主催の「フォークのつどい」に出かけ、彼らの詞にみられるメッセージ性に強く衝撃を受けたという。彼らの歌は、それまでアメリカのフォークを模倣するだけだったなぎら少年の感性を大きく揺さぶり、その後のなぎらが関西フォークに深く入り込んでいくきっかけを作ったそうだ。

そのなぎらは、『関西フォークがやって来た!――五つの赤い風船の時代』(〔ちくま文庫〕、筑摩書房、二〇二一年)で、「関西フォーク」という呼称について記している。それによると、当時は「関西フォーク」だけでなく「アングラ・フォーク」や「反戦フォーク」という呼称も使われていたが、それらはどれも定かなフォークのジャンルを表わすものではないし、シンガーの出身地ともあまり関係がないという。アングラ的・反戦的なフォークソングが関西から広がってきたために、そのような性質のフォークが関西フォークと呼ばれていたとなぎらは捉えている。

なぎらは当時のフォークをリアルタイムで聴いていた世代であり、同じシンガーとして関西フォークのシンガーたちとも親交をもっていた。なぎらは『高田渡に会いに行く』(駒草出版、二〇二一年)で、そのなかでも特に親しくしていた高田渡の足跡を様々な関係者の証言からたどっている。

関西フォークという語が広まった当時を知り、そこにシンガーとしてもライターしても関わってきたなぎらがこのような認識をもっていたという事実に、まず留意しておきたい。重要なのは、関西フォークはそのアングラ性と強いメッセージ性の歌詞を特徴とするが、フォークの一ジャンルではないし、シンガーの出身地とも関係がないということだ。当の本人たちは単なる一般的なフォークソングと認識していた、という言い方さえできる。

2――なぜ関西だったのか

それでは、なぜそれが関西から広まったのだろうか。これについても、音楽ライターがいくつかの見解を示している。

例えば、前田祥丈・平原康司『60年代フォークの時代』は、一九六四年の東京オリンピック開催による東海道新幹線の開通やテレビの普及が、関西での文化の「相対的な地位の上昇」を促し、「関西は東京の流行を吸収しつつ、そのアンチテーゼともいえる動きも見せていく」ことになったと述べている。そして、「関西の学生フォークソング・シーンが、東京の〝業界〟から距離を持ちえていたからこそ、よりアマチュア的な純粋さを保ちながら成長していくことが出来た」と捉えている。その背景にあったのは、「根強い庶民感覚や在野意識」「東京に対する強い対抗心[1]」だったという。

この前田・平原の記述は、前述したような不確かさを備えているものの、いくつか重要な要因を指摘してもいる。まず、「〝学生の街〟京都を中心に、フォーク・シーンが活発化していた」こと、それからフォークの広まりに「大阪労音ライン」があったことだ。これは、関西の二つの都市とフォークとの関係を端的に物語っている。さらに関西では、「市場の規模が東京に比べて（量的に）小さい」こと、「マス・メディアに代表されるコマーシャリズムの制約が東京より緩やかだった分だけ、個人の〝生き方〟を自由に通すことができた」ことも指摘している。[2] この点は、関西でのフォークの広まりに、ラジオというメディアやアングラ・レコード・クラブ（URC）が大きく関わっていたこととも連動しているだろう。

同じく小川真一「関西フォーク」は、関西フォークを聴いた自身の体験をもとに、それが注目を集めたきっかけは「珍奇（ノヴェルティー）な部分」にあり、関西の「笑い倒してナンボ、おちょくってナンボという気質」[3] がカレッジフォークへのアンチテーゼになったと捉えている。関西の気質といわれるものも不確かではあるが、岡林信康の初期の歌がちゃかしと風刺に満ちていて、聴く者を笑いに誘っていたことを考えると、関西の大衆演芸などによって培われた心性が東京のフォークとの差異を生み出し、それが魅力的にみえたとも考えられる。

これらの音楽ライターの指摘には納得がいくところもいかないところもあるのだが、交通網が整備され、テレビが普及した一九六〇年代後半の環境があったからこそ、関西のフォークシーンが地域を越えて展開したといえそうだ。そもそも「関西フォーク」という言い方そのものが関西の外部、つまり東京からそれを捉えた視線を内包しているのであり、それがアマチュア的で、庶民感覚や対抗心をもち、ちゃかしや笑いを特徴にもつとされるのもそのためである。まず、〈そのように見えるもの〉を、関西を離れたほかの地域に発信できるほどのメディア環境にあったということが、関西フォークが広まった前提になるだろう。

3——小ささと近しさ

音楽ライターたちの指摘は、関西のフォークシーンを東京から捉えてカレッジフォークとの比較のなかに位置づけるものだが、もう少し関西の内部にも目を配ってみよう。例えば京都市という街は、相対的に小さな範囲のなかに多くの学生たちが生活している都市環境にあり、それがフォークソングの共有と広まりに結び付いていったといえる。当時の多くの関係者にインタビューした山岡憲之『京都のフォークソング』(ユニオン・エー、二〇一八年)によれば、京都ではもともとカントリー&ウエスタンが盛んだったという複数の証言があり、その延長線上にフォークが見いだされていった側面があるようだ。ただし、なぜ京都でカントリー&ウエスタンが盛んだったのかはわからない。

大阪では、大阪労音を起点としたシンガーたちの労音回りや、URCの設立による楽曲のレコード化などの点で秦政明が果たした役割はもちろん大きいが、それ以前にフォークに対する若者たちの関心が存在していたことを忘れてはならない。「関西フォーク」と呼ばれるものが登場する前から、大阪労音にフォークソング愛好会が発足していたり、秦のアート・プロモーションが「フォーク・フォーク・フォーク」という集会を開催していたりするのもそのためだ。秦は、一九六〇年代後半の社会状況を見据えながら、若者たちのフォークに対するそうした関心を、若者たちにとって目に見えるように商業化していったといえる。

その他、関西の複数の場で開催されたフォークキャンプやコンサート、大阪や神戸のフォークスクール、各地で開催されたライブ、ラジオ放送などの力も大きかっただろう。関西でのべ平連の活動や、大阪・梅田地下街、京都・三条大橋下などでのフォーク集会も、若者たちのフォークシーンを支える土台になっていた。大阪にあった喫茶店ディランの存在も有名だ。中部博『プカプカ――西岡恭蔵伝』(小学館、二〇二一年)によると、店の経営に携わっていた大塚まさじは、大阪のフォークスクールに参加していて、そこで知り合った若者たちを店に誘っていたという。それをきっかけにして、フォーク愛好者を中心とした多彩な若者たちが店に集まるようになったそうだ。

これらを総合していえることは、関西フォークを支えたものはいずれも規模としては相対的に小さなものだったということである。関西フォークの特徴はフォークを愛好する若者たちとそれをサポートする一部の年長者たちとが互いに目に見える範囲で繰り広げた行動が、運動や現象と位置づけられるようなものになっていった点だ。そして、この目に見える範囲、つまり身体的な近しさが折り重なったときに生じてくるのが〈関西〉という空間だったといえる。例えば、広島フォーク村などほかの地域でもフォークを愛好する若者たちが近しい関係で集合する例はみられるだろうが、一定規模の運動や現象と化すには、それをある程度外部に広めるほどの環境も必要である。人々の近しさを生じさせるある種の狭さとそれをほどよく発信できるメディア環境を兼ね備えていたのが、複数の都市から成り立つ関西だったのだ。

実態としてではなく、イメージとしてフォークソングが共有される場が〈小さく〉〈狭い〉場だったために、片桐ユズルのような知識人が若者たちに直接はたらきかけることも可能だったのかもしれない。あるいは、東京に生まれて関西に移住してきた片桐ユズルや、各地を転々として大阪に流れ着いた高石友也、東京から京都へやってきた高田渡、名古屋から「大阪へやって来た」友部正人など、関西の出身ではない人物たちが関西で結び付いて「関西フォーク」と呼ばれるものを構成したのも、その小ささと近しさのためかもしれない。

4——民衆と若者

片桐が関西フォークに関わっていた一九六〇年代半ばから七〇年代は、戦後民主主義のパラダイムのなかで、民衆の存在が社会や学問、表現などの様々なレベルでクローズアップされた時代だったし、民衆の視点が知識人と文化人によって価値づけられていた状況にあった。それは高度経済成長期の都市化や合理化に抗するものとして民俗性や土俗性への評価を生み、それがある種の〈本物らしさ〉を帯びていた。それは当時の若者たちが受け入れた映画や演劇、漫画などの表象に接近すれば容易にわかることだろうし、そのような価値観のなかで激しい学生運動が繰り広げられていたことはいうまでもない。

例えば、この文脈のなかで前田・平原がいう関西の「根強い庶民感覚や在野意識」、小川がいう「笑い倒してナンボ、おちょくってナンボという気質」を捉え直したらどうだろうか。戦後民主主義のなかで民衆の文化や視線に対する評価軸が存在していたとすると、若者たちが社会に対する違和感をときにちゃかしたり皮肉ったりしながら歌う〈うた〉が、商業ベースに乗せられたフォークソングよりも、より〈本物らしさ〉をもって迎え入れられた理由もみえてくるだろう。とするならば、一九五〇年代半ばから民衆の替え歌に注目し、その延長線上に『限界芸術論』の発想へと至った鶴見や、フォークを「人民による・人民のための歌」（前掲「フォーク・ソング雑感」）として位置づけた片桐ら知識人は、その状況を早くから理論化していたことになるだろう。

本書冒頭で述べたように、もともとフォークソングとはアメリカの民謡を指す。それは、アメリカの先住民や自らアメリカに移住した人々、強制的に連れてこられた人々の伝承歌、労働歌、愛唱歌であり、それらの派生歌である。人々が生きて生活していくなかで生まれ、レコードなどの録音技術が確立する以前から歌い継がれてきた民衆の歌なのである。

関西フォークの一側面には、こうした原初的なフォークのあり方が刻まれている。その歌詞には、人々の生活感覚や若者たちの視点から捉えた、社会に対する違和感が強く表出している。当時のフォークは、フーテナニー、つまりシンガーとともに聴衆も歌う形式を採っているケースが多いが、こうした歌を会場全体で歌うことは、若者たち全体の声として歌がその場に立ち上がってくることにつながる。関西フォークとは、若者たちが民衆の歌を自身のもとに引き付け、自分たちの声を誰かに届けようとした営みであり、かつほかの若者たちの声を代わりに伝える表現でもあった。関西が「根強い庶民感覚や在野意識」に支えられ、「笑い倒してナンボ、おちょくってナンボという気質」に満ちているとするならば、その感覚や意識、気質と、フォークが内包する原初的な性質は見事に調和しているといえるだろう。片桐は、フォークの可能性を論じる際に鶴見の『限界芸術論』を援用し、非専門家によって作られ非専門家によって享受される限界芸術の姿を見いだしたが、関西のフォークシーンでは、その非専門家同士の〈うた〉の交歓や共有が確かに顕著だった。それは、前田・平原がいうように、東京に比して資本やメディアの力がやや小さい環境にあったから、そして、素人と言っても過言ではないシンガーたちがそのような環境で活動していたからだ。

5——声の対抗文化

関西フォークを理論的に支えていた詩人・片桐ユズルが、詩の朗読や口語的表現の可能性をフォークにみていたことは前述のとおりだ。付録として本書に収めた本人へのインタビューによると、一九五九年から六〇年にかけてアメリカに留学した片桐が当地で見いだしたのは、自分が経験してきた詩の朗読とはまったく異なる、ポエトリーリーディングの魅力だった。それまでの片桐にとって、詩の朗読とは戦時下に経験したような戦意高揚のための朗読であり、詩を淡々と読み上げていくポエトリーリーディングは新鮮なものに聞こえたのである。

戦時下で戦意高揚のための詩がラジオで頻繁に朗読されていたことはよく知られているが、これは声の力を国家が利用したケースだろう。政治家が扇動的におこなう演説や、観客を感情移入させる舞台俳優たちの台詞回し、懇々と相手を説き伏せる説得の口調など、声は聴く者を情感や感興に誘い込み、ときに論理を超えた同意や思考停止の状態に陥らせる。そのような意味で声の力は魔力でさえある。戦時下で少年期を過ごした片桐が耳にしていたのは、その力を政治的に利用した詩の朗読だった。

このことは、片桐が親炙していた鶴見俊輔の著名な論文「言葉のお守り的使用法について」(「思想の科学」一九四六年五月号〔創刊号〕、先駆社)の議論とも重なり合う。鶴見は、空疎な意味内容しかもたないことばを「お守り」のように信じ込んでしまうような形而上的思考こそが戦争を支えていたと敗戦直後に喝破した。「国体」や「皇道」のように、語の実態がつかめないにもかかわらず、その響きに取り込まれていく事態は、戦意高揚のために滔々と読み上げられる戦争協力詩に心を奪われていくのと同様である。鶴見も片桐も、このような声の魔力を身体的に経験してきたのであり、だからこそその力に抗おうとしていた。鶴見が早くから民衆の歌に注目し、替え歌の意義や流行歌の位置づけについて論じていたことと、片桐がポエトリーリーディングやビート詩、フォークソングという口語的表現を体現化していったことは同じ問題意識によるものだ。

つまり、声の魔力が国家に利用されることへの対抗手段として、同じ声の力を民衆のもとに手繰り寄せようとしたのである。その力が凝縮されるのが、民衆が声をそろえて歌う〈うた〉だ。戦後、うたごえ運動がそのような力をもっていたことはよく知られているが、若者たちにフォークソングが共有されはじめた一九六〇年代後半には、片桐が前掲の「フォーク・ソング雑感」で述べていたように、うたごえ運動の歌は大人数では歌いにくく、やや古びたものになっていた。それを更新するものとして現れたのがフォークソングだった。フォークは簡単なコード進行で構成されているために演奏しやすく、歌詞を乗せることも容易だった。ここに若者たちの声の力が宿ることになるのである。

関西フォークの最大の特徴は、こうした民衆の心性を自らに引き付けて歌う若者たちのフォークソングと、それを対象化して捉えていた知識人たちとの交流、融合にある。前述したように、片桐ユズルや高石友也、高田渡、友部正人らは、関西フォークを構成する重要な要素であるにもかかわらず、関西地域の出身ではない。ならば関西フォークの〈関西〉は、地域としてではなく、他者同士が交流し融合していく流動的な場として捉えたほうがいいのではないだろうか。関西フォークの〈関西〉とは、その場に集まった民衆や若者たちの声のざわめきの比喩であると言ってもいい。

その声の姿は、若者たちの間に流行歌として広まっていたカレッジフォークとは異質なものだった。だから、それを外部から捉えた〈関西〉フォークというネーミングがなされるのである。すると、新宿西口地下広場で繰り広げられた大規模なフォークゲリラの活動は、〈関西〉フォークなるものが東京に波及していった結果だったといえる。この現象はやがて全国各地に広がっていくが、これを片桐の詩論の具現化として捉えるとするならば、フォークゲリラは一つの文学運動の結果だったともいえるだろう。

〈関西〉フォークという場では、不定形の民謡、すなわち本来的な意味でのフォークソングのあり方を知る片桐ら知識人と、それを自分たちの文化として引き寄せて身体化していった若者たちとの化学反応が生じていた。〈関西〉なるものがアプリオリに存在するのではなく、複数の異質なものが組み合わさったところに〈関西〉なるものが立ち上がっていたのである。この場合に限らず、場や文化とは常にそのような性質のものだろう。様々な構成要素からなる〈関西〉フォークとは、民衆の一人として自らの思いを〈うた〉にしていった若者たちと、それを支えた知識人たちによる声の対抗文化だったのである。

注

(1) 前掲『60年代フォークの時代』六八ページ

(2) 同書七〇―一〇六ページ

(3) 小川真一「関西フォーク」、前掲『日本のフォーク完全読本』所収、六八ページ

付録

片桐ユズルさんが語った関西フォーク

本書の内容を振り返ってみると、全章にわたって片桐ユズル氏の名前が登場していることに気がつく。序章では片桐氏を取り巻いていた現代詩の状況、第1章では片桐氏がビート詩やフォークソングに出合うプロセス、第2章では片桐氏とともに関西フォークを支えた作家たちについて述べた。第3章以降は、片桐氏が直接関わったシンガーやその視野に入っていた現象と人物を取り上げている。終章でも、片桐氏が東京出身であることを念頭に置きながら、関西という場を問い直している。

そうした本書の執筆過程で、片桐氏本人に話を聞く機会が二度あり、様々な文献を収集して得た認識を、関西フォークという運動と現象の渦中にいた片桐氏本人に尋ね、確認することができた。本書各章の記述にはその片桐氏の証言に基づいているところも多くある。以下は、二〇二〇年十二月二十八日と二二年九月二十九日のインタビュー内容を片桐氏の許可を得て編集したものである。

ビート詩とポエトリーリーディング

——一九五九年から六〇年にアメリカ留学された際、サンフランシスコでビート詩やポエトリーリーディングに出合われたそうですが、それまではビート詩についての情報はおもちではなかったのでしょうか。

片桐　そう、私は疎いからね、知らなかったけどね。でも、ある程度のニュースは日本にも入ってたらしい。ビートという人たちがいて、ちょっと面白いことやっているってことはね。だけど、私はそんなこと全然知らないでいきなりサンフランシスコに行った。だけど、面白かったですよ。サンフランシスコってリベラルだから。

——片桐さんの感じ方として、ポエトリーリーディングというのはいままでの詩の朗読とは違ったものとして聞こえてきたということはありますか？

片桐　あります。サンフランシスコ州立大学にフルブライト留学生として行ってるわけだから、もちろん英語教授法の授業は受けたけれども、ほかにも大学のいろんな授業を受けていいわけ。そこに詩を作る授業、ポエトリーライティングという授業があって、その授業を受けました。私のクラスの先生はそんなに有名な詩人ではなかったけどね。だいたい、大学で詩や小説、戯曲の書き方を教えている人はそんなに有名じゃない（笑）。だけど、その授業では、詩はこういうふうに書くものなんだ、ということを先生がレクチャーするのではなく、私はこんな詩を書きました、という感じでその詩を持ってきて、それをクラスで読むんですよ。十二、三人が入るくらいの小さな教室で。だから大声張り上げる必要もない。それで、私がそのクラスでこんな詩を書きましたって感じで持ってきて読むの。大声でドラマチックに読む必要もないような読み方はいままで知らなかった。日本では、詩の朗読がおこなわれたのは戦争中のことでね、ラジオとかで戦意高揚のために読むような感じ、あれが詩の朗読だと思ってた。あんなのいやじゃない？（笑）そういうものじゃない詩の朗読があるっていうのを知った。朗読っていってもそう朗々と朗誦するわけじゃなくて、普通にボソボソ読むだけなんだよ。それでいいんだって思った。まあ、ボソボソ読まなくても、かっこつけて読んでもいいんだけど（笑）。大げさな、いかにも詩を読んでますって感じじゃなくて、詩だからって、特別な読み方をするわけじゃないんだよね。普通に散文を読んでいるのと同じような感じ。

――ただ、ビート詩のアレン・ギンズバーグの読み方は抑揚をつけますよね。

片桐　うん、そりゃ、あの人たちはやっぱり大勢聞

写真1　片桐ユズル氏（2022年9月29日、筆者撮影）

きにくる人がいるでしょう？　大勢が来て興奮すれば、自然にそうなりますよ。

——じゃあ、片桐さんがアメリカで出合ったポエトリーリーディングとビート詩は、必ずしも同じではないということですよね。

片桐　そうか……。でも、地続きですよ。ビート詩は氷山の一角みたいなものです。普通の詩を書く人が大勢いて、そのなかの何人かの人をみんなが面白がってくれたりして、何回も読ませられたりするからそうなるんですよ。サンフランシスコ州立大学にはポエトリーセンターというものがたまたまあって、そこで毎月詩人を呼んで朗読会をするんで行ってみた。有名な人は来なかったし、大した詩じゃないんだろうと思ったけど行ってみた。そうすると、ポエトリーライティングの授業の読み方と同じなんですよ。やっぱりそこでも普通に読めばいいんだって思った。ゲーリー・スナイダーだってそんなに声を張り上げて読むわけじゃないよね。

フォークソングとフォークゲリラ

——一九五九年から六〇年のアメリカ留学のころにはまだフォークソングに関心はなかったのですか？

片桐　そうね、私はアメリカの歌は好きだったけどね。ほんとのフォークソングね。だから日本のフォークソングがさ、あんまりフォークソングじゃないじゃない？　フォークって民謡だよね。民謡は好きでしたよ。「峠の我が家」とかさ。

――片桐さんがボブ・ディランの名前を最初に知ったのはいつくらいですか？

片桐　一九六〇年代の半ば、フォークソングの運動のなかで知りました。だって、それまでは知る由もなかったですし。アメリカでボブ・ディランの名前が知れ渡ったのが六三年のニューポート・フォークフェスティバルでした。フォークを歌ってた人たちにとってピート・シーガーは神様ですが、ピート・シーガーは俺はいつも正しいと思ってる人だから、あまり好きじゃない。それよりは、正しいかどうかわからない、ギリギリのところにいる人のほうがいい。ボブ・ディランなんて、「俺はあまりわからないけれども、でもこんなふうに感じます」ということを言うでしょう？　そういうところから出発してるから私は好きなんですよ。趣味に合うんですね。最初から自分は正義の側にあって、ほかの人は正義じゃなくて、俺が正義だっていう人は苦手。ピート・シーガーに「If I Had a Hammer」って曲あるでしょう？　ピート・シーガーは、正義の味方だから、「いまの世の中は大変だぞっていうことをハンマーで鐘を打ち鳴らして警告するんだ」って言うんだよね。いつも正しい人はいやだな（笑）。私がボブ・ディランの曲のなかでいちばん好きなのは「With God on Our Side」。神がいつもこちらについていたからこちらが勝ったんだということを皮肉った歌ですよね。

――関西フォークの動きが生まれたときに、ジョーン・バエズやボブ・ディランの公民権運動におけるフォークのあり方はイメージとしてありましたか？

片桐　私にはありました。あるいは鶴見俊輔とかも。英語を読む人のなかにはあったよ。

――べ平連のなかで若者たちを中心にフォークを活用していこうとする動きもありました。

片桐　やっぱりジョーン・バエズみたいなのがあったらいいなということでしょうね。日本ではフォークソングの前にうたごえ運動というのがあって、これは共産党の青年部がやったわけだけど、そこで歌っている歌っていうのが面白くないわけ。うたごえ運動はみんな正義なんだよ。俺たちはいつも正しいなんて思ってる。でも、それは私はいやだなって思った。

――「かわら版」というガリ版刷りの雑誌を刊行されています。すべて肉筆で書かれていたと思いますが、あれは経費を抑えるためにそうされたのか、それとも自分の肉筆で書くということに目的があったんですか？

片桐　あれを出すのに、モチベーションとして、マクルーハンの影響があったな。マクルーハンの名前をアメリカの雑誌で見たんだ。アメリカの最新の流行に乗っかって、「活字文化は終わらなければならない」「これからは活字じゃない文化の時代が来る」っていうようなことをマクルーハンが言ったから。メディアの変化がどんなふうに人の考えを変えたかとか、行動を変えたかっていうことについてのものの見方に元気づけられて「かわら版」をやってみようと思った。一九六七年のことです。声の文化、詩の朗読も、マクルーハンに出合うことでより一層力を入れるようになったと思います。南博や加藤秀俊が、コミュニケーションとかメディアとか言い始めたころだよね。記号という概念をキーワードとしてやってた人は南博とか加藤秀俊とか、そんなところかな。そういう人たちはそれまでは現れてはいなかった。岩波〔書店〕の雑誌「思想」にはそういうことばは出てこなかった。「思想の科学」には出てきた。それまでは、社会学というものはドイツ風のアプローチで普通の人にはわかりにくかった。だから、私は、岩波文化、教養主義は近寄りがたい、というか、わからないんだ。それが「現代詩とコトバ」という論文で書いた吉本隆明批判にもつながるんだ。教養じゃなくて、もっと実用じゃなきゃいけないと思った。鶴見さんも私も教養主義とは違うものを目指してた。

——「かわら版」を創刊されたころ、片桐さんも「死の商人」などのフォークソングを作っておられますよね。

片桐　フォークソングというか替え歌だよね。フォークソングは替え歌だから。あのころはYMCAの歌の本にお世話になりましたよね。YMCAのキャンプソング。YMCAで借りた本からいろいろ使わせてもらっています。「死の商人」を作ってたころは、ベトナム戦争に協力している日本の姿や企業のことを知らせないといけないと思ってた。だって新聞とかでも報道されてなかったし。

——片桐さんは、どこかで、自分は運動には向いていなくて、教師という立場でそっと誰かのそばに寄り添っているほうが好きなんだとおっしゃってますが、ベ平連のころは積極的に運動に参加されておられます。いま、このころを振り返ってみてどのようにお思いですか？

片桐　面白かったから乗ったんですよ。ただ、あとになって思うんだけど、違和感は多少あったのかもしれない。正義の味方じゃない。いつも正しいわけではないっていうところでね。それで思ったのは、世の中は小さなグループで動いていくということ、大組織じゃダメだということですね。大学にいたときの活動がだいたいそういうものですよね。大きな活動なんてしてなくて、小さなグループで詩を読んだり、朗読してみんなに聞かせたり、こんな詩がありますよ、これいいねとか、面白いねとか。そういうことを詩の会でやってたから。

——関西フォークも大きくなりすぎた、大きな組織になりすぎたということや、高石友也さんや岡林信康さん、高田渡さんとかがスターになりすぎたということの問題がありますか？

片桐　関西フォークは組織じゃないもん。組織にはなってない。ただ、やっぱりスターがいないと人が来ないからね。でも、あれで金を儲けることを考えたのがURCの秦政明さんですよ。秦さんは秦さんなりにいろいろ策略を考えて、それでたくさん人が集まるとか、レコードが売れるとか、そういう役割を果たしたとはいえるでしょう。

——ここが難しいところだと思います。URCがレコードとして関西フォークを商品にしたことの功罪ですね。その結果、いまでも関西フォークという存在を知ることができるんですけれども……。

片桐　URCはいいことをしたとは思うんですよね。私はそんなにURCのことを悪いと思っていないよ。思ってる人がいるのかな。ただね、することがなくなってくると内ゲバするから。

——高田渡さんは秦さんに対して怒ってますね。『バーボン・ストリート・ブルース』のなかにそう書いています。

片桐　ああ、高田渡は怒ってるかもしれないね。秦さんに搾取されたかもしれないしね。まあ、それはしょうがないね（笑）。結局、フォークソングも商品にしかならなかったんだよね。

——フォークゲリラについてもそのことが関わってくると思うんですが、最初東京の新宿でフォークゲリラが登場したときに、片桐さんはそれを評価してらっしゃるんですね。ですが、片桐さんが書いた「愛と平和とフォークと」のなかでは、フォークゲリラは運動の最終段階だと捉えていて、フォークソングは思想として深まっていないし、「いつまでもジャリだけの運動ではこまる」とも書いてらっしゃいます。私はこの認識の変化が重要だなと思ってるんですが、この数カ月の間になぜ考え方が変わったんでしょうか。

片桐　フォークゲリラは評価しています。でも、そのあとにそんなこと言ってますか……（笑）。それは覚えてないですね。でも、思想の深みがないというのはそのとおりですよ。だけど、それでいいんだってことに私はなったわけ。どこかの時点から。ただ、その「愛と平和とフォークと」を書いたときは、もっと深みがあったらいいのになあってやや批判的な考えが出たんでしょうね。だけど、あえて深みなんてものを追っかけなくてもいいかなってその後なったわけでしょう。そこに落ち着いたんですよね。落ち着いた先は、なぜあんな深みがないものが面白いのかなあってことになるわけですよ。深みがないけど面白い。

——一九七〇年五月号の「新日本文学」（新日本文学会）に掲載されている記事なんですが、片桐さんと有馬敲さん、中山容さん、岡林信康さん、高田渡さんの五人で「フォークソング運動の課題」という座談会をされたのを覚えてらっしゃいますか？　ここで共有されているのは、関西フォークの人たちは東京のフォークゲリラに批判的だということです。高田さんは、「東京フォークゲリラの諸君達を語る」という歌も作っています。高田さんからしてみると、フォークゲリラの連中は大学生が多くてエリートに見えたんでしょうね。そういう階層差もあったりするでしょうし、地域的な認識の差もあったんでしょう。ですが、フォークゲリラが歌っているのは、関西フォークの歌を替え歌にしたような歌でした。そうした関西と東京との温度差というものを感じておられたということはありますか？

片桐　感じていたでしょうけど、私はそっちに深入りしたくなかった。やっぱりね、はたから見ててね、議論のための議論というかさ、中身はともかく議論ということをしたかったじゃないですか、フォークゲリラの人たちは。で、議論ということをすると、ちょっと偉くなったように勘違いしちゃう。その渦巻きのなかにあるんじゃなくて、渦巻きの上からものを見てるということをしてみると、なんか偉いような気がするんだよね。それは私に言わせると、何か研究して難しいことばでそれを言い換えた本、偉いんだぞっていうのと似たパターンになる。だから、私は深入りしたくなかったからその議論には入ってないつもりだったと思いますね。だんだん運動が落ち目になってくるとね、そんな議論が盛んになって内ゲバになるね。だから、そういう議論が出てくるのは、フォークソングが落ち目になってからですよ。

当時の仲間たち

――関西フォークが盛んだったときに、片桐さんたちの仲間のなかに児童文学の今江祥智さんがいらっしゃいますが、今江さんについてご記憶のことはありますか？

片桐　よく今江さんのところに遊びに行った。京都に家があってね。今江さんの家には児童文学に興味がある人が出入りしてた。私は特に児童文学に興味があるわけじゃないけど、やっぱり今江さんのアプローチはそれまでの児童文学とはちょっと違ってね、彼がターゲットにしてた年齢層はやや上のほうの人で小学校高学年から。それまで児童文学の主なインタレストはね、つまらないものだったんですよ。小川未明とか、つまらなくて読む気がしなかったけど、面白くて読む気がする本はね、石井桃子。石井桃子がそれまでの児童文学をかなり批判した。石井桃子は破壊力があったんだよね。それで、今江祥智も石井桃子と似たような方向性というか、それで仲良くしたというか、この人は話がわかるなというか。今江さんの作品の読者はだいたい小学校高学年からだよね。それまでの児童文学の読者は小学校低学年までだった。石井桃子の破壊力は詩やフォークソングにつながるものがあると思ってた。フォークソング運動や歌には破壊力があったと思うね。今江さんはシャンソンが好きで、フランスが好きだったな。

――谷川俊太郎さんも片桐さんと同じように詩とフォークソングを接続したり、詩を朗読されたりしていますが、片桐さんは谷川さんをどのように捉えてらっしゃいますか？

片桐　谷川さんとは親しい関係ですね。だけど、それは仕事の上じゃなくて、なんとなくあの人と私はね、共通のカルチャーから出てたわけ。その共通のカルチャーっていうのはね、岩波文化、教養主義じゃなかったということ。そうかといって、破壊の目指した方向はちょっと違ってね。岩波文化はお互いにピンとこなくて、ピンときたのは、最近見直されてきたというか、気がついてきたんだけど、東京の中央線文化。中央線文化ってことを誰も言わないけど、中央線文化がようやく市民権を獲得してきたんじゃないかな。私も谷川さんも中央線文化のなかで育ってる。

――なるほど。谷川さんは阿佐ヶ谷で暮らしておられますし、片桐さんは三鷹で育っておられますね。中央線文化には友部正人さんも加わってきます。ところで、谷川さんはジャック・プレヴェールに憧れているところがありましたが、片桐さんはプレヴェールには関心はなかったのですか？

片桐　プレヴェールはわかる。ほかのフランスの新しいことはわからなかったけど、プレヴェールはわかるよ。ビートジェネレーションのローレンス・ファーリンゲティがプレヴェールを英訳していますしね。そういうところでつながってますよ。ただ、プレヴェールの詩のシャンソンはあまり聞いてないけどね。

——片桐さんと大阪文学学校、京都文学学校との関係はどのようなものだったんでしょうか。片桐さんが大阪文学学校にフォークの面白さを伝えたというところがあるんでしょうか。

片桐　伝えたかったけど、うまく伝えられなかった（笑）。文学学校系の人ではね、福中都生子。あの人とはね、わりとコミュニケーションがあったね。一緒に「ゲリラ」をやりました。大阪文学学校では、牧師の村田拓さんが一生懸命フォークソングをサポートしてくれました。あとね、山内清さんと親しくしてました。中川五郎がよくその詩を歌にしてた。山内さんこそね、詩人。あんまり朗読会なんかに出てこないし、朗読をやらない。だけど、隠れた面白い詩人ですね。京都文学学校には私はあんまり関わってないかな。

関西フォークのシンガーたち

――関西フォークも、徐々にプロテストソングから性と文化の革命へと方針が動いていきますが、その当時のことは覚えてらっしゃいますか？

片桐　性と文化の革命はね、プライバシーの問題があって、誰と誰が寝たとか、そういう要素がたくさん入ってくるから、あまり公にはしにくい問題なんですね。だけど、私たちは性と文化の革命をやりたいなと思ってた。あまり大っぴらに言うのは難しかったけど。個人的にどういう性生活をしてるかなんてこと言えないじゃない。そんななかで中山容さんとラビちゃん（中山ラビ）なんか、わりと大っぴらにやってたほうだね（笑）。岡林はね、ライヒの『性と文化の革命』を非常に読み込んでましたね。岡林が読み込めたのは、牧師の子だからでしょう。ライヒはね、かなり露骨にヨーロッパ人の性生活に深入りすることで『性と文化の革命』を書いてる。岡林は牧師の子だから、そのことは非常にピンときたんだろうね。日本人の性生活よりもっと厳しいものがキリスト教文化のなかにあるからね。だから、そのことで日本では『性と文化の革命』はあそこまで深く掘り下げられていない。もうちょっと、害がない範囲で受け入れられたと思う。あの本を深読みすればするほど大変なことになる。大変なことっていうのは、ただその性生活の解放というよりは、深入りすると嫉妬の問題が起こってくる。そこへ突き当たってしまうとね、あんまり性と文化の革命万歳ってわけにいかなくなるんだ。非常に大変なことですよ。

――そういう話を聞くと、岡林信康さんは片桐さんの考えにうまく呼応した歌を作っているように思いますが、片桐さんからみて、岡林さんや高田渡さんは理想的なフォークシンガーだったんですか？　友部正人さんのことは評価されてますが。

片桐　友部は好きだから（笑）。岡林も渡もいいシンガーですよ。べつにいいじゃないですか、あれで。岡林はやっぱり偉いと思う。いいなと思いますよ。

――岡林さんの詞に深みがあると認めておられるところはありますか？

片桐　いやあ、それはない（笑）。

――友部さんには深みがある？

片桐　そうね、あの人は詩人だね。友部は関西にいたころはあんまり評価されずに、東京に行ってからのほうが評価されるようになった。それは、むしろ詩人としてだよね。そのかわり詞が個人的ですね。岡林は個人的じゃなくて、あれは賛美歌ですよ、牧師の息子だから。「友よ」なんて全く賛美歌だよ。賛美歌っていうのは悪い意味じゃなくてね、賛美歌だからみんなで歌えるんです。

――友部さんはもともと名古屋で活動をしていて、名古屋で歌っていた歌を片桐さんが知って、それを「かわら版」に取り上げたそうですね。友部さんは片桐さんを頼って関西にやってきて、片桐さんの家に泊まったって書いておられます。

片桐　そういうことがありましたね。友部に対しては最初からいい印象で、この人はサポートするに値する、サポートするにふさわしい詩人だと思いましたね。

――高田渡さんとは雑誌の「ゲリラ」とかでもご一緒されてますよね？　京都の烏丸今出川にあった喫茶店のわびすけで詩の朗読会をやって、高田さんはギター持ってきて歌ったりされている記録が残っているんですが。

片桐　あんまり覚えてない。

──実際、「ゲリラ」には高田さんが詩を掲載してるんですが。

片桐　そうですか、それも覚えてない。まさかって思ってただろうな（笑）。

──高田渡さんのお父さんが詩人だったということはご存じですか？　高田豊という佐藤春夫門下の詩人だったんです。このことについて本間健彦さんが『高田渡と父・豊の「生活の柄」』という本を書かれています。高田渡さんは『個人的理由』という詩集も自費出版されています。高田さんは片桐さんに詩の話はしませんでしたか？　高田さんは片桐さんにその詩集を渡してたのかな、と思ってたんですが〔片桐氏に復刻版の高田渡詩集『個人的理由』（文遊社版）を見てもらう〕。

片桐　それ、全然知らなかった。詩の話もしてないし、詩集も受け取ってない。〔『個人的理由』をめくりながら〕ふーん……ふふふ（笑）。詩を書いてるってことも全然知らなかった。渡が詩集をねえ……。渡の詞で覚えてるのは「自衛隊に入ろう」とか「あきらめ節」だね。「あきらめ節」はもともと民権演歌だった。渡は有馬敲さんの詩を曲にしてるけど、有馬さんの詩はフォークにはちょうどよかったんじゃないの。

──小林隆二郎さんとは「かわら版キャラバン　沖縄ライブ」で一緒に沖縄に行ってらっしゃいますよね。そこで片桐さんは詩の朗読をして、小林さんは歌を歌ってます。

片桐　隆二郎は地下鉄の改札係をしててね、もう亡くなっちゃったけど。隆二郎は出てくるのが遅すぎましたね。もう少し早く出てくればよかったですね。でも、あの人はプロになったかな……。やっぱりプロにならなかったから一生懸命やったのかもしれない。

――片桐さんとしては、フォークシンガーがプロになっていくというのはどのようにみておられるんですか？　プロにならないでほしいのか、なってほしいのか。片桐さんの考え方ですと、フォークそのものの性質とプロになるということは、矛盾することのように思われます。

片桐　さあ、それはどうだろう……。確かに矛盾するところです。難しいところですね。隆二郎なんか難しかったですよ。でも、隆二郎は地下鉄の仕事を選んだわけだよね。岡林とかはプロになるよりほかに道はなかった。最初から有名だったしね。プロの問題でいちばん悩んだのは隆二郎だね。古川豪なんかは歌だけで食えてるのかしらね。豊田勇造はよく知らないけど、あの人、いまでも歌ってるよね。

――その後、東京に行った高田渡さんや友部正人さん、農村での生活を始めた岡林信康さんなど、フォークシンガーの方たちとは交流はないんですか？

片桐　ないね。中川五郎とはわりと接触があるけど、あのころのシンガーたちから連絡がなくてもべつに何とも思わないしね（笑）。

――いろいろな資料を調べてみましたが、当時の若者たちが片桐さんを悪く言ってるような記事は、昔のことを後年になって思い出すような記事を含めても、見つかりませんでした。

片桐　ああ、それはうれしいな（笑）。

――一つ見つかったのは高田渡さんが一九七一年三月の「季刊フォークリポート」〔アート音楽出版〕に寄せた記事です。片桐さんは岡林に甘いという記事がありました（笑）。

片桐　あはは（大笑）。それは面白いね。

――最後に、いま、関西フォークを振り返ってみてどういう印象をおもちですか？

片桐　東京から関西に来てみて、フォークソングの運動も関西だから可能になったところはあるでしょうね。やっぱり人間関係のでき方、作り方がちょっと違うと思うんだよね。振り返ってみて思うのは、やっぱり、深みがないのになんで面白いんだろうってことですよ（笑）。それで、深みがないから活字にするとあんまり魅力がないんですよ。活字から入った人にとっては、全く深みがないところで落ちちゃって、面白みが伝わらないんだよ。これを活字で面白いぞということをわからせてくれれば、すごいなと思うね。

「私のことを研究するなんて珍しいね」と笑顔で語り始めた片桐さんは、終始穏やかにゆっくりと私の質問に答えてくれた。活字文化を問い直してきたのが片桐さんの活動だったわけだが、関西フォークのことを活字で記してきた本書は、はたしてその魅力を伝えることができただろうか。

あとがき

最後に少しだけ自分のことを記したい。

私の生年は一九七四年である。したがって、物心ついたときにはすでに関西フォークの季節は終わってしまっていたことになる。それどころか、フォークソングそのものも時代遅れになった世代に属している。

だが、自分が十代だった一九八〇年代後半から九〇年代前半、私は同時代の音楽に全く興味がなかった。たまたま手にしたビートルズのCDをきっかけに、ローリング・ストーンズ、フー、キンクス、ヤードバーズ、レッド・ツェッペリン、ジミ・ヘンドリックス、ジャニス・ジョプリンなど、六〇年代のイギリスやアメリカのロックばかり聴いていた。

もちろんロックだけではなく、当時のポップス、フォークにも手を伸ばした。本書に登場するピーター・ポール&マリー、ボブ・ディラン、ドノヴァンのCDを手に入れたのもこのころだった。素朴なエレキギターやアコースティックギターの音に引かれていたのだろうと思う。

そのうちにギターを弾くようになり、ディランの歌を自分で日本語に訳して歌ってみたこともある。つまり関西フォークのシンガーたちと同じことをやっていたわけだが、当時は関西フォークの曲にふれる機会はなかった。

ただ、関西フォークと間接的に関わっていた松本隆を知ったのはこのころのことである。いまでもよく覚えているのだが、書店で目にした新潮文庫版の小説『微熱少年』（新潮社、一九八五年）を読んだのがきっかけだった。中学三年生のときだったと思う。

松本隆がはっぴいえんどのドラマーだったことを知り、アルバムを聴いてみたのは高校生のころだっただろうか。その不思議で難解な歌詞が頭にこびりついて離れなかった。「風をあつめて」にある「碇泊」という語の意味がわからず、国語辞書を引いて調べたことを覚えている。

一九六〇年代の音楽ばかり聴いていた中・高生のころは、日本や海外の詩を読みあさっていた時期でもあった。日本の代表的な詩人たちの詩集を文庫本で読み、やがてボードレールやポール・ヴェルレーヌ、ランボーらフランスの詩人たちの詩集にもふれた。理解できていたかどうかはわからないが、それが当時の自分にとっては「かっこいいもの」だった。

本書に登場するアレン・ギンズバーグやジャック・ケルアックらビートジェネレーションの作家たちにふれたのも高校生のころだった。思潮社から刊行されたギンズバーグの詩集『アメリカの没落』（富山英俊訳、思潮社、一九八九年）や、河出文庫版のケルアック『路上』（福田実訳、河出書房新社、一九八三年）はいまでも私の手元にある。むろん、このころの私がディランとギンズバーグとの関係を知るはずもない。

高校を卒業し、私が同志社大学文学部に入学したのは一九九三年のことで、今出川キャンパス近辺にあった喫茶店ほんやら洞やわびすけにも時折足を運んでいた。そのころは、これらの店で片桐ユズルさんや若者たちが集まって詩の朗読をしたりフォークソングを歌ったりしていたことなど知らなかった。このころには、七〇年代の日本のフォークを聴く機会もあったが、それでも関西フォークが視野に入ることはなかった。

それから二十年ほどが経過した二〇一六年、しばらく縁遠くなっていた同志社に文学部の教員として勤務することになった。ふとしたことから親しい同僚と若者文化の共同研究をすることになり、日本の若者文化と、自分の専門である日本近現代文学との関係を考えていたところ、一九六〇年代に流行しだしたフォークソングに、詩人たちが関心を寄せていたことを知った。片桐さんと関西フォークに注目したのはそのためである。

このことを調べれば調べるほど、一九六〇年代から七〇年代の同志社や今出川周辺の出来事と関係することがわかっていった。片桐さんが慕っていた鶴見俊輔が同志社大学文学部に勤務しはじめるのが六一年のことであり、その後、同志社は京都べ平連の拠点になった。関西フォークを支えた詩人の有馬敲、児童文学者の今江祥智、上野瞭は同志社の卒業生で、シンガーである岡林信康や中川五郎も同志社の学生だった。京都に移住してきた高田渡は同志社の学生食堂をたびたび利用していたというし、はっぴいえんども同志社の学園祭で何度かライブをおこなっている。

よく知られているように、鶴見は学園紛争に機動隊の導入を決めた教授会に抗議して、一九七〇年に同志社を辞職している。黒川創『鶴見俊輔伝』（新潮社、二〇一八年）には、鶴見の同志社に対する心情がつづられている。「――教授会が、機動隊を入れて、学生たちを殴らせたんだ。どすん、どすん、とジェラルミンの楯で、学生たちの体を殴りつけている音が聞こえる。いやなものなんだ。／だから、私は、同志社には行かない。近くを歩くのさえ、いやなんだ」
こう言って鶴見が嫌悪したこの大学で、私は恥ずかしくも人にものを教えることで生計を立てている。鶴見の研究室があった今出川キャンパス弘風館の建物を、私はいつも畏敬の念をもって仰ぎ見る。

このように、自分の過去から現在までを振り返ってみると、本書のテーマは自分が招き寄せるべくして招き寄せたものだったことを思い知らされる。一九六〇年代の音楽への愛着、詩に対する関心、学生時代に足を運んだほんやら洞やわびすけ、今出川を歩いていた関西フォークの関係者たち、そして同志社に勤務する現在の自分。すべてが一つの線につながってくるのだ。

鬱屈を抱え込んでいた十代二十代のころの自分に、未来から声をかけてやるような気分で本書の執筆を終えた。そのころの自分が知ることのなかった片桐ユズルさんというすてきな人と、関西フォークという面白いものに出会えたことに感謝したい。また、この企画を実現してくださった青弓社の矢野未知生さんに心からお礼を申し上げる。

最後の最後に、片桐さんが好きなボブ・ディランの「With God on Our Side」（「神が味方」）を掲げたい。ベトナム戦争以後も依然として争いが絶えない世界のなかで、ことばによってそれに抗い続ける人たちの思いを込めて。

So now as I'm leavin'

I'm weary as Hell
The confusion I'm feelin'
Ain't no tongue can tell
The words fill my head
And fall to the floor
If God's on our side
He'll stop the next war.
これでおしまい
うなだれて
ちぢれ　思いに
あふれるコトバ
床におちて
語れない
神があるなら
戦争はごめん

（『ボブ・ディラン全詩集』片桐ユズル／中山容訳、晶文社、一九七四年）

【付記】

本書は、「文学青年松本隆――はっぴいえんど時代の詞と詩」（同志社大学国文学会編「同志社国文学」第九十二号、同志社大学国文学会、二〇二〇年）、「片桐ユズルと若者たちの〈うた〉――フォーク・ゲリラの登場」（同志社大学人文学会編「人文学」第二百六号、同志社大学人文学会、二〇二〇年）、「関西フォークを支えた作家たち――ジャック・プレヴェールとシャンソンがもたらしたもの」（同志社大学人文学会編「人文学」第二百十号、同志社大学人文学会、二〇二二年）を土台にして大幅に加筆・修正したものである。資料の閲覧にあたっては日本現代詩歌文学館、大宅壮一文庫、神奈川近代文学館、茶谷忠夫氏に特にお世話になった。記してお礼を申し上げたい。

［著者略歴］
瀬崎圭二（せざき けいじ）
1974年、広島県生まれ
同志社大学文学部教授
専攻は日本近代文学、文化研究
著書に『テレビドラマと戦後文学――芸術と大衆性のあいだ』（森話社）、『海辺の恋と日本人――ひと夏の物語と近代』（青弓社）、『流行と虚栄の生成――消費文化を映す日本近代文学』（世界思想社）、編著に『谷川俊太郎 私のテレビドラマの世界――『あなたは誰でしょう』』（ゆまに書房）など

関西（かんさい）フォークとその時代（じだい）
声の対抗文化と現代詩

発行――――2023年10月27日　第1刷
定価――――2800円＋税
著者――――瀬崎圭二
発行者―――矢野未知生
発行所―――株式会社青弓社
〒162-0801 東京都新宿区山吹町337
電話 03-3268-0381（代）
http://www.seikyusha.co.jp
印刷所―――三松堂
製本所―――三松堂

ISBN978-4-7872-7458-8　C0073

日高勝之／富永京子／米倉 律／福間良明 ほか

1970年代文化論

〈政治の季節〉である1960年代と、大衆消費社会の進展とバブル文化の開花に特徴づけられる80年代に挟まれる70年代の文化がもつ意義とは何か。映画、テレビ、雑誌、アート、社会運動などを横断的に検証し、70年代のメディアや文化の複合的なありように迫る。 定価1800円＋税

小松原由理／山口ヨシ子／土屋和代／熊谷謙介 ほか

〈68年〉の性
変容する社会と「わたし」の身体

革命の時代として記憶される〈68年〉の多様な政治的・文化的なアクションが、女性の性と身体をめぐる問題を見過ごすばかりか、抑圧さえしてきた事実を、メディア表象や芸術実践から明らかにする。解放の裏で忘却された〈68年〉の性と身体を照射する批評集。 定価3400円＋税

宮入恭平

ライブカルチャーの教科書
音楽から読み解く現代社会

日本の音楽シーンを牽引するライブ文化。その要点を読み解くために「メディア」「産業」「法律」「教育」などの視点を提示したうえで、フェスやレジャー、アニソン、部活、アイドルなどの具体的なトピックスを基本的な知識も押さえながらレクチャーする。 定価2000円＋税

妹尾みえ

音楽ライターになろう！

アルバムレビューやライブレポートなど、文章を通じて楽曲やアーティストの魅力を伝える仕事＝音楽ライターへの一歩を踏み出したい人に向けて、音楽を「聴く力」とそれを伝わるように「書く力」を磨くためのアドバイスをまとめた最適の入門書。 定価1800円＋税